出羽庄内の風土と歴史像

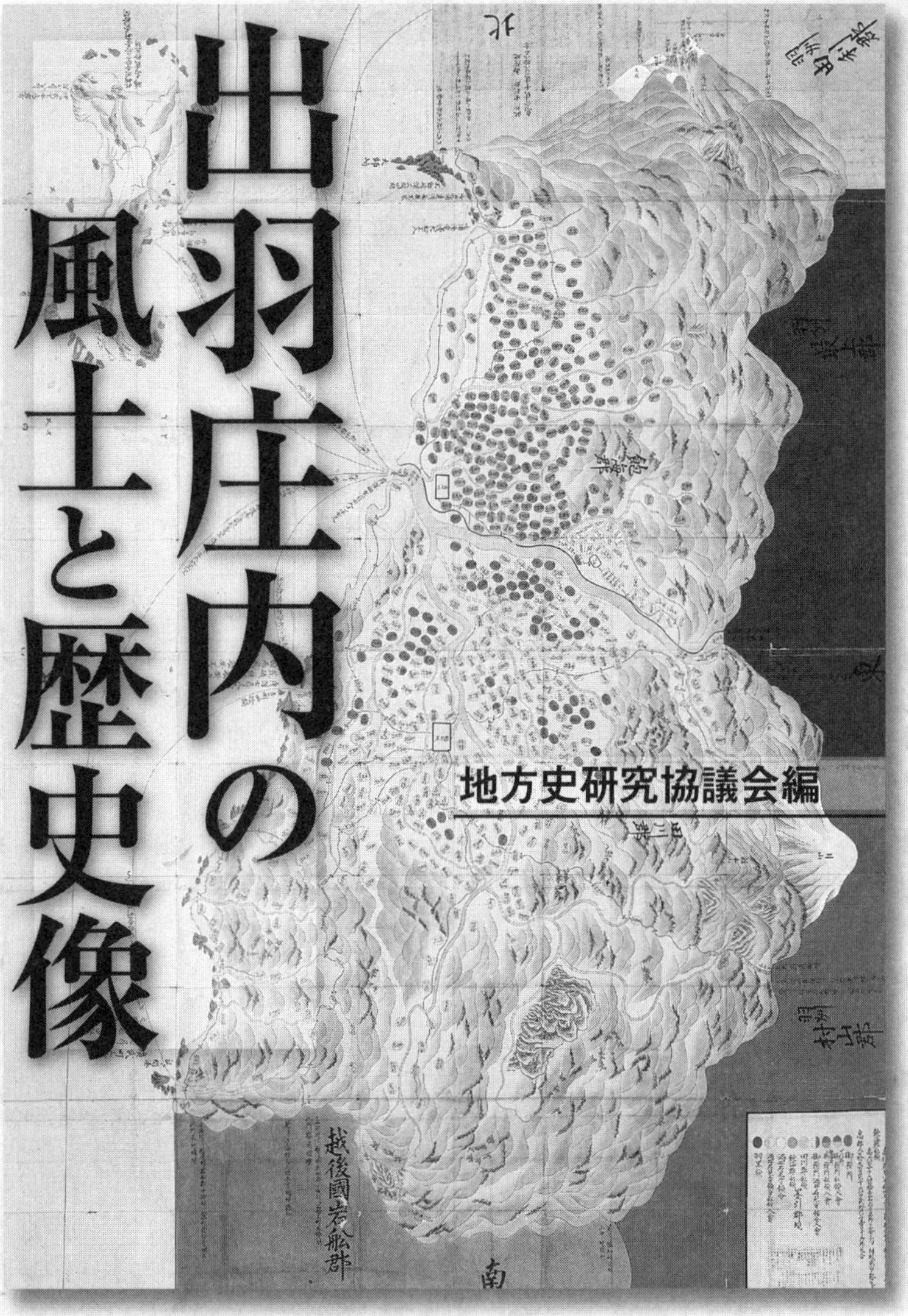

地方史研究協議会編

雄山閣

序文

二〇一一年度（第六二回）の地方史研究協議会大会は「出羽庄内の風土と歴史像―その一体性と多様性―」を共通論題として、一〇月一五日（土）から一七日（月）までの三日間、山形県鶴岡市において開催された。一日目の一五日には、午前に自由論題研究発表と特別報告、午後に公開講演と総会が、二日目の一六日には共通論題研究発表と共通論題討論が、鶴岡市中央公民館市民ホールにおいて行われ、三日目の一七日には巡見が、酒田を巡るコースと鶴岡を巡るコースに分かれて実施された。

山形県で本会の大会が開催されたのは、一九八三年の第三四回大会以来二八年ぶりのことであった。前回は共通論題を「流域の地方史―社会と文化―」とし、最上川流域における地域形成の特質を、主に民衆の生活と文化の面から明らかにした。今回の大会では庄内地域を対象とし、地域としてのまとまりを一体性、地域を構成するさまざまな特質を多様性という言葉で表現し、両者によって形成され、展開された歴史像を探った。また山形県における歴史的公文書等保存運動の取り組みと、山形文化遺産防災ネットワークの東日本大震災後の資料救済活動に関する特別報告も組まれた。

本書はその大会成果を収録したものである。すなわち、公開講演の本間勝喜氏と横山昭男氏をはじめ、共通論題の発表者である佐藤庄一・菅原義勝・小野寺雅昭・杉原丈夫・佐藤正三郎・布施賢治・長南伸治・筒井裕の八氏、自由論題の発表者である山澤学氏、特別報告の発表者である山内励氏、合わせて一二氏の論考を、Ｉ 庄内の地域的特質、

Ⅱ 庄内地域の形成と展開、Ⅲ 庄内藩の家臣団と歴史意識、Ⅳ 山形県の歴史資料保存問題、の四部に構成、配置している。末尾の「第六二回（庄内）大会の記録」では、今大会の開催経緯、常任委員会内の運営委員会と地元において組織された実行委員会による準備過程、大会当日の経過、とくに共通論題討論の内容をまとめている。

本大会では、庄内という地域名称の意味や、共通論題の副題である地域の一体性と多様性について主に議論されたが、これらの問いはただちに答えを導き出せる問題ではない。ただここでの議論が今後の庄内の地域史研究の基盤となり、今後の研究の一層の進展に繋がることを願っている。またこの大会成果が全国各地の地方史研究に一石を投じるものとなれば幸いである。

本大会をともに主催してくださった大会実行委員会には多大なご尽力を頂いた。一三回に及ぶ実行委員会が鶴岡・酒田・余目で開かれ、常任委員会内の運営委員と協議を重ねて大会の開催に至った。末筆ながら、大会実行委員長の阿部博行氏、副実行委員長の小野寺裕・土岐田正勝・本間勝喜各氏、事務局長の今野章氏をはじめ、大会実行委員の方々、共催して頂いた鶴岡市・鶴岡市教育委員会・山形県地域史研究協議会、後援・協賛を頂いた諸機関の方々に心から感謝と御礼を申し上げたい。

二〇一二年一〇月

地方史研究協議会

会長　松尾　美恵子

出羽庄内の風土と歴史像／目次

Ⅰ　庄内の地域的特質

近世後期における日本海海運と酒田湊—諸藩の蔵米流通の変化とその背景—

横山　昭男

はじめに

酒田湊は出羽国南部を流れる最上川河口に発達し、一六世紀末までは川南（田川郡）の宮浦にあったが、江戸期初頭に川北の現在地（飽海郡）に移っている。酒田「三十六衆」は宮浦時代に発達したとされ、かれらは豊臣期から江戸期初頭、とくに山形藩最上氏が庄内を支配した時代にかけて活躍した。三十六衆の実態は史料的に明らかでないが、その伝統は江戸期を通して続いたことが知られる。[1] またそれが、幕藩制成立以後の酒田湊が、「国津」に対して「諸国往還之津」とよばれる性格の背景にあったのである。

諸国往還とは、幕領・諸藩がこの湊を利用しているということで、それは元和八年、それまで山形を中心に酒田を含む出羽地方に、五七万石を支配してきた最上氏が改易となり、数藩に分割されたことにはじまる。酒田湊は庄内藩に属したが、しかし酒田湊の発展の基盤は最上氏時代に成立しており、そのことは最上川の川船についてもみることができる。この川船は酒田湊と最上・村山の内陸部を往来するもので、酒田商人が所有し、酒田船とよばれた。元禄期に川船全体の約半分を占めて約三〇〇艘、残り半分は大石田船（最上船）で、中期以後になると藩の御手船が増えてくるが、しかし最上川舟運の川船の主流は変らなかった。[2] このことは、東北の他の河川と比較したとき、酒田湊の成立の仕方にかかわる特徴として注目したい。

江戸期の日本海海運については、初期豪商による北国船の活動は酒田湊でもみられたが、やがて大坂を中心とする西国商船が支配的となる。それは幕府による東西廻航路の整備とともに進み、酒田には最上川流域幕領の城米を保管する幕府米置場が造られたことで、とくに関係が深いが、諸藩の大坂廻米の発達と全国的な特産物の上方交易の発展の中で展開した。一方、酒田などでは、初期豪商が衰退し、北国船が消滅すると、廻船としての地船がほとんどみられなくなるのである。

しかし江戸中期以降になると、西国船のほかに北陸地方などの廻船・小廻り船が多くなり、とくに文化・文政期になると、船数の上では、大坂・兵庫の廻船が減少し、その他の地方廻船が六〇～八〇％になったことは、これまでの研究から明らかである。[3]この廻船市場の変化は、地域市場の発達による全国市場の変化を端的に示すものでもあった。

本稿は、日本海海運の米穀流通の拠点の一つである酒田湊を中心に、寛政～化政期における蔵米流通の変化を、その背景とともに取り上げようとするものである。これまでの酒田湊の研究は、成立期の港町商人の研究、および幕末期の研究に対して、後期における幕藩制転換期の研究は少ない。[4]酒田湊の性格の特徴を踏まえ、酒田市場の背景とともに構造的に明らかにすることが必要である。

そこで本稿は、先に出羽幕領の化政期における城米輸送の変化について取り上げているので、[5]まず一つに諸藩における蔵米流通を米沢藩・新庄藩および庄内藩を中心にとりあげたい。二つには、化政期の蝦夷地開発と酒田湊、とくに豪商本間家の活動を通して、酒田湊の市場発展の画期とその状況について検討することとしたい。また注意点として、米沢藩や新庄藩などの江戸中期の藩政改革の中で、多額の貸金とその引当米などで発展する地域上層商人の特権化、蔵米流通の掌握の問題は大きい。これは先に取り上げた幕領廻米をめぐる廻船問題と領民の廻米のための諸経費軽減要求から、城米の酒田売却を成功させた状況との関連は深いとみられる。この時期の酒田湊の変化の背景として、とくに幕府の蝦夷地開発政策との関係が大きいことにも注目していきたい。

一　諸藩の蔵米流通と地域豪商

（一）米沢藩蔵米の酒田湊出し

米沢藩は最上川の上流部に位置し、元禄年間の舟道開削以後はじめて、蔵米の酒田出しがはじまったところである。最上川流域の幕領諸藩の城米・蔵米の川下げ量は、正徳・享保年間の記録によれば[6]、城米は八万～一〇万俵、諸藩の蔵元入高が約二〇万～二三万俵余とみられ、全体で約三〇万俵であった。これに庄内藩の蔵米、商人米を合わせれば、約五〇万俵余と推定される。

米沢藩（一五万石）蔵米は、享保年間に二万俵台であったが、江戸中期後半の宝暦・天明年間になると、最上川通船の問題もあって不安定な状況になっていた。同藩の年貢米払い方（廻米）を、明和八年「続道御一円元払帳」によってみると[7]、酒田出しが最も多くて六七〇四石（一万六七〇〇俵）で、他は江戸用米三五七五石（福島出し、阿武隈川下げ）、越後下関の渡辺氏ほか出し、三一一九石となっている。

ところで米沢藩の財政窮乏が甚だしくなると、とくに宝暦期以後、地域豪商に対する借用金が多くなる。酒田本間家に対する借用金は、宝暦四年の一〇〇〇両がはじまりで、その引当は蔵苧であった。その後次第に借用金が多くなるが、その引当の大部分は蔵米と蔵苧であったことが知られる。米沢藩の改革は第一次（明和・安永期）と第二次

（寛政・文化期）に分けられるが、本間家の貸付金は第二次になって一層多くなる。例えば寛政三年（一七九一）は一年間で一一件、その貸付金合計は一万五五〇〇両、同五年は五件で、一万一五〇〇両である。その後も二〇〇〇両～五〇〇〇両の貸金が続いている。その引当米は、例えば寛政三年六月から十二月までの四件の貸付金計八〇〇〇両に対し、米沢米一万三〇〇〇俵、古米七〇〇〇俵、蔵苧三五二駄であった。(8)

この貸金に対する蔵米・蔵苧の引当は、宝暦・天明年間にも断続的に行われていたものである。ところが天明年間になると、最上川船輸送は極めて不安定になっていた。その理由は、最上川舟運にあたる公認の川船は最上船・酒田船と呼ばれる町船で、その運営は入札で選ばれた川船差配役によることもあって、その混乱とともに減船も著しかった。(9)米沢藩はこれに対し、宝暦三年に御手船六艘を導入したが、寛政三年には御手船数を三六艘に増造する計画を立て、川船会所および船持衆の承認を得ている。この御手船増造は計画通り進まなかったが、二〇艘余は幕末まで活動したことが知られる。(10)この御手船は、最上川の本流に当たる左沢と酒田間の蔵米輸送が主たる仕事であるが、輸送の円滑化は、本間家にとって大きな信頼の条件でもあったとみられる。

酒田に運ばれた蔵米の多くは、宝暦期以後、本間家に引き渡されるが、それ以前は諸藩同様に、まず酒田蔵元を通して、その大部分は蔵米廻船により大坂に運ばれた。米沢藩の蔵元は鐙屋惣右衛門・西野長兵衛の二人で、幕末まで変らないことも知られる。しかし宝暦期以後、とくに寛政期に入り、諸藩の蔵米の多くが地域豪商の貸付金の引当米になると、蔵元の機能が変化している。米沢藩の酒田における蔵米の本間家引渡しについて、寛政期の史料がないので、ここでは文化四年（一八〇七）の米沢藩出役記録からみることにしたい。(11)

出役田中武左衛門は、酒田へ出発の前年（文化三年）の十二月から同四年一月まで、領内の上米蔵を見分し、同年二月十六日、米沢から酒田へ出発している。途中五泊して酒田に到着するが、その間に重要なことは、御手船請負人に対する礼廻りで、酒田ではまず本間家と蔵元（二人）への挨拶であった。酒田での仕事は、蔵元鐙屋家の屋敷にある米沢藩仮役所で、御手船が着岸するたびに廻米送状を受け取り、蔵米の水揚げ、米相場を確認することであった。とくに注目すべき重要なことは、水揚げされた蔵米を、「買人」に対し、米問屋・仲買人を通して蔵米の売却に関することであったことが知られる。これは蔵米の酒田払いに関し、買人は米問屋を宿とする「北前船」の船頭で、蔵元手代が中心になって世話をするということであるが、その米代金は一時保管の上、本間正五郎の通帳へ回すとある。

酒田における米沢藩の蔵米処分は、本間家の御用貸金の引当米として、その代金返済にあてることが第一要件であった。その後幕末期になって酒田湊における蔵米売却が一層盛んになるが、蔵元鐙屋家のもとで、買人としての酒田問屋との間における売払い構造も知られる。(12) このことは羽州村山郡の佐倉藩分領廻米でも、とくに天保期以後酒田湊払米が多くなるが、ただし大坂出役の指示で、大坂廻米との調整を行っている点が注目される。(13)

（二）新庄藩と地域豪商

酒田本間家のいわゆる大名貸は、出羽諸藩を中心に大小一〇藩余に及ぶが、寛政末から化政期にかけて最も大きいのは、新庄藩（六万石）である。この時期に新庄藩と貸金関係を強めたのは分家筋の本間信四郎家であるが、寛政九年十月、新庄藩は同家との間で「月割上納金」の定を交わしている。(14) それは同九年と翌十年の新庄藩収納米のうち、三万六〇〇〇俵を引当米として一万四五〇〇両を先納金（貸付金）として融通する契約である。具体的には、毎月一〇〇〇両〜三〇〇〇両を分割して貸し渡し、この返済は両年の新庄藩収納米のうち、酒田へ輸送売却して得た代金をあてるというものである。なおその利子は、収納米が本間家の蔵へ搬送され、売却されるまでの期間、一〇〇両につき一両一歩（年一割五分）と酒田蔵元定法による世話料（一〇〇両につき一両）であった。

本間家の寛政九年にはじまるこの月割上納金は、年間合計五七〇〇両となり、その引当米として「新庄米三万俵」は固定することとなる。この引当米の酒田における管理・売却については、享和二年七月、本間正五郎・信四郎が連名で藩家老・勘定頭衆との間で交わした「為御取替証文之事」がある。これを要約すれば、第一に蔵米は、当地の「御抱地蔵並下蔵」の両所に厳重に保管されること、第二に「御渡米」は、その年の冬または明春入津する船で「御払立」とすることになるが、その時の利益については、この方（本間家）に任かせること、第三は米価が高値であれば「過金」を上納し、「米直段下直」となれば、「別御米渡」とする、というものである。

これによれば、酒田に輸送する引当米は、酒田の本間蔵に運ばれ、入津船があり売却されるまで、そこに保管されたのである。本間家の大名貸の分類では「下蔵入貸」というものであった(15)。新庄藩の本間家（信四郎）に対する借金の合計は、文化二年になると一万両余に達していた。史料をあげて次にみておきたい(16)。

口上之覚

新庄様江御貸上金凡三千弐三百両程御座候様ニ先達而申上候処、得与差引相改候は、元金五千弐百両程、利足金五百三拾両余ニ相見得申候、右之外五千三百両御貸上金御座候得者、是者谷地大槇村御収納米御引当ニ相成居申候、尤御公用已来御貸上金高何卒取縮申度、右之内千両御利足等茂不申請分茂御座候得者、莫太之御残金御返済方無之、甚迷惑仕候、此段宜被仰上被下度奉頼存候以上

丑（文化二）二月　　本間信四郎㊞

渡辺仁七郎殿

石井多右衛門殿
菊　池　文　蔵　殿
田　村　久　助　殿

これによれば本間家は、新庄藩への貸付金の総計は八五〇〇両余に上ることが判明すること、このうち五三〇両は大槙村の年貢米引当となっているが、「莫太之御残金」に「甚迷惑」とのべている。

新庄藩の酒田蔵宿は、宝暦六年（一七五六）の最上川流域諸藩の「蔵宿定法覚書」[17]によれば、加賀屋与助・鐙屋惣左衛門・永田茂右衛門となっている。この蔵宿制はその後も維持されているが、しかし寛政期になると、蔵宿と多額の大名貸関係をもつ豪商本間家と藩との関係は、格式の上でも区別されるようになることは、米沢藩と同じであった。

新庄藩では本間信四郎に対し、寛政十一年（一七九九）十一月、士分待遇とこれまでの一〇人扶持、扶助米一〇〇石から「御内用向取扱」として本知一〇〇石を与えている。[18]本間（信）家はその後、蔵米引当の貸付金だけでなく、「夫食金」といい、夫食米確保のための備籾貸金を融通していることも知られる。

この時期の新庄藩の財政運営を助けたもう一人の地域豪商は、尾花沢村の柴崎弥左衛門であった。柴崎家は同藩領外の商人であるが、隣接する村山郡幕領の宿場町尾花沢に居住し、江戸中期以降、紅花商人として急速な発展をみたものである。同家は明和四年、新庄藩への多額の貸付金により、それまでの一五人扶持から知行二〇〇石となり、天明五年知行三〇〇石、翌年には五〇〇石に増石し、文政三年には「郡奉行格」の上級藩士としての待遇を得ていたことが知られる。新庄城下の譜代の有力商人遅沢荘右衛門が、当時一四人扶持であったのに比べても、破格の待遇であった。この急速の知行増は、「勝手向御用」とあるように、藩財政に対する多額の貸付金によるもので、その事情は同家文書[19]によっても明らかである。

柴崎家の新庄藩に対する貸付金は、天明五年から享和四年まで、その額は年によって差もあるが、毎年続いていたことが知られる。その返済の主な方法は、酒田に下した蔵米の売却代金をあてるものである。一定の利息を徴収（月、一〇〇両につき一両二分）するのが普通であるが、無利息とすることもあった。また年貢米の売却代から年賦返済とすることも多い。例えば寛政元年（一七八九）の貸付金（二つあり、一件は五九八九両、二件目は二〇〇〇両）のうち、二件目は蔵米の売却代金二〇〇両ずつ、一〇年賦としている。

貸付金返済の方法として、村の年貢米を直接あてることもあった。寛政七年（一七九五）の貸付金八七五三両は、下谷地郷稲下村の年貢米のうち、以後毎年一〇〇〇俵を柴崎家分として与え、貸付金を済み崩すというものである。年数の表示がないが、完済されるまでということであろう。稲下村は最上川中流域で難所碁点の近くにあり、村高八〇〇石余で、年賦返済にあてる一〇〇〇俵は、この村の年貢米のほぼ総額にあたるものであった[20]。

尾花沢柴崎家の大名貸は、隣接の新庄藩だけでなく秋田新田藩（二万石）、米沢藩との間でもみられた。とくに柴崎家分家の渡会屋宗次郎は、紅花取引で京都に出店して独立し、本家と提携して発展したが、文政元年に新田藩の蔵元としての「規定」を交わしている[21]。それは月割二〇〇〇両の出資に対し、藩は米札四〇〇〇石を渡し、その売却代金で返済するというものであった。米の売却代金は、秋田土崎港で秋田宗藩の蔵宿（廻船問屋）を勤める間杉家が現金の取次ぎに当っていたことも知られる。渡会屋の蔵元役は、出資金の返済問題で取り止めとなるが、この問題は、文政初年に起こった柴崎家分家の渡会宗次郎・村山屋七兵衛（江戸）と間杉家が共同出資で蔵米売却をめぐる事件に端を発するものであった[22]。

柴崎家分家が秋田地方にも手をのばし、貸上金に応じたのはその背景があった。同家は文化年間から文政期にかけて、紅花生産地の開発を目的に、津軽地方（弘前周辺）に耕地買入れの融資や紅花種の移出を計画していたことが知られている。これらは最終的に成功しなかったが、しかしこの動きは、弘前藩の地域豪商柴崎家への接近の意図を知る上でも注目される。

柴崎家の新しい経営の動きとして、寛政年間には、廻船経営の指向も知られる。その史料の一つは、寛政元年（一七八九）二月、渡会屋善右衛門と肥前屋武兵衛が共同で、和田甚吉所有の六五〇石積の廻船を二四貫六五〇文（約四五〇両）で購入したもので、もう一つは、同家文書寛政三年（一七九一）一月付けの「手船上下荷物留」である。[23]「荷物留」の中の上り荷をみると、最も多いのは新庄米（二二二八俵）で、その外は庄内蔵米（九二〇俵）、庄内蔵大豆（一〇二八俵）、同地大豆（一二四五俵）、最上大豆（一三五〇俵）などである。船名は平安丸・金角丸など七艘余に分載し、荷受人は北尾庄右衛門・肥前屋が多い。積出港は積荷からみても、酒田湊であることは明らかである。

以上から最上川流域で村山地方の一在町尾花沢に立地する地域豪商柴崎家は、江戸中期に紅花商人として発展したが、天明・寛政期以後、大名貸商人として蔵米流通を掌握し、酒田湊を拠点として廻船活動にものり出していることが知られるのである。

二　庄内藩と本間家

江戸中期から後期にかけて、酒田湊にあって急速な発展をみた巨大豪商本間家の庄内藩との関係をみておきたい。本間家は江戸中期の宝暦年間以後、御用金の上納金額からみても庄内藩領最大の御用商人であった。とくに本間家は宝暦九年、鶴岡の米宿（疋田多右衛門）を取次として一〇〇〇両を「先納」したこと、宝暦十年の将軍宣下に対する庄内藩の出費を助け、三〇〇〇両余を献金したことが画期であった。(24)

やがて庄内藩の明和・天明期の改革では、御小姓格から郡代格となり、知行五〇〇石三〇人扶持の士分待遇を得て、「御家中勝手向取計」をはじめ、安永・天明両度の財政再建策を立案するなど、本間家の藩政への参画は積極的であった。しかし寛政七年からの同藩の政策転換で政治上の地位を失い、待遇も扶持米（三二人扶持）のみとなっている。

本間家の庄内藩への貸上金をみると、明和～寛政初年までは、毎年二〇〇〇両～三〇〇〇両余みられるが、寛政期半ばから急減していることとも照応する。諸藩への貸上金の年次別変化を、本間家「大帳類聚抄」によってみると、寛政期半ば以後は新庄藩・米沢藩・本庄藩などが多くなり、享和元年（一八〇一）～文政七年（二五年間）の貸上金の集計（延金額）では、庄内藩は六番目となっているのである。ただしこの数字は藩を通してのいわゆる大名貸および公的な貸付金が中心で、庄内農村や商人などへの貸付金をすべて含むものではないことから、郷中救済や代家支配人（本間家の土地管理人）への貸付金などは庄内藩とは別項目で取り上げている（表）。

本間家の庄内藩への貸上金額は、とくに寛政年間半ばから文政年間にかけ相対的に減少したが、この時期の貸上条件が変化したことに注目したい。つまり、明和・安永期までの返済条件は、鶴岡の米宿商人を通しての米札が中心で、「米札並蔵入貸入貸」と要記するものと、郡代所扱いで、郷中の「組遣村遣御借上証文」と記した郷村立て直しの借上金が主であった。それが享和・文化年間になると、「米札請取貸」が少くなり、「御田地並証文貸」が多くなる。この田地貸、証文貸は文政七年（一八二四）頃まで毎年見られるが、その後天保期から幕末の時期にはそれがなくなり、多様で多額の貸上金、貸付米（拝借米）を中心に、総額では諸藩と比べものにならないほど大きくなっている。(25)

この変化は、庄内藩政と本間家との関係の仕方の状況を反映するものとみられる。寛政七年（一七九五）から文化十

本間家の庄内藩への貸上金（例）

年　　月	貸上金	返済方法（略記）	
宝暦9年7月（1759）	1,000両	取次　疋田多右衛門　先納借上　卯納　450俵ツツ	A
明和6年12月（1769）	2,250両	俵屋孫三郎　渡辺五兵衛　寅納　米札1万俵請取　貸金方　役所　借上金　5千両の内	A
天明8年3月（1788）	1,350両	御郡代所　右八組　郷組遣村遣金　御借上証文一通　利一割　来12月限	D
寛政3年2月（1791）	2,000両	俵屋、上田三郎右衛門　庄内為替　手形一通　大坂にて渡　代金庄内郡代所より渡る筈	C
寛政3年5月（1791）	1,320両	御郡代所、八組郷中組遣村遣御借上証文一通　利足年割　来寅12月中限	D
文化元年8月（1804）	3,000両	御郡代所　才覚金要用　年賦証文10ヶ年賦　丑より戌暮迄　利息年3歩（御田地並証文貸入）	B
文化5年12月（1808）	222両	御郡代所（御田地並証文貸入）　元金200両　（以後、同額の貸上金、文化10年まで）	B
文政元年11月（1818）	6,000俵	御郡代所　寅納米札請取	A
文政2年11月（1819）	1,300両	島屋佐次右衛門　此方様　為登金のうち為替取組　此方請取（夘之地為替）	C
文政5年11月（1822）	5,000俵	御郡代所　拝借米（午納御米札請取覚）	A
文政6年6月（1823）	5,000俵	御郡代所　去11月拝借上納（午之御米札払方覚）	A
文政7年6月（1824）	500両	御郡代所　才覚金2,000両のうち、江戸上納（申之御田地並証文貸）	B

A：米札請払　B：田地証文貸　C：地為替取組　D：郷組村上

（本間家文書〈斉藤美澄編『大帳類聚抄』巻三、巻六〉より作成）

年（一八一三）ごろ迄は、本間家が藩主脳部から除かれた時期にあたり、文化十二年（一八一五）以後は、藩主脳部の交代で、再登用され、郡代役所への随時出仕を命ぜられている。文化・文政期に多い「田地並証文貸」は文政七年（一八二四）頃まで続くが、その後、天保期から幕末には全くみられなくなるのである。このことはのちの明治初年にまとめた本間家の江戸期における土地取得の年次からみると、最大のピークが文化・文政期であったこととも符合する。[26]

　化政期は庄内藩の大坂・江戸廻米についても大きな変化の画期であった。江戸中期の明和年間から寛政初年の酒田湊の沖出荷物をまとめた「増口銭方諸色控」によって庄内藩の蔵米をみると、明和年間は約二〇万俵となっている。[27] 化政期については明らかではないが、天保六年〜嘉永五年の「江戸・大坂御廻米控帳」（本間詰所）によって、各年度の廻船ごとの送り状から廻船問屋、雇船（船籍）、廻米積高などを知ることができる。[28] 嘉永二年（一八四九）は、江戸廻米が米三万八八〇〇俵、籾二万八六二七俵（米にして一万四三一三俵）、合計五万三一一三俵（籾は米に換算）となるが、他は天保六年（一八三五）三万三三四五俵、同十二年三万四八〇〇俵、弘化三年（一八四六）二万六九〇〇俵となって、大部分は三万俵台となっている。江戸・大坂廻船の年間総量は、明和・寛政期に比べて約五分の一に減少したのである。

この廻船減少の理由は、藩財政の窮乏事情から、巨大豪商などに、年貢米を担保に多額の貸上金を受け取ることになったことが第一であることは、庄内藩の本間家との関係からみても明らかである。文政年間以後、とくに天保期以後の返済条件は「米札並蔵入貸」、「米札請取」が大部分となる。これは本間家下蔵において、多量の年貢米が出し入れしている状態を示すといってよい。

庄内藩の江戸・大坂廻船について化政期の記録は明らかでないが、記録の明らかな天保期から幕末までの多い年で約五万俵（嘉永二、三年）、ほかは一万〜三万俵台となっている。本間家は文化十二年頃に庄内藩の「御雇船総御用掛」の地位も与えられていた。[29] 蔵米廻船は大坂・江戸の蔵元が調達するのが本来の役目であるが、その変化が起こっているのである。そこのことは、庄内藩の天保年間以降の「廻船控帳」を本間詰所が作成し、廻船の酒田船宿には本間家新問屋の代行を勤める渡辺五兵衛、的場治右衛門（伊勢屋）などが当たっていたことにもみることができると思われる。

三　蝦夷地開発と酒田本間家

幕府は天明五年（一七八五）から寛政初年にかけ、蝦夷地調査を頻繁に行っているが、寛政十一年（一七九九）一月、東蝦夷地の上知を命じた。その開発の方針として、はじめ江戸から東海路沿いに御用取扱人などの拠点を設ける予定であったが、雇船や交易品仕入れなどが順調に進まなかったことから、旧来の日本海沿岸に広げることにした[30]。しかし酒田は、はじめから「仕入物御用取扱」港の一つになっていたことが知られる。その理由には、酒田に寛文年間から最上川流域の羽州幕領域米を保管する「幕府米置場」があって、出羽幕領の一部を「松前渡米」地に地域特定していたことをみれば[31]、当然であったであろう。

東蝦夷地の上知の目的は、松前藩時代の場所請負人制を廃止し、アイヌに日本風を奨励することなどとともに、農地の開発を行うことにあった。その開発は箱館近在で、文化元年～同三年には、田地一四〇町歩、畑地二〇町歩余としているが、多額の費用も必要であった。この事業は、文化四年（一八〇七）に松前藩が奥州梁川への移封になったあと、幕府の松前奉行のもとで行われるが、実際はその前から進められていたのである。

酒田本間家が蝦夷地開発と重要な関わりをもっていたことが、「御用向留扣」文化四年、同八年の二冊子によって知られる[32]。これらによると本間家は、開発地の在方貸付米を、おそくとも文化三年（一八〇六）には輸送していたことがわかる。文化四年八月二日付の史料からみることにしたい。

一、運送米取調被致候所、凡高三千百壱石六升七合五勺、外ニ津軽米弐百八拾石内百四拾表相廻り候由、〆三千三百八拾壱石六升七合五勺、内千五百八拾八石壱升三合壱勺拝借高、残千七百九拾三石六斗六升一合九勺御買上之分御座候得共、弐百拾石位不足相成候よし、依而此度手船を以都合可致事

この資料内容は、蝦夷地への運送米の総額は、津軽米も含めて三三八一石余であるが、津軽米に一部未着もあることと、この米は大きく二分され、一つは拝借米一五八八石余、もう一つは御貸上米一七九三石余となり、若干の不足分もあるが、「手船」で処置したいというものである。この拝借米とは何かが明記されていないが、幕府が本間家に渡している「前渡金」に相当する米とみられる。他の記録によると本間家は、文化三年備米も送っていたことが知られる。本間弥七郎代人（文治郎・此助）の九月の書状の中には、「此度箱館御開発方御会所江御買上米弐千石、在々貸附米共願之通被仰付候間云々」と記していることから、本間家が箱館に運送した米の実際は、それ以上であったこともわかる。

「御用向留扣」の文化四年（一八〇七）八月、九月の記事をみると、この日記の筆者である渡部文治良（本間家手代）が御会所で、手代衆や町役人と会い、とくに伊達屋（清兵衛）、栖原（半兵衛）と相談をしているのは、「当年貸付運送米弐千石余」などの確認や代金返済に関することであった。貸付米の手続は貸付米の名義を、本間弥七郎（酒田の本間家新問屋と称し、下蔵経営担当）に統一し、箱館宿については、亀屋武兵衛と川内屋新左衛門との間でトラブルがあったが、川内屋を世話人とすることで十月末に決着したことも知られる。貸付米と代金取立の受渡は、この十月に尾札部村、臼尻村など「六ヶ場所」との間で行われているが、実際の廻村には宿手代が当っていた。

またこの「御用向留扣」の文化四年十二月の項によれば、同代人と宿（武兵衛）が御会所に対し、当年の貸上米

二〇〇〇石に対する感謝と翌五年の貸上米一〇〇〇石を要請し（同月十六日）、同月二十一日、本間家両代人が帰郷の挨拶に来ると、まず貸付米代金の残り分（六貫七〇〇文）を渡している。また箱館より松前までの「御添触」を出して御用役人並の待遇をうけたこと、さらに二十八日、津軽・秋田通りを酒田までは、継立てのため、幕吏髙橋三平の指示により、馬一疋（添触）の待遇を与えられたことも知られる[33]。

文化四年（一八〇七）八月は松前藩の国替えにより、幕府用人および物資の移動もはげしかった。そのころ本間家手船とみられる渡会丸が箱館に出入りし、箱館から松前引越しに当り「渡会丸中荷代金」二〇〇〇両を受け取っていることも知られるが、「三平様行之御品」などとあるのもその一部とみられる。酒田本間家の蝦夷地開発への関わりは、幕府の蝦夷地対策の重要な時点ともからんでいたのである。

その後の蝦夷地買上米については、文化八年五月、本間弥七郎から御用商人栖原・伊達にあてた書状[34]からみることにしたい。

（前略）北方御在留之節者、御買上米之義文二郎ヲ以委細御執合申上候通、五千石高ニ被仰付候御事ニ而者石数も相揃兼、勿論対当御役所江差障候義も御座候、乍去折角被仰付候ニ付、明年ゟ弐千石高迄者取計可申候、弥明年ゟ弐千石高ニ被仰付候御事ニ相成候ハハ、当十月中御金前拝借被仰付被下度候様御願仕度奉存候、当処初直段引合ヲ以、新庄御米、亀田御米等、追々貸付相備置申度奉存候（中略）且又此度貴地村方貸付米為取立、手代嘉助・藤二郎両人指下申候、何れも不案内之者御座候間万端御添心被下度、是又宜敷様奉頼上、右得貴意度如斯御座候、恐惶謹言

五月廿五日（文化八年）　本間弥七郎

栖原半次郎様
伊達清兵衛様

書状の前半では、酒田からの買上米交渉のため、栖原らが直接酒田に来ていることも知られるが、そのとき要望の五〇〇〇石については、折角であるが不可能であるとし、二〇〇〇石であれば明年以降引き受けてもよいとしている。また明年分二〇〇〇石とした場合でも、当十月中に代金は「前拝借」（先納）にしてほしいこと、若し買上米高二〇〇〇石であれば、「乍恐御免被成下候」（中略分）というやや強固な文言であった。後半は開発地の村方貸付米は続行中で、返済金の取立手代の派遣についての協力方をのべたものとなっている。

なお、買上米を酒田から箱館まで運送した場合の諸経費の基準は、米二〇〇〇俵（一〇〇〇石）では、相場三一後半（一〇両につき）として代金六三四両と永九拾弐匁六厘となり、これに酒田川復金、酒田より箱館までの運賃（七五両）、箱館口銭などを加え、合計七七八両三分余としている。[35]ただし代金の支払いは、時の相場で江戸の島屋佐二右衛門（飛脚問屋）を通して行うこととある。

また貸付米代金について、文化七年（一八一〇）の一六か村の返済残金をみると、合計九二六両余に上り、一か村あたりでは、最も多い九〇両台が二か村で、一〇両台二か村まですべての村に残金があることも知られる。

本間家は文化四年（一八〇七）二月、三代光丘から四代光道に家督相続しているが、この時期は本間家経営の転換、拡大の画期であった。それは旧来の上方商品の取引き、また新たな土地集積の進行とともに、蝦夷地への進出もみられたことである。本間家は文化四年、船場町下蔵を設け、新問屋を創設したことも知られるが、[36]その頃から、はじめて廻船としての手船を造ったことも注目される。

文化四年、箱館役所の買上米を運送した手船、「渡会丸」については先にのべたが、これが本間家手船のはじまりとみられる。ただしこの渡会丸の規模などは明らかでないが、廻船問屋から購入したものであろう。本間家史料によれば[37]、文化五年三月に日吉丸の「新造」経費一〇〇両などの記事があり、以後文化八年坂本丸から文政二年まで、本間家は五艘のいわゆる本間船を建造しているのである。

これらの手船はどこで造ったのか、酒田で建造したものはあるのかも注目される。「大帳類聚抄」（巻四）の記載は、主な部品の材料代、その支払い先と年月日のみで、造船地の明記がない。しかし例えば坂本丸では、帆柱他材木代、新艘の入用費として計二三〇両余を新問屋へ、材木代など三〇両余は津国屋（酒田町組）へ払っていること、坂本丸・讃岐丸新造材木懸り物として塩越弥平治へ七五両余、近江丸の「金具作料」四貫一四〇文は銅屋文治へ、また海船新艘の樫材代として代家（本間家が小作人支配として各地に置いた役名）に一〜二両を支払った例もある。これらの本間家手船は明らかに酒田湊で造船したものとみてよいと思われる。ただし本間船として五番目の玉手丸は、若狭小浜の豪商古河家が造船したことが明らかで（文政三年「店卸し」帳）、代金は四一二両、永四〇文であった[38]。この手船はのちに住吉丸に改名して活動するが、その規模は八五〇石積（水主一二人乗）であった。

本間船すべての規模やその活動の全貌を知ることは史料的に不可能であるが、新問屋・下蔵の創設、蝦夷地への進出を背景に、文化・文政期には、廻船活動にも集中的に乗りだしたのである。本間家の発展は、文政期における日本海海運と酒田湊の発展を象徴する一面とみてもよいであろう。

むすび

以上近世後期、とくに化政期における蔵米流通を中心に日本海海運と酒田湊の動きについてみてきた。幕藩領主の廻米としての蔵米輸送と販売が、江戸・大坂を中心に行われる、いわゆる全国市場の体制が、中間市場の販売が多くなったことで崩れ始める状況を検討したつもりである。それは基本的には、民間的商品流通の増大でもあり、これまで在方問屋商人の発展として多くの成果がある。本稿は、本来領主的商品である蔵物の流通の変化に注目し、その背景と共に取り上げたもので、要約すれば次の通りである。

第一は、近世中期以後、地方の特産物の商品化とネットワークによって発展した地域豪商と諸藩の中期藩政改革との関係であり、その深まりは、都市豪商から地域豪商への財政依存の転換の過程となる。第二に、そのことは中間市場の発展を促し、日本海海運における廻船市場が、上方中心から日本海沿岸各地域の小型廻船の台頭となり、酒田湊もその一つであった。また酒田本間家が庄内藩廻米の雇船御用をつとめる状況も生まれた。

第三に、化政期の幕府による蝦夷地開発策との関係で、蔵米流通の中継地としての酒田湊は画期的変化をみるが、それは出羽幕領の廻米問題―酒田売却にも連動していた。この期の酒田米市場の画期的変化の背景についてはそれらの関連も重視すべきであろう。

註

(1) 工藤定雄『酒田市史』上（一九五四年）第二章　港町酒田の面目。

（2）横山昭男『近世河川水運史の研究』（吉川弘文館、一九八〇年）第一章、第二節。
（3）柚木学『近世海運史の研究』（法政大学出版局、一九七九年）第四編、同『近世海運の経営と歴史』（清文堂、二〇一一年）第五章。
（4）のちの註に載るものは略する。
工藤定雄「近世初期酒田商人の研究」（『歴史の研究』一〇、一九六三年）、同「近世中期湊町商人の研究」（『山形大学紀要』〈人文科学五―四〉一九六四年）、青木美智男「佐倉藩羽州領の廻米をめぐる諸問題―幕末期、最上川水運と酒田米穀市場との関連から―」（『歴史』二十七輯、一九六三年）、榎森進「日本海海運と酒田」（『地方史研究』一八四、一九八三年）。
（5）拙稿「化政期における羽州幕領廻米と酒田湊―郡中物代の「湊渡切」要求と実際―」（『地方史研究』三五五、二〇一二年）。
（6）大石田、二藤部家文書、正徳三年「聞書」大石田問屋沼沢又佐衛門記録。前掲拙著第一章第三節。
（7）米沢市、上杉家文書、横山「近世中期における米沢藩財政の構造」（『山形大学紀要』〈人文科学七―三〉一九七二年）。
（8）本間家文書、斉藤美澄編「大帳類聚抄」巻之二（『酒田市史』史料篇五、一九七一年、所収）。
（9）前掲横山著書、第二章第二節（宝暦・天明期における川船差配役制の展開）参照。
（10）拙稿「米沢藩の寛政改革と最上川御手船」（『山形県地域史研究』三七、二〇一二年）。
（11）米沢市林泉文庫（米沢市立図書館）「田中記録」、前掲拙稿『山形県地域史研究』三七　表2参照。
（12）鐙屋家文書「米沢御用帳」（文久三年）、前掲拙稿『山形県地域史研究』三七、表二。
（13）佐藤家文書「酒田演説留」（『山形市史編集資料』二九号）、森谷圓人「幕末期における佐倉藩羽州領の酒田湊払について」（『山形史学研究』7、一九四六年）、竹村道央「佐倉藩士栗原幾三郎〈大坂在番日誌〉」（『佐倉市史研究』23・24、二〇一一年・二〇一二年）。
（14）（16）酒田・本間信四郎家文書、拙稿「近世中期における商業資本と藩財政―酒田本間家と新庄藩―」（『山形地域史の研究』文献出版、一九九〇年）。

(15)前掲本間家文書「大帳類聚抄」では、記帳項目を、貸附金、返済方法のほかに、貸方を分類し、米札貸、為替貸、田地証文貸、下蔵入貸などに分けて摘記している。
(17)宝暦年間は、諸藩蔵宿の転換期であったが、この時期に定った蔵宿（蔵元）は、以後幕末まで固定していることが知られる。一藩一宿ではなく、分領は別として、新庄藩・米沢藩・上山藩など城付大名は、石高の大小に関わらず、これら五人の相宿であった（『酒田市史』資料篇三、一九六六年、六一〜六四頁）。
(18)戸沢氏文書「知行万年分限帳」巻八（『郷土資料叢書』第十集、新庄市立図書館、一九七七年）。
(19)柴崎家文書「戸沢様貸上ヶ金書類写」（文久二年）（『尾花沢市史資料』第六輯、一九七九年、八一〜一〇九頁）。
(20)村山郡稲下村からは別に「相渡申地方証文之事」（寛政七年十二月）を村役人から受け取っている。同村は八六町余の村で、収納米一〇四三俵余であった。なお年賦返済について、「村方引当証文」は天童藩への貸付金にも寛政十一年、三〇〇〇両の「年賦金証文之事」では、六〇ヶ年賦の期間を、はじめから定めたものもあり、長期返済は珍しくなかった。『尾花沢市史資料』第七輯（一九八一年）九〇頁。
(21)柴崎家文書（山形県立博物館蔵）文政元年十一月「覚」（蔵元引受）、「規定」（前掲第七輯）六九〜七〇頁。
(22)柴崎家文書　文政八年「鳥越様双方差引勘定帳」「秋田要用扣」（前掲第七輯）七一〜八一頁。
(23)柴崎家文書　寛政元年二月「売渡中覚」、寛政三年一月「手船上下荷物留」（前掲第七輯所収）。
(24)本間家文書「大帳類聚抄」巻三、（『鶴岡市史』上、一九六二年）三四二頁。
(25)前掲「大帳類聚抄」は全九巻からなるが、そのうち、一巻・二巻（宝暦六〜寛政十二）、九巻（文政三〜明治六）は『酒田市史』史料篇五に収録。他の巻、三〜八巻分は解読原稿のまま酒田市光丘文庫保存。
(26)農政調査会本間家所蔵資料集『土地集積過程』第二集上・下（一九五六年）、山崎吉雄「補遺本間家土地集積」（『増補改訂版　山形県農地改革史』一九八四年）。
(27)本間家文書「増口銭方諸色控」（『酒田市史』史料篇三）。
(28)本間家文書「江戸・大坂御廻米控帳」（『酒田市史』史料篇五）。嘉永二年廻米および廻船については『山形県史』近世編下（一九八七年）所収表58「酒田入津船の船籍」（渡辺信夫氏稿）がある。

(29) 佐藤三郎『酒田の本間家』(中央書院、一九七二年) 一三四頁。
(30)『松前町史』通史編第一巻下 (一九八八年) 第四編第一章。
(31) 本間勝喜「羽州庄内幕領地における松前渡米」(『松前藩と松前』三〇号、一九八八年)。
(32) 本間家文書『酒田市史』史料篇五、二八六〜三〇七頁。
「御用向留控」は二冊あり、一つは表紙に文化四年七月、渡部文治郎・原此助、もう一つは文化八年五月本間弥七郎とある。
(33) 幕吏高橋が酒田本間(外衛)に対し、「公義御買上米」について内密の文書を送り、新田開発の村々貸付について、取次の箱館町人の問題などを知らせたのに対し、本間から松井某(高橋の手付人か)に送った返信(八月二日付)がある(『酒田市史』資料篇四、一九六九年、五六五〜六七頁)。
(34) 文化八年五月、栖原半次郎・伊達清兵衛宛本間弥七郎書状「御用向留扣」(文化八年)。
(35) 文化八年五月「御用向留控」の最初の史料、「覚」とあり、本間弥七郎より、栖原半次郎宛となっている。
(36)(37) 工藤定雄「近世に於ける港町商人—酒田本間家の新問屋について—」(長井政太郎退官記念論文集『最上川流域の自然と文化』一九七一年)。
(37) 本間家文書、前掲「大帳類聚抄」巻四、船舶之項。

[追記] 本稿は地方史研究協議会第六二回(庄内)大会の公開講演原稿を一部補正のうえまとめたものである。

近世後期における大組頭の経営と動向について—出羽国庄内川北の伊藤家を中心に—

杉原　丈夫

はじめに

本稿は、出羽庄内藩の近世後期における村役人制の実態を究明し、地域社会における指導的役割と対領主、対村民への対応や動向を、数か村から一〇数か村の肝煎を束ねた大組頭伊藤家文書の検討を中心に実証していくものである。[1]

本研究の研究対象は、村役人層の中でも、村の集合体の組の頭である大組頭が他藩領の大庄屋に該当する村役人であることから、庄内藩川北（最上川の北側）の大組頭を中心に分析を行いたい。

ここで研究動向[2]を整理してみると、本論と関連する「大庄屋」の研究は、幕領や藩領の研究として取り上げられてきている。即ち一九六〇年代末~七〇年代は、佐々木潤之介氏により豪農=村役人の役割を論じられたのを契機に、議論が活発化した。

その後、八〇年代~九〇年代に至り、久留島浩氏等の研究は、幕領における組合村郡中惣代・郡中議定等の分析を通して、豪農・村役人層の公共的役割を論じてきている。さらに志村洋氏らは藩領の大庄屋の詳細な分析を通し、商品経済の発展、地域社会構造の変化に沿った大庄屋や、その下に存在する村役人及び小農・小前層などとの関連を通して、その役割を論じている。

そして今日に至り、大庄屋（村役人）の近世後期の動向を重要視して、「社会的権力論」「地域社会論」等、諸論が続出することになり、益々大庄屋・村役人論の研究が活発化しているのが現状である。

本研究はこれらの研究を踏まえて、川北の大組頭の実態を究明しつつ、近世後期の村役人の動向を捉えなおそうとするものである。即ち川北地域に存在した庄内藩士で給人扱いになっていた大組頭という役職は、同じ藩でありながら川南には存在しなかったことに着目し、川北の大組頭の実態を史料により検証していきたい。

そこから、川北・川南地域はそれぞれ特性をもちながらも、領主や農民との対応の仕方には、庄内藩の対応や川北・川南を通しての共通性や一貫した藩政の有り方が見い出されてくる。

★印は幕府直轄領が点在する地

庄内藩川北三郷と川南五通概略図

本論稿で取り扱う庄内地域は、庄内藩がほとんどを領有し[3]、兄弟藩の松山藩がある上に、所々に幕領が点在している（上図参照）。近世後期に天保一揆（三方所替阻止運動）が起こり、その運動（百姓一揆）により幕府の命令が撤回されるという前代未聞の出来事が起こった所である。また明治前期のワッパ騒動など、庄内全域を巻き込んだ農民運動が展開された地域でもある。

酒井家入部以前の最上義光時代以来[4]、川北と川南の統治のやり方は郡奉行・代官の下に大庄屋を配置し、鶴岡城下に代家《たや》（役所）を置き、隅々の村まで藩政が行き渡るようにして一貫性を持ちながらも、川北にのみ大組頭制を敷いたことなど大きな違いが存在していた。

即ち、大庄屋（当初は大肝煎）制度を取り入れなければならなかった理由も、川北・川南の実情の違いがあったためであるといわれる。大庄屋を給人という家臣団に入れ、藩士として正式な役職として任命していることは他藩と大きな違いであり、むしろその下に存在した大組頭が肝煎を兼ねた存在であるため、大庄屋と匹敵する役職であった。

そこで川北大組頭伊藤家の史料を活用し、川北の大組頭制の実態を明らかにしながら庄内地域の一体性を論じていきたい。

一　大組頭の職務と経営

（一）大組頭の職務

大組頭の職務内容を知るために、寛政七年（一七九五）の伊藤家「御用留」(5)を中心に考察したい。

表1の「大組頭御用留」に見られる項目から、職務内容を確認して集計してみると、次のように要約できる。

①年頭にあたって大組頭管轄の郡役高の差引と年貢等を確定し、記載している。次に②大庄屋へ年始の挨拶をし、その場で大庄屋から提出物依頼状を受け取る。③水利・橋など郷普請のための物資や人足を割り当てる。④災害の状況を把握して大庄屋へ報告し、その対策を練る。⑤災害等による被害のため、落作の実態把握と年貢差引きの願いをしていく。⑥大庄屋より通達を受けて、極貧者の改めをする。⑦触れ、達しの周知徹底。⑧当時の藩政改革の主旨を汲み取り、それを村々の隅々まで行き渡るように徹底。⑨地主対小作人の対立等、争論や紛争に対応する。⑩夫食籾、田打夫食等、救済対策を行う。⑪漆木植付等産業奨励に関係していた。

表１　大組頭の職務内容

寛政７年御用留集計（形式分類）　大庄屋（藩、代官等）⇔大組頭⇔肝煎・長人百姓⇔村人

No.	差出人⇔受取人	1月	2月	3月	4月	5月	6月	7月	8月	9月	10月	11月	12月	計
1	大庄屋→大組頭	5	11	12	23	16	13	17	21	11	18	11	16	174
2	大組頭→大庄屋	7	5	8	12	3	5	9	11	4		1	2	67
3	肝煎→大組頭→大庄屋	1		6	7	4	1			1	2	1	2	25
4	大堰守、割役等→大組頭→大庄屋			6	2	2	3	4	1					18
5	書留その他不明も	1		1	3	3	6	1	1	1	3		2	22
計		14	16	33	47	28	28	31	34	17	23	13	22	306

寛政７年御用留集計（内容分類）　大庄屋（藩、代官等）⇔大組頭⇔肝煎・長人百姓⇔村人

No.	項目	1月	2月	3月	4月	5月	6月	7月	8月	9月	10月	11月	12月	計
1	村高・年貢・浮役・与内高等	1												1
2	御用（呼出、年頭御祝儀、取立、見習勤）	3	4	1	4	4	3	1	4	5	2	4	2	37
3	寺社人別、修験	2												2
4	鉄砲證文	1	1											2
5	見習勤		2	1										3
6	御達、御触、	1	3		1	2		2	1	2	1			13
7	道中路用不足金貸渡し		2											2
8	下米並びに御手擬米		1		1		2	1						5
9	振人割当、振人増米	3										1	6	10
10	縄、藁、糠等割当	5	4	4	3	1	4	6	3	2	6	1	2	41
11	人足割当（直出人足等）	3		5	9	3	3	6	2		5			36
12	人相書		2											2
13	夫食籾、米拝借		1	2	1	2	3		3	1		1		14
14	水門普請、用水堰普請、橋修覆	2		6	7	8	4	6	1	1		1	1	37
15	村遣金			1			1							2
16	黒豆上納割当			3										3
17	明俵入用	1		4				2	2					9
18	夫食貸米			1		2	4					1		8
19	郷普請					1			4	8		1	2	16
20	漆かき、漆木改め					2			4					6
21	駒當歳				4					2				6
22	相撲取り				4									4
23	（殿様）乳持ち公望				3									3
24	肥買金				2									2
25	土渡賄代年貢米					1								1
26	年貢米川下げ						2	2						4
27	百姓家建直し					1								1
28	植付證文					3								3
29	夫馬				2			1						4
30	郷中米穀持出、御蔵入用					1						1		2
31	極貧、困窮者改め			6	1								1	8
32	洪水							1						1
33	諸役人手当書上							2		1				3
34	身俵							2				1	1	4
35	落作、不毛								12	5		1	1	19
36	受返一件								1					1
37	検見									2	1			3
38	手間賃									1				1
39	大豆升替									2				2
40	掛札表・小作一件									1	4			5
41	川役銀											1		1
42	改革等						2	2			2		1	7
43	温海入湯						1							1
44	博打												1	1
45	年貢皆済												2	2
46	代家賄代											1		1
47	念仏講、土洗、芋桶洗												1	1
48	八八歳老人調べ												1	1
49	火の用心											1		1
50	日記												1	1
計		22	20	34	42	31	29	34	37	33	21	16	23	343

註　数字は関連記事の件数　　（南吉田伊藤家文書「御用留」〈酒田市立光丘文庫蔵〉より作成）

以上のことから、

イ　藩からの通達や御触及び御達などは、殆ど全てが、大庄屋を通して大組頭に連絡が行き、大組頭は担当村（数か村～一〇数か村）の肝煎を通して施政を行うという系統が確立していた。逆に、村人の要求・反応は肝煎・長人百姓、大組頭を通し、大庄屋から藩の代官・郡奉行・郡代へと反映された。

ロ　年度当初に村高や年貢の確定をして、管轄下の年貢納入などに全責任をもって取り組まなければならなかったことが窺える。それ故、各肝煎を媒介として御達、御触など法令及び五人組掟帳の徹底を期すこと、また、この年のように天災飢饉に見舞われたときに、潰れ百姓がでないように、困窮者対策や被害の状況を的確に把握し、また水門・橋・堰などの普請の人足割当、周辺郷村への人足の割当など、大組頭は一村単位の肝煎とは違い、周辺数か村の組を担当していた。

（二）大組頭の経営

大組頭は郷村の中で自村の肝煎を兼ね、しかも農業経営を行っていて土地を保有していた。表2はその実態を示す資料である。[6]

ここでは大組頭の性格を明確にするために、伊藤家の「代々子孫譲帳」等を活用しながら、大組頭の経営を明らかにしておきたい。先ず収入の部であるが、表2によれば大組頭は肝煎を兼ねていたために田地所持が認められ、自村から七三俵、組内の村の吉田新田村から四九俵が上がってくる。これらの総収入計が一二二俵であった。

伊藤家の役料であるが、前述したように、凡そ①大組頭新田六俵②御高番人給一一俵③組中納八俵④組廻番人給七俵⑤肝煎一分給二・一俵⑥村小走給等三俵⑦籾蔵番給一〇俵で合わせて六七俵の役料があった。

表２　大組頭伊藤家収支

<収入の部>

No.	品目	数量（俵.斗）	名　目　等	備　考
1	米	73.1	南吉田村（自村）取れ高	分米約27石8斗 内55俵渡し、立上18俵
2	〃	49	吉田新田村（小作地）取れ高	分米約7石7斗 内36俵本間家へ、
3	役料米	6.1	組頭新田	10石の田からの役料
4	〃	11	御高番人給	14俵の内
5	〃	8.2	組中納	裏高の分定役になる
6	〃	7.3	同断納	但組廻り番人給
7	〃	21.2	肝煎一分給	村高830石の1分
8	〃	3.1	引き代米小走給取り	
9	〃	10	籾蔵番給	外に銭4貫912文
	合計	189		

<支出の部>

No.	品目	数量（俵.斗）	摘　要	
1	米	9	手前無尽	
2	〃	3	彦兵衛同断	
3	〃	4	傳助同断	
4	〃	1	長兵衛同断	
5	〃	42	長谷川（代官）同断但金10両2歩 内7両2歩無尽掛　同三両　御代官所へ利息	
6	〃	4	兵右衛門へ	
7	〃	1	同人	
8	〃	3	青塚次郎右衛門へ	
9	〃	10	新四郎其外兵右衛門へ	
10	〃	20	正五郎（本間家）へ	
	合計	97		

（安永7年〈1778〉南吉田伊藤家文書「代々子孫譲帳」〈酒田市立光丘文庫蔵〉より作成）

　また、それに対し、払方は①無尽関係が六〇俵、②諸経費（酒田商人等）一八俵、③本間家に二〇俵で合計九七俵の支払いがあり、差し引き二五俵しか残らない。

　文化一三年（一八一六）にもなると、伊藤家文書「丙子日記萬覚帳」（酒田市立光丘文庫所蔵）には多くの赤字経営が記載されるようになる。

　大組頭の役職は重要性が増してくる反面、経営が難しく不安定であった所から、本間家など酒田町方の富裕町民からの融資が必要とされ、土地が移動していく。

　庄内川北大組頭は二〇名程いるが、自村の持高は上位に位置し、肝煎を兼帯しながら役料を一二〇俵程を保有し、村内だけでなく広く郷村に力を及ぼしていたのである。

(三) 大組頭の財産等

大組頭は役料が六俵程の僅少の役料であったが、肝煎給や他の役料を加えると、大庄屋を凌ぐ莫大な手当てとなることが判明した。ここでは大組頭の所有財産の実態を明らかにして、身分的な性格を推定していきたい。

表3　大組頭伊藤家の所有財産一覧

№.	品目	数量	備　考
1	家	3軒	家2、物置1（宝暦9年新規建直）
2	お宮	1ヶ所	安永4新規建直し
3	土蔵	1ヶ所	代官所物入れ
4	刀類	4揃	大小1、刀2腰、脇差2腰、古大小1
5	お膳類	7種類	二の膳10、重代膳10、角膳10、木具膳3 大はん膳20、中はん膳10、丸テ膳10
6	お椀類	4種類	椀20、同5、二の椀10、外黒椀11
7	食器他	5種類	へん木10、めくまん10、皿20、ちょく20
8	書道具	3種類	石硯ふた1、墨重箱1組4つ、掛硯1
9	箪笥類	5種類	きりたんす1、同小1、御用たんす1、 大たんす1、たんす中1
10	家具等	4種類	十露盤1、机1、佛前、りんとう1
11	衣類等	6種類	夜具1、中夜具1、ふとん1かや4、着類1 余慶夜具1

（安永7年〈1778〉南吉田伊藤家文書「代々子孫譲帳」〈酒田市立光丘文庫蔵〉より作成）

表3によれば、伊藤家は家が二軒、物置、お宮、土蔵各一ヶ所、刀類は四揃も所持していた。またお椀、お膳、皿、銚子盃、硯・筆など、夜具等多くを数える。刀を所持していたことからも武士身分と変わらない存在と捉えられるが、食事に関するものも一五種類を数える。このことから、一般農民より身分格式が高くなっている。

以上のことから、川北大組頭は肝煎兼帯のために村落の長として村政に携わっていたが、周辺の村をまとめて頭として小組を担当し大組頭と呼ばれ、村のみならず他の村を含めて郷村の水利や谷地・山入会地の共同体支配に携わっている。

大組頭の経営面からみても、役料や私有財産等、経済的にも或は職制から見ても藩士の給人身分として認められていたし、肝煎を束ねた長（頭）として村民の代表者として武士と農民の中間に位置する役職として捉えられる。

二　近世後期川北の大組頭の動向について

（一）近世後期以前

庄内藩川北の大組頭は他藩における大庄屋と匹敵する役職と捉えられる。政治的にも経済的にも藩制の支配の末端に位置づけられた役職で、大庄屋支配の下、村だけでなく組、郷等の広がりの中で、大組頭は地域社会の実力者として職務を遂行しようとする姿が見えた。

さらに大組頭の職務内容を見るとき、川北大組頭は触・達の中継ぎ、管轄組の取りまとめ、年貢納入及び周辺共同体の責任者として職務を果たしていた。

①　郷村における水利共同体での大組頭との関わり

川北三郷は最上川・日向川・月光川の三本の川が走り水利体系も川に沿って組織されており、一村単位では運営は不可能であった。水系沿いに大庄屋、大組頭のみならず郷村に居住する割役、大堰守（水利の元締め）、堰守、大杖突、杖突等の役職持ちの農民が配置され、水害対策として人足や明俵などの資材を供給できる体制を敷いていた。農業用水をめぐって川上と川下の村々同士の争いが頻発したため、宝永三年（一七〇六）には川北三郷「用水定證文」[7]がだされ、川北三郷大庄屋八名、大組頭二三名、肝煎二五三人連名で請書を藩に提出している。その後も何度も洪水、日照りなどの災害のたびごとに郷村のまとめ役としての大組頭は、人足の手配や争いごとの調停役としてその職責を果たしてきている。

②　入会山と大組頭との関わり

荒瀬郷、平田郷両郷にまたがる草（萱）刈場として鷹尾山は当時最も重要な場所となっていた。明和四年には平田郷・荒瀬郷各村が「鷹尾山山境につき請書」を藩に提出している。これに関係していた村は一一七か村（平田郷五九か村、荒瀬郷五八か村）にも及び、それぞれの村方三役、大山守四名、大組頭八名、大庄屋五名が連印していた。

この年の出入りでは、田澤組の大組頭、肝煎他多数の処分者を出しているために、この請書を藩は出させている。しかし、その後も紛争が続き、天保元年（一八三〇）の鷹尾山の争論では、村単位から広域の平田郷対荒瀬郷、さらには松山藩へと広がり大きな紛争に発展した。そのため、死者こそ出なかったものの負傷者が多数出ている。(8) 注目すべきは平田郷側の若背《わかぜ》達に混じり、松山藩の御家人風の者や医者、坊主らしい者、何より腰の物を帯びていた者、鑓や鉄砲まで持ち出していることで、これは単なる農民同士の紛争ではなく、武士階級や寺社に関わっている者まで巻き込んでいたことを示している。

大組頭伊藤家は、文化元年（一八〇四）の山入会地の「高尾山絵図面」を、さらには文化十三年（一八一六）「鷹尾山論御用一式」の史料を保有していることからも、山論に対する関わりが深かったことが窺われる。

③　谷地入会地と大組頭との関わり

享保一五年（一七三〇）には「鶴田谷地絵図之事」を郡奉行・代官に提出しているが、この時点で既に各村所有の境目が明確に記されている。その後、数多くの村が入会谷地として所有しているために出入りが多く、安政年間には谷地開発が進み該当村の入会地がその村の田地に変わっている例も見える。

以上のように大組頭は、郷村における水利（農業用水）・山入会・谷地入会などの共同体の調整や管理責任者の一人として、村々だけでなく周辺郷村の諸機関の中でも、郷や組等周辺地域の実力者として重要な役割を果たしていた。

④　周辺地主と大組頭伊藤家との関わり

ここでは大組頭の動向を窺うために、どのような環境の中に位置し、小作地増加の状況下、町方や周辺地主との関わりを探ってみたい。

荒瀬郷古川組下吉田組の村方三役は殆ど二〇石以上の持高で，富裕な農民である。新田村は例外となっているが、凡そ農民の中間層（一〇石~二〇石）が多くなっている。荒瀬郷は三つの大庄屋管轄の組に分かれているが、同組下新田目組について二番目に多く，二四七四石程が入作高になっている。

これは文政五年（一八二二）ではあるが、南吉田村にも酒田入作が多く、[9]一〇件を数える。その中でも一ノ町正五郎（本間家）は八四石と突出している。[10]

このように、居村南吉田村のみならず周辺の村々が小作地化している状況の中で、寛政九年（一七九七）には本間家の小作地経営の拠点代家建設一件が起きている。即ち隣村の南吉田村分京屋新田村の空き家に代家を建てたいと、本間家が大庄屋に申し出たのである。そのことにつき大庄屋を通して肝煎兼帯で大組頭である伊藤家や村役人に打診して来た。それに対しては、代家を建てるとますます小作地が増加して百姓が難渋するので止めて欲しいと、伊藤家を含めた村方三役が反対の意思表示をしているのである。[11]

このことからこの時点では、大組頭伊藤家は一村の肝煎・村民としての立場で地主の利害に対峙していることが窺える。

（二）文化二年（一八〇五）前後の段階

この頃になると、郷村役人として経済的にも土地保有者としても経営が赤字に変わり、維持していくのが精一杯の状況であったが、巨大地主や他の地主、富裕な商人に経済的に依存せざるを得ない状況にあった。しかし大組頭はこれら大組頭仲間や富裕層と連携しながら実力を蓄えてきて、藩主の相続のお祝いなど仲間を組んで行動していることが窺われる。

この年に荒瀬郷大組頭九名で「若殿様家督相続祝儀願書[12]」を提出している。内容としては、

覚

今般、乍恐殿様御願被為遊御隠居、若殿様御家督無御相違被為蒙仰候段、被　仰渡、一統恐悦至極ニ奉存候、右為御祝儀、拙者共惣名代壱人御郡代所御郡奉行所江罷上候様被　仰付被下置度奉存候、右之義兼而御伺被成下候處、不及其義旨被仰達候段被仰渡候ニ付、（後略）

明和年中（一七六四―一七七二）に若殿様家督相続のご祝儀に大組頭仲間惣代が郡代所及び郡奉行を訪ねているが、今回も前例の通りにさせていただきたいというもので、荒瀬郷大組頭九名が、三名の大庄屋を通し藩に願書を呈しており、平田郷・遊佐郷も同様の形式で願書を出すように事前に示し合わせている。

この時の祝儀の内容など示す史料は見つからず、また許されたかは不明であるが、藩に力量を示す機会と捉え、川北大組頭二〇名連携して行動していることを窺うことができる。

（三）文化一三年（一八一六）前後の段階

この段階の特徴を示す文化一三年（一八一六）「大組頭由緒書」（南吉田村伊藤家文書、酒田市立光丘文庫蔵）には、

（前略）
帯刀役之者諸書上物江苗字相認不申候者、拙者共斗ニ相聞年来歎敷奉存罷在候間、別紙御内意以書付奉願候通被仰付被下置候者、一統難有仕合奉存候、為其古来より之勤方ケ条書指上申候以上
文化十三年丙子
大組頭連判

と、大組頭は苗字獲得のために、仲間を組んで連携して行動するだけでなく「大庄屋の補佐を勤めてきたし、苗字を名乗ってきたのに帯刀御免の者で苗字を名乗れないのは自分たちだけである。だから人別帳は百姓とは別にすること、また書類に苗字を認めさせて欲しい[13]」と二〇名連名で大庄屋を通して代官所に要求をしていく。

これに対して、藩では苗字認《したため》は許さないが、別人別帳の作成は許可してきた。しかし、これも一旦は大組頭人別帳として別帳になったが、苗字認めが許可されなかったことと、村の年貢勘定などの人数に含まれなくなると計算が煩雑になるため、元に戻した経緯がある。

その年の二年後の文政元年（一八一八）には、同じ川北三郷二〇名連名で、殿様法事七回忌の寸志として五〇〇俵の冥加米を献上したいと大庄屋を通して代官所に届け出ている[14]。これは別人別帳作成や苗字認めの一連の要求を認め

させるための行動であったと思われる。この申し出が通ったかは史料不足のため検証が難しいが、大組頭のこの期の動向として注目したい。

（四）文政二年（一八一九）以降の段階

この段階になると、巨大地主・富裕層や大組頭の仲間との連携が深まる段階と捉えられる。(15) 無尽を相互に組みながら地主仲間と大組頭は手を組み経営を維持しようとし、さらに二〇名の大組頭仲間と連携しながら苗字の許可願い、別人別帳の提出等の動きから苗字を獲得し、名実ともに武士への志向があきらかになってくる。

文政一〇年（一八二七）には遊佐郷の六名の大組頭が苗字御免となり、さらに四人が苗字御免となり、半数以上が苗字御免となった。大組頭は帯刀を許可された身分であるので、これで名実ともに武士としての証しを得たことになる。(16)

おわりに

1　近世後期において川北に大組頭制が継続されたのは、古来より水利共同体と言うべき郷村の組《くみ》組織ができており一村単位での生活共同体では農業を営むことが出来ず、山や谷地入会地運営とともに郷、組の有力者即ち土地を保有し自ら農業経営をする大組頭の力が必要としたからであると考えられる。

大組頭制が川北に最上時代から残存したのは、最上氏が家臣の持ち城を認めたり、在地の領主の支配のあり方を認め継承させたことによることが大きいと思われるが、鶴岡城下から離れており、掌握が難しく、港町酒田の三六人衆を十分に扱わなければならなかった様に、一新して直接支配することが難しかったことが窺える。

2　川北の大組頭は仲間を作って連携しあいながら、大庄屋と連携の下郷村支配の末端機構として郷や組単位の民衆や村民の親方として指導権を発揮しながら職務を遂行して行ったが、近世後期においては、経営の困難等もあり、港町酒田の町方地主や周辺富裕層と連携しながら地歩を固めていき、武士の証しである苗字の獲得を段階的に獲得して行ったものと言える。

即ち近世前中期は、大組頭は仲間と連携しながら積極的に藩に働きかける段階、文化一三年前後の段階になると苗字獲得申請の動きが活発になり、文政年間（一八二〇年以降）は苗字獲得が実現していく段階と、段階的に大組頭の動向を捉えることができる。

3　今後の課題として、川北に大組頭が存在しえたのは、単に中世以来の重層的な古い役職と捉えては川北地域の特色を論ずることは出来ず、むしろ、港町酒田の繁栄や周辺郷村の生産力の向上・発展があったこと、即ち大きな経済力が背景にあったことを通して論じることが重要である。

註

（1）吉田組大組頭伊藤家文書は約一九四六点を数え、平成二一年度に隣村の漆曽根村池田家文書と共に酒田市立光丘文庫より文書目録が出版された。

（2）村役人論として、佐々木潤之介編『村方騒動と世直し』（青木書店、一九七二年）、同『幕末社会論』（塙書房、一九六九年）、さらに同『世直し』（岩波新書、一九七八年）等があり、志村洋氏、久留島浩氏、藪田貫氏、平川新氏らがこれらの研究を推進してきた。

また一つの研究の流れとして朝尾直弘編『日本の近世七　身分と格式』（中央公論社、一九九二年）、シリーズ『近世の身分的周縁』全六巻（吉川弘文館、二〇〇〇年）、『身分的周縁と近世社会』全九巻（吉川弘文館、二〇〇七年）等があり、久留島浩・吉田伸之編『近世の社会的権力―権威とヘゲモニー』（山川出版社、一九九六年）などへと発展した。さらに岩田浩太郎「豪農経営と地域編成―全国市場との関係をふまえて」（『歴史学研究』七五五号増刊号、二〇〇一年、所収）、詳細については、「豪農経営と地域編成（一）～（四・完）―全国市場との関係をふまえて」（『山形大学紀要（社会科学）』第三二～三四巻、二〇〇二年～二〇〇三年）がある。

最近の研究の動向として志村洋「大庄屋の身分格式」（白川部達夫・山本英二編『村の身分と由緒』吉川弘文館、二〇一〇年）がある。それには、和歌山藩の大庄屋は地士としての扱いであったことは、庄内藩においては大組頭が給人扱いであったことと重なる。

庄内地域の研究動向としては、井川一良「羽州庄内地方の農民闘争」（前掲『村方騒動と世直し』）では、近世後期の農民の動向を、明治前期の天狗騒動・ワッパ騒動における農民運動を評価して、天保一揆を領主のすりかえと規定していること、印旛沼の開削や戊辰戦争時の農民の指導的役割を果たした村役人層の評価は高くないことと、地域社会構造の分析よりも当時の豪農論・村役人論を当地域に当てはめようとした意図が窺われる。

やはり史料に基づいて忠実に村役人の実態をあきらかにしているものは、鶴岡市史編纂会編『鶴岡市史 上』（一九八六年）が基盤になっている。

（3）「庄内藩川北三郷川南五通の図」及び表4を参照。

（4）横山昭男『近世地域史の諸相 上』（中央書院、一九九三年）序章に述べられているが、最上氏の領国支配が領主に任せていたことが、庄内地域が今までの慣例を廃止されることなく継続されていったし、庄内藩の大庄屋制が廃止されなかったこと、川北大組頭制も残されたことも頷ける。

（5）光丘文庫所蔵大組頭伊藤家文書一九四七点のなかに、寛政四年より文政一〇年まで、途中欠けるも一八冊存在する。

（6）川北大組頭が手作り経営や小作地経営にしろ土地保有が認められていたのは他藩等の大庄屋と酷似する。

（7）文化一三年「丙子日記萬覚帳」（酒田市立光丘文庫所蔵）、他に同田中家文書群にも同様の古文書が存在する。

（8）この争論で一五名の若背が怪我をしているが、大怪我のため町医者の治療を受け診断書を提出してもらっている。このことからも、出入りの主流が両郷とも若背であり、その他武装した者や松山藩の御家人や坊主までも加わる大規模な出入りとなっており、肝煎惣代層や大組頭そして大庄屋が調停役として重要な役割をもっていた。
（9）入作とは村の田畑の持主がその村の者でなく酒田などの豪商や在方の富農層になっている状況である。
（10）庄内藩では寛政年間に酒田入作高（立上米）を個人ごとに調査し御用金を課している。南吉田村「酒田入作立上米相改書上」（南吉田伊藤家文書）によれば一一件の入作者の本間家は村高八三〇石の内八四石有していた。
（11）庄内川北は庄内藩下級藩士の大庄屋やその下に郷村の代表である肝煎を兼帯した大組頭が、行政機構の末端で町方地主や小前層などと覇権を争っていた姿が史料によって読み取れる。
（12）南吉田伊藤家文書№７６「若殿様家督相続祝儀願書」（酒田市立光丘文庫所蔵）。
（13）南吉田伊藤家文書№８１「大組頭苗字認御免願書控」（同右）。
（14）南吉田伊藤家文書№８２「殿様法事につき大組頭仲間寸志願書」（同右）。
（15）南吉田伊藤家文書№１３９４「丙子日記萬覚帳」、№９５３「発起無尽」他無尽関係文書がこの期より明治まで二六点あり本間家を初めとする町方や在方の富裕層と無尽を組んでいることが判明する。
（16）南吉田伊藤家文書№７８「大組頭役儀苗字御免等の覚」（同右）。

表４　近世後期庄内地域の領域

領地	区分	郷・通	大庄屋組及び石高		全体に対する％	惣石高	村数	大庄屋村	慶応２ 大庄屋名	大組頭管轄の組名、数字は村数
①庄内藩	川北	遊佐郷	石辻組	6,968	3.02%	21,503	19	三川村	今野茂兵衛	八日町組５、平津組４、石辻組４、水上６
			宮野内組	6,733	2.92%		30	宮ノ内村	齋藤雄蔵	吹浦組５、濱組６、大井組４、宮野内組12
			江地組	7,802	3.38%		26	上野澤村	齋藤源右衛門	北目組12、吉出組５、江地組５、楸島組４
		荒瀬郷	古川組	8,387	3.63%	22,485	26	古川村	佐藤八十郎	福山組９、星川組８、前川組５、吉田組４
			島田組	7,188	3.11%		28	大嶋田村	相馬儀助	大蕨組６、小泉組６、門野町組13
			新田目組	6,910	2.99%		27	上藤塚村	堀武之助	本村組10、正龍寺組５、新田目組12
		平田郷	田澤組	2,124	0.92%	22,477	8	圓道村	加藤与助	大組頭の組がなく大庄屋が持添、後に田沢村肝煎儀兵衛が大組頭格になる
			山楯組	5,232	2.27%		21	山楯村	大沼惣助	大組頭はいなっかたが、後に山谷村肝煎齋藤庄兵衛が、大組頭に昇任
			漆曽根組	12,573	5.45%		40	上漆曽根村	岡本勘作	上組14ヶ村、下組23ヶ村民家なし３
			大町組	2,548	1.10%		4	大町村	尾形甲太	大組頭は存在せず．
	川南	狩川通	狩川組	12,162	5.27%	27,139	23	狩川村	高橋恵助	肝煎を大庄屋が直接支配する形態
			清川組	3,020	1.31%		17	清川村	伊藤彦右衛門	
			添川組	5,335	2.31%		16	添川村	久松三治	
			上余目組	3,761	1.63%		14	跡村	剱持鉉太郎	
			下余目組	2,861	1.24%		6	門田村	石井助郎	
		中川通	横山組	12,302	5.33%	31,347	28	横山村	齋藤良助	肝煎を大庄屋が直接支配する形態
			荒川組	7,019	3.04%		16	荒川村	相馬藤右衛門	
			藤島組	8,297	3.60%		14	藤島村	山本新吉	
			押切組	2,289	0.99%		4	長沼村兼	今野雄太	
			長沼組	1,440	0.62%		2	長沼村	今野雄太	
		櫛引通	田澤組	639	0.28%	28,110	9	田澤村	林兎一	肝煎を大庄屋が直接支配する形態
			本郷組	2,288	0.99%		9	本郷村	井上錠太郎	
			黒川組	6,942	3.01%		20	黒川村	矢田部理三郎	
			青龍寺組	7,627	3.31%		24	青龍寺村	荻原健蔵	
			島組	10,614	4.60%		28	海老島村	伊藤義三郎	
		京田通	京田組	11,722	5.08%	18,333	18	大宝寺村	本間常蔵	肝煎を大庄屋が直接支配する形態
			西郷組	6,356	2.75%		23	馬町村	清水理右衛門	
			加茂組	255	0.11%		4	加茂村	冨塚純蔵	
		山濱通	淀川組	8,861	3.84%	21,715	21	上清水村	吉田駒右衛門	肝煎を大庄屋が直接支配する形態
			田川組	4,324	1.87%		17	田川村	仙場栄太郎	
			由良組	3,187	1.38%		12	由良村	和田善兵衛	
			三瀬組	2,091	0.91%		4	三瀬村	尾形八郎治	
			温海組	2,694	1.17%		14	温海村	本間吉兵衛	
			鼠ヶ関村	345	0.15%		1	鼠ヶ関村	佐藤庄輔	
			小鍋村	213	0.09%		1	小鍋村	佐藤市郎	
	飛島				0.00%		3			大組頭格鈴木多七（勝浦村）勝浦村、浦村（中村）、法木の３ヶ村合わせて157軒存在。イカ年貢（2000枚×50箇＝10万枚）
小計				193,109	83.68%	193,109	577		33名	
②松山藩領				8,591	3.72%	8,591	46	村山郡12,000石、上野国山田郡・勢多郡5,000石合わせて25,000石の譜代小藩。大庄屋２名城下に居住。肝煎、長人百姓を支配。（『藩史大事典』）		
③寺社領				505	0.22%	505		庄内一円の寺社領、従って各郷村の村と重複している。		
④天領	ア丸岡御料			10,312	4.47%	10,312	34	櫛引通、狩川通、中川通に点在。		
	イ大山御料			11,413	4.95%	11,413	21	大山を中心に京田通に広がっている。		
	ウ余目御料			4,953	2.15%	4,953	14	狩川通上下余目組に点在。		
	エ由利預地				0.00%			由利郡御預高、内小砂川151石、同矢島領分郷大砂川300石		
⑤羽黒山領				1,880	0.81%	1,880		手向村312石、村杉番村109石、庄内藩領小淀川村１石、同平京田村264石、同小京田村574石、同北京田村201石、同後田村１石、松尾村４石、同赤川村１石、同下山添村22石同横山村13石、同音無村80石、同三ヶ沢村260、同二ツ柳村33石、同新田目村４石		
合計				230,763	100.00%	230,763	692			

（遊佐町史編纂委員会『遊佐人名事典』〈1996年〉、齋藤美澄『飽海郡誌』〈1919年〉、渡会久右衛門編集「荘内要覧」〈杉原丈夫所蔵、幕末期〉等により作成）

湯殿山山籠木食行者鐵門海の勧化における結縁の形態—酒田海向寺住持期を中心に—

山澤　学

はじめに

小稿は、湯殿山行人の鐵門海（鐵門上人、恵眼院、慧眼院）が構築した地域社会との結縁のあり方について、文化～文政年間（一八〇四～三〇）に住持した酒田下台町（現酒田市日吉町二丁目）[1]の海向寺を拠点とする勧化に注目して解明することを目的とする。

出羽三山（羽黒山・湯殿山・月山）は、庄内における山岳信仰・修験道の聖地である。その檀那場・霞、あるいは供養塔の分布に現れる信仰圏は、岩鼻通明氏[2]・宮本袈裟雄氏[3]・西海賢二氏[4]が解明したように、東日本一帯へ拡がる。とくに近世には、羽黒修験や湯殿山行人が活動し、また、在地に定着して地域社会の紐帯としても現れる。

小稿で取り上げる鐵門海は、近世後期に湯殿山で二千日山籠を実践し、即身仏信仰を広め、湯殿山行人として、はじめて木食行者を自称した。その布教の範囲は、奥羽一帯から江戸（現東京都）や越後（現新潟県）、蝦夷地（現北海道）まで拡がる。さらには、自らも死後に即身仏となり、信仰の対象とされた。

鐵門海の実像については、一九六〇年代から医学的知見をも含む学際的な研究によって検討されてきた[5]。なかでも戸川安章氏[6]は、縁起の虚構性を解き、庄内や蝦夷地松前（現北海道）に残る文献史料や石造物に基づき実態解明を進めた。近年も少なからぬ研究蓄積がなされ[7]、とくに内藤正敏氏[8]は、縁起における叙述の反権力的性格に注目して、民衆運動との連関を刺激的に説いた。また、筆者[9]は、信仰圏の縁辺部である越後国岩船郡（現新潟県村上市）の布教活動に注目し、同時代史料を検討し、鐵門海の信者が以前の出羽三山修験のように村・町単位の講中だけではなく、地域社会における新興勢力・主体的個人を含んでいること、また生活・経済活動の拡大を反映し、鐵門海との結縁を通じ村・町を超えた郡単位の講中が新たに編まれたことを解明した。鐵門海の活動のあり方を検討する際には、後世に編まれた縁起ではなく、同時代史料に基づく個別具体的な実像の解明を進めることが必要と考える。

小稿では、鐵門海が信者と結縁した形態を具体的に解明するために、かかる視点から、海向寺の勧化、すなわち募縁活動を検討する[10]。海向寺のある酒田は庄内川北[11]に位置する。これは鐵門海が住持した寺院であり、海向寺の本堂を中興、再建するため文化七年（一八一〇）に始めた勧化のさいの「海向寺本堂寄附帳」を伝来させており、その勧化に結縁した九二八件の寄附を確認できる。しかも、巻頭に、次に掲げるように、鐵門海の自筆署名・押印をともなう。

(宝印)
砂高山海向寺本堂大破ニ付、造替仕度奉存候得共、貧寺之儀ニ御座候得者、難及自力奉存候、御厚志之御方者不限多少　御寄附被下度奉希候、尤、世話人所々江指置、則、世話人手控帳ゟ右御寄附帳江写可申候、以上

文化七庚午歳

正月吉善日

願主　鐵　門　海㊞

鐵門海が住持を勤め、あるいは中興した寺院は、庄内には海向寺のほか、その隠居寺である水沢（現鶴岡市）の庵、東岩本村（同上）の本明寺、鶴岡銀町（一九七二年に同市砂田町に移転）の南岳寺、狩川村字山崎（現東田川郡

庄内町）の西光寺など各地にあり、それらと海向寺の信仰圏を比較することが可能で、庄内という地域のあり方をとらえる格好の事例でもある。以下では、この勧化の地域的拡がり、勧化による結縁者の特徴を検討する。

一　鐵門海の海向寺中興開山

鐵門海の勧化の具体的検討に入る前提として、海向寺と鐵門海の関係を確認しておく。

海向寺は、新義真言宗、湯殿山表口別当である注連寺末の古刹である。同寺には、「即仏様」と呼ばれる忠海（宝暦五年〈一七五五〉二月二一日入定）と円明海（文政五年〈一八二二〉五月八日入定）の即身仏二体が祀られる。すなわち、湯殿山に由来する即身仏信仰を体現する行人寺である。

鐵門海は、庄内で現存最古の即身仏本明海を祀る東岩本村本明寺から海向寺へと転じた。鐵門海は、海向寺本堂を再建するために、文化七年から勧化を始め、同一一年（一八一四）七月に成就、続けて即身仏忠海を祀る即仏堂を文政元年（一八一八）八月に再建した[12]。この間、文化一一年に正式に「看主職」（住持職）に就任、同一四年（一八一七）ごろには湯殿山仙人沢への二度目の一千日山籠を成就し、二千日山籠木食行者と自称し始め、また同年六月に京都の御室仁和寺から院号および上人号を授与され、以後は恵眼院鉄門上人と名乗ったようである[13]。文政六年（一八二三）一〇月には弟子南海に「看主職」を譲り、同一〇年（一八二七）には蝦夷地に布教した。この間に、江戸表や越後岩船・南部森岡（現岩手県盛岡市）・蝦夷地松前で湯殿山講中を広域的に編成し、海向寺をその参詣途中の宿坊とした。文政一二年（一八二九）一〇月一八日に病に臥し、一二月八日に海向寺で没した。遺骸は、弟子および注連寺によって土中入定したかのように擬せられ、一千日を経た天保三年（一八三二）夏に掘り出された。旧稿で明らかにしたように、以後は即身仏として注連寺に祀られ、同年から翌年にかけて鶴岡や越後村上（現新潟県村上市）の城下に出開帳された。

現在の海向寺を見ると、けっして出羽三山そのものへの信仰のみに留まらない、さまざまな信仰を擁しているが、その基礎は鐵門海の住持期に形づくられた。例えば、忠海を祀る即仏堂を建立したのは鐵門海であり、同寺における即身仏信仰を定着させている。また、神憑けをともなう作祭りも名高い儀礼であるが[14]、その前身である正月一八日の「大梚」「五穀成就御祈禱」の儀礼における梵天の作法は、鐵門海が「看主職」に就いた翌文化一二年（一八一五）に執行された本尊の入仏供養のときに整えられている[15]。女人が信仰する粟島水月観世音菩薩の越後国岩船郡粟島村（現新潟県岩船郡粟島浦村）からの勧請も、旧稿で解明したように、鐵門海在世中のことである。

こうしてみると、かかる元来の出羽三山修験道を超越する現在の海向寺の性格は、鐵門海が規定している。すなわち、出羽三山修験、湯殿山行人として革新的な実践者としての鐵門海の実像が浮かび上がる。

二　勧化地域の拡がり

次に、鐵門海による海向寺本堂再建にかかる勧化を具体的に検討する。まずこの勧化における在家の結縁者が分布する地域の拡がりを考察する。

表1は、「海向寺本堂寄附帳」に見られる結縁者を地域に即して整理したものである。一見すれば、鐵門海の勧化が広域的であることがわかる。

この再建の願主は、庄内藩で酒田を所管する亀ヶ崎城代（酒井吉之允）で、寄附者中、金銭では最高額である金五

表１　勧化の範囲（在家分）

領知	地域			寄附者	抜群功之衆
庄内藩	亀ヶ崎城代			1	
	川北	酒田	酒田町組	283(15)	*飴屋弥惣兵衛（佐藤）、村上松之助、枡川勘三郎、*斎藤茂吉、糀屋善九郎、** 山田与右衛門、** 相馬松之助・直右衛門
			内町組	23	
			米屋町組	120(2)	
		鵜渡川原村		13(2)	
		平田郷		191(5)	*佐藤彦兵衛（越後村上産）、*忠海、** 三浦屋重介
		荒瀬郷		174(6)	佐藤半十郎、泉海、心海
		遊佐郡		34(2)	
	川南	鶴岡町		1	*飴屋兵次郎，板倉徳右衛門、南岳寺帰本海、*善蔵海（善造房）
		大山町		2	
		狩川通		20	
		中川通		1	** 奥泉鉄蔵
		櫛引通		126	本明寺鐵杖海
		京田通		3	
		山浜通		1	
		飛鳥		3	
	由利郡　預り地			9	
松山藩	川北組（飽海郡）			8(1)	
	川南組（田川郡）			1	
幕領	田川郡			11	
本荘藩	由利郡			8(1)	
秋田藩	秋田郡久保田町			2	
幕領	最上東根			2	
米沢藩領	置賜郡下長井			1	** 帰本海（長岡村）
二本松藩	奥州二本松			1	** 秀海
盛岡藩	奥州南部森岡				** 南補海
村上藩	越後岩船郡			1	** 浄円海（村上町）、永浄坊壱岐文蔵（岩船町。納所方）
幕領	越後岩船郡			1	** 明海（沼村）
その他	越後				山本鉄蔵、** 進浄海（蒲原郡新発田）
江戸糀町一丁目				1	
京都東山華頂山宮家中					*山海

註　「海向寺本堂寄附帳」により作成。「寄附者」の（　）内は女性の内数。「抜群功之衆」は海向寺清海記録帳に見える勧化の世話人を加筆したもので、そのうち棟札にも載る者は*で示し、また、棟札にのみ見える者も ** を付して加筆した。

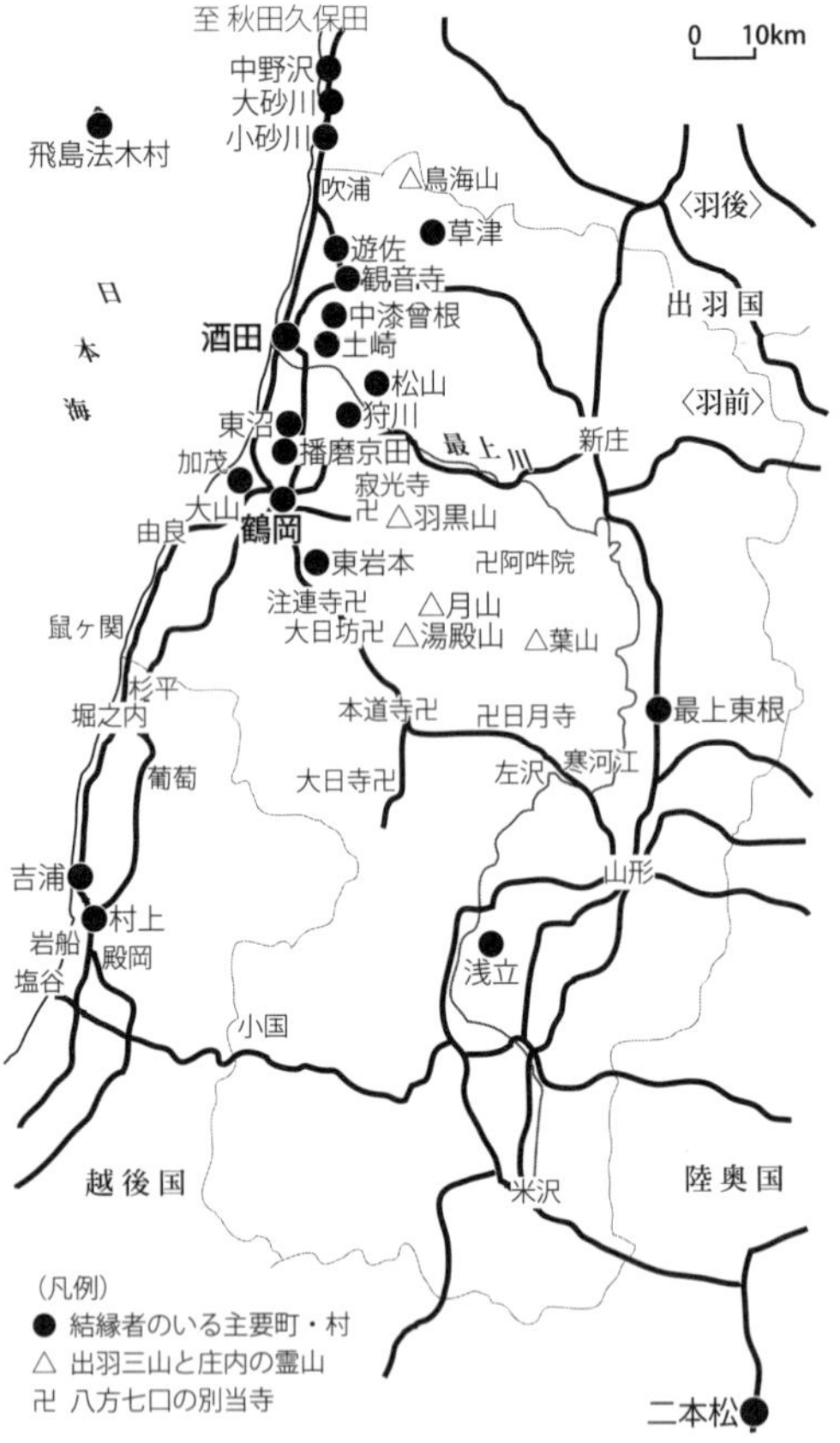

図１　海向寺本堂再建勧化地域の拡がり

両の寄附が書き上げられている。

海向寺に残るこのときの棟札には、「当国太主酒井左衛門尉」（藩主忠器）、庄内藩の寺社奉行服部純蔵・坂部九平・矢口儀右衛門、町奉行中山伝太夫の名前も記されている。旧稿で指摘したように、文化年間（一八〇四～一八）における鐵門海の布教には庄内藩士富樫久定が同行し、また、帰依者には同じく池田玄斎もいた。年未詳一〇月の鐵門海書状[16]によれば、鐵門海は、江戸の庄内藩邸に在住する仙寿院（忠徳室脩姫）、深照院（忠器生母幸）、御台（忠器室亀代姫）、若殿（小五郎、後の忠発）など藩主の家族や藩士のための加持祈禱を行い、彼らから初尾・備物を多数拝領していた。すなわち、この勧化も庄内藩が後援していたと考えられる[17]。

しかし、このときの勧化に応じた地域は、酒田を中心とし、面的には同心円状に拡がっている。ここには庄内藩領だけでなく、庄内松山藩領、秋田藩領、本荘藩領、越後村上藩領、幕領などが含まれる。鐵門海の勧化は、庄内藩が後援しているとはいえ、その領主支配を超越している。

ただし、同心円状とはいっても、単純な同心円とはなっていない。それは、寄附者に見える酒田の下袋小路孫右衛門内船中、鵜渡河原の「御船頭」万右衛門、「海船船頭志」、幕領年貢を回漕する「御城米廻船船頭」などを参考にするならば、水運との関係から解くことが可能である。すなわち、交通の要衝を担う港町酒田と水運で結ばれる地域へと延伸しているのである。具体的には、日本海を北へ進んで秋田久保田（現秋田県秋田市）まで、また南へ進んで越後村上まで、そして最上川の上流へ向かって最上東根（現東根市）まで延びていく。日本海・最上川水運による流通経済、言い換えれば生活・生業圏の拡がりに対応した分布である。

このほか、米沢藩領朝立村（浅立村。現西置賜郡白鷹町）・二本松（現福島県二本松市）・江戸など、孤立的な分布も看取できる。これらは鐵門海が布教した地域で、それぞれに拠点を有しており、その関係からの寄附であろう。

このような拡がりは、職人の登用にも見受けられる。このときの本堂棟札によれば、大工棟梁は越後国岩船郡大河組堀之内村の富樫彦太郎で、脇棟梁は酒田船場町高の橋佐左衛門、木挽棟梁は越後国岩船郡杉平村の五十介である。職人もまた、他国職人が中心を占めた。また、この本堂に文化一二年六月に入仏された本尊両部大日如来像および船魂大明神像は京都で造立されたもので、越後村上を経由し、船で加茂（現鶴岡市）まで運ばれ、その後、鶴岡城下から酒田まで三日間、村々の出迎えを受けながら陸路を通って到着した[18]。

このように、結縁者の分布の特徴は庄内を超える広域性にあり、その背景には海向寺の立つ酒田の地が流通上の要地であること、そして酒田における生活・生業圏の拡がりがあるのである。

とはいえもう一つの特徴を指摘せざるをえない。それは、庄内における結縁者の分布が、けっして単純な同心円状の拡がりだけで説明できず、偏りがある点である。先述したように、鐵門海が住持した寺院がある酒田、そして東岩本村の周辺は分布の密度が濃い。櫛引通と呼ばれる東岩本村周辺、とくに六十里越街道と通称される出羽三山参詣道路沿いは濃密である。酒田と湯殿山を結ぶ参詣路ゆえの関係の深さを示すのであろう。

ところが、鶴岡城下をはじめとする川南、とくに鶴岡周辺とそこから南へ延びる山浜通・中川通と呼ばれる地域は分布が薄い。これらの地域にも鐵門海の信者は存在しており、鐵門海の名を刻む湯殿山供養塔も実際に見受けられる。この偏りを考えるために注意すべきは、鐵門海が活動拠点の一つとしていた南岳寺の存在である。これらの地域は海向寺よりも南岳寺の方が近く、そのため同寺と結縁していたことが想定される。鐵門海の拠点とする寺院どうしが競合しないように、配慮されていたと見る外はない。

このように、鐵門海の勧化に応じ結縁した地域は、近世後期の酒田における生活・生業圏の拡がりを背景とする広域性を最大の特徴としていた。しかし、鐵門海が存立に寄与する他の寺院との競合は避けられ、酒田を抱える庄内川北や、出羽三山参詣路周辺を中心に結縁されたのである。

三　結縁者と地域の拡がり

次に、「海向寺本堂寄附帳」から、鐵門海の勧化に応じた結縁者とその性格について検討してみる。

結縁者は実に多様である。結縁した主体としては、町・村・同業者仲間などの諸団体、あるいはその代表である肝煎・大組頭など村々の役人、および女性を含む個人が含まれている。また、鐵門海と同じく湯殿山行人の石杖海、徳明海、陸奥耶麻郡二本松の秀海、江戸深川坂本町代地（現東京都江東区）の清雲海が見えるほか、宗門・法流を越えた宗教者が確認できる。鳥海山麓にある荒瀬郷草津村の新義真言宗観行院、櫛引通下名川村（現鶴岡市）の当山修験万宝院、さらには湯殿山行人と対抗関係にあるはずの羽黒修験である酒田上内匠町天満宮別当五大院の娘と平田郷田沢村胎蔵山別当不動院、浄土宗寺院である酒田善導寺小路の善導寺、曹洞宗寺院である櫛引通本郷村（小綱木村か。

現鶴岡市）の安養寺および幕領平田郷砂越村の長応寺が見える[19]。

「海向寺本堂寄附帳」の中には、この勧化にさいし鐵門海に結縁者が依頼した祈禱の内容が明記される者もいる。もと猟師町の一部であった酒田下小路に住む善治は白米三斗五升を献じ「海上安全」を、浜街道沿いに立地する酒田今町の七兵衛の妻おみなは青銅五〇〇文を供え、「諸願成就」を、殿村（外野村。現鶴岡市羽黒町戸野）の又右衛門は大工二人分を寄付して「安産平愈」（安産平癒）、櫛引通の中村（現同市中田）の「志」（志願者）は大工二人分を寄付して二〇日仏・二一日仏の供養を願う。漁師や商人、百姓の生業・生活に密着した、いずれも個人的な祈禱である。

表２　寄附の内容

寄　附	件数	備　　考
金　　銭	482	
建築部材	161	柱、梁、貫、垂木、鴨居、虹梁ほか
材　　木	242	松、杉、樫、栗、欅、朴、栓、竹ほか
雑　　木	3	
石　場　石	1	
縄	4	
手桶・水桶	1	
白　　米	10	
小　　豆	1	
酒	1	
大　　工	109	半人～100人手間
木　　挽	1	10人手間
塗　　師	2	3～6人手間
金具手伝	1	1人手間か
人　　足	1	100人手間

註　「海向寺本堂寄附帳」により作成。

そのさいの寄附の内容も注目しなければならない（表２）。多くは、他の勧化の事例に見受けられるように、金銭（四七・三パーセント）、および建築資材・道具などの物質（四〇・四パーセント）、白米・小豆・酒などの御供（一・二パーセント）の寄附であるが、大工・人足など実働する人的貢献（一一・二パーセント）も含んでいることである。これらは単に手間を負担した場合もあるようであるが、町・村に住む大工・塗師本人が出仕する場合も明らかに含んでいる。木材のなかには、草津村枝郷草津新田の小松弥次兵衛、田沢村枝郷小女房村の加藤兵右衛門のように、雑木一本のみという些少な寄附もある。このように、高額の寄附ができない零細層に属する寄附者も含まれているものと推定されよう。実際に酒田桶屋町の某は、金一〇〇疋の寄進を取りやめたようで、見せ消ちされているが、あわせて「ひんほふやう」（貧乏様）と註記されている。「ひんほふやう」の者が鐵門海の募縁にも応じ、そのために寄附の内容も多様なのである。

中心を占める酒田における結縁者についても見ておきたい。注目すべきは、本間家・鐙谷家など三十六人衆と呼ばれる町人、既存の問屋商人の名前が、酒田三之町（本町）の西野長兵衛（銀二朱寄附）を除いて見出せないことである。従来の有力商人は鐵門海との結縁に応じていないのである。

そこで、金銭を寄附した町人・百姓のうち、金二両以上の寄附者を見てみよう。該当者は四人で、いずれも酒田周辺にある村々の豪農である。

もっとも高額の金五両を寄附したのは、幕領大山領、東沼村（現東田川郡三川町）の大滝三郎左衛門である。大滝家は、一七世紀末ごろから急速に土地集積を進め、村内一の高持となり、天保一五年（一八四四）以降には大山領第一の分限者であった。この間、文化年間には領主への寸志金を上納するようになり、文政元年一二月には出作する隣村善阿弥村の名主引負金を引き受けるなど、経済力を誇って旧来の村役人家を凌駕し、天保年間（一八三〇〜四四）には永代苗字・二人扶持を許可された[20]。字沖に所在する神社境内には、文化一三年（一八一六）四月に大滝三郎左衛門と同村の熊田庄三郎を施主とし、鐵門海が「村中安全」を祈ったさいの湯殿山供養塔が建立されている。

第二は、同じく大山領の播磨京田村（現鶴岡市播磨）の草分百姓の子孫と伝える諏訪図書で、金二両二分を寄附した。村内に立つ塔碑郡の中には、文化一四年一一月に「村中安全」を鐵門上人が祈願した湯殿山供養塔も含まれる。和右諏訪家の当主和右衛門は安永三年（一七七四）に、年貢金未進によって罷免された名主二名の跡役に就任した。和右衛門は、所持する田地を質入れし、総額九八四両とも書き上げられる借用金によって村の年貢金を立て替え、また、困窮者に夫食金を供した[21]。

第三は、庄内藩領平田郷土崎村の草分百姓の系譜を引く肝煎小松勘助で、金二両と一〇〇疋を寄附した。勘助は、享和三年（一八〇三）に田畑一〇・八町歩を所持し、小作地から五八八俵余の俵田渡米（小作米）を集める地主で、百姓へ米・金を貸し付けていたことも記録される。特筆されるのは、冷害を最小限に抑え、収量の増大を図って多種多様な品種の稲を作付けしたり、土壌に工夫をしたりしたことであり[22]、当該期庄内を代表する精農であった。

第四は、庄内藩領平田郷中漆曽根村の池田兵三郎で、金二両および大工六〇人を寄進している。池田家には、鐵門海が江戸での近況を兵三郎に報告する書状が一通残されており[23]、鐵門海の有力な支持者であったことがうかがえる。同家で寛政二年（一七九〇）に没した初代兵三郎は、酒田本町の本間家から川北一円の小作地を預かって管理する代家《たや》で、以後、子孫も代々これを勤めた[24]。本間家では、光丘が宝暦一二年（一七六二）に土分へ取り立てられるが、その前後より米相場から撤退して家業を緊縮し、金融、および享保二一年（一七三六）から集積を開始した田地の経営を重視するようになり、明和年間（一七六四〜七二）以降、世襲譜代の代家・支配人を置いた[25]。池田家もその時期に勃興したと見られる。なお、字腰回の八幡神社（鷹尾山）の境内には、寛政一三年（一八〇一）三月に鐵門海に帰依して建てた湯殿山供養塔があるが、同家との関連は詳らかでない。

以上の四名には共通する性格が看取できる。すなわち、既存の有力者というよりも、一八世紀後半から当該期に村内で突出した新興勢力としての性格である[26]。鐵門海の勧化に応じた結縁者の主力には、地域における新興勢力としての商人・地主層がおり、また、その主力を核とした波紋は地域の零細層へと及んでいたのである。

では、鐵門海との結縁による地域的な拡がりは、何を意味したのであろうか。最後に、幕末に活動した海向寺住持善海による勧化と比較してみよう。善海は、嘉永六年（一八五三）四月に湯殿山仙人沢山籠小屋の建立、安政六年

（一八五九）八月に海向寺本堂および庫裡の瓦葺き替えのさいに勧化を行っている。両者の勧化帳[27]を見てみると、前者は二四七件の寄附があるものの、内容は金銭のみである。後者は二五二件で、やはり金銭が中心であるが、木材・釘・餅米の寄附も若干含まれている。両者の寄附者の地域分布は、一部に最上を含むものの、庄内、とくに川北および櫛引通の一部にほぼ限定され、他国からの寄附は消滅している。これと対比するならば、鐵門海の勧化の特異性が際立つ。

かかる違いを生んだ要因は、鐵門海自身が作り出したものである。鐵門海は、在世中から弟子・同門の湯殿山行人を南岳寺、西光寺、本明寺、水沢の庵、あるいは米沢・二本松・南部森岡・越後岩船など各地の拠点に配置した。海向寺で没するさいにも、遺言書で、その一々を指示している。[28]広域に及ぶ結縁者を各拠点ごとに切り分け、継承させたのである。海向寺の場合、文政一二年八月一九日に文化一四年以来随身してきた弟子清海によって継承されている。[29]この清海の後継者が善海である。すなわち鐵門海没後、海向寺が勧化する地域、すなわち存立基盤としての信仰圏は、鐵門海の勧化で濃密な結縁者の分布を見せていた庄内川北に収斂された。酒田を抱える庄内川北は、近代の海向寺の信仰圏にも継承されるが、それを規定したのは鐵門海その人であったのである。

おわりに

小稿は、湯殿山行人鐵門海が構築した地域社会との結縁のあり方について、文化〜文政年間に住持した海向寺を拠点とする勧化に注目し、「海向寺本堂寄附帳」を用いて具体的に検討してきた。その要点は以下のようにまとめられる。

①鐵門海による勧化は、日本海・最上川水運の要地たる港町酒田において、近世後期に生活・生業圏が拡がったことを背景とする広域性を最大の特徴とした。その活動は庄内藩の庇護も受けていたが、領主支配を超越し、同心円状の拡がりを見せた。ただし、濃密な地域は庄内川北および出羽三山参詣路の通う櫛引通に限定され、鶴岡城下の南岳寺など、鐵門海が存立に寄与する他の寺院との競合を避けていた。

②結縁者は、宗派・領主支配を超え、町・村・同業者仲間などの諸団体、肝煎・大組頭など村役人層、および女性を含む個人など多様な主体であった。その主力となっていたのは、既存の有力者ではなく、一八世紀後半から台頭した新興勢力であり、零細層をも含み込んでいた。そのため、寄附の内容は多様であった。

③鐵門海の勧化は、きわめて広域的でありながら、海向寺に直接結びつく信仰圏は基本的に庄内川北に限定、収斂され、弟子清海へと継承された。その信仰圏こそが近代に至る海向寺の存立基盤となった。

湯殿山の信仰の特徴として、即身仏への信仰がしばしばあげられ、鐵門海はその代表例として、とみに取り上げられる。その即身仏信仰をはじめとして、海向寺が擁する信仰を樹立し、そして庄内川北をその存立基盤とした者こそ、鐵門海であった。旧稿で指摘したように、出羽三山信仰圏の縁辺部においては、一八世紀を通じ、次第に湯殿山行人の活動は停滞していった。しかし一八世紀末ごろから羽黒修験と競合しつつ、再び隆盛期を迎え、その時期に革新的な行動を取ったのが鐵門海であった。はじめて湯殿山山籠木食行者を自称したのも彼である。停滞していた出羽三山修験道が覚醒し、これ以前の湯殿山行人や羽黒修験とは異なる、新たな信仰として再生させたのである。海向寺の存立基盤となったのは、庄内の全域ではなく、港町酒田を抱える川北である。小稿の結論から考えるならば、一体に見られがちな庄内という地域は、複数の地域の集合体であり、多様な性格を孕んでいたことを予想できる。

註

（1）以下、現酒田市域については、現在地名の註記を省略する。
（2）岩鼻通明『出羽三山信仰の歴史地理学的研究』（名著出版、一九九二年）、同『出羽三山の文化と民俗』（岩田書院、一九九六年）、同『出羽三山信仰の圏構造』（岩田書院、二〇〇三年）、同「出羽三山信仰の諸問題」（『地方史研究』三五二、二〇一一年）。
（3）宮本袈裟雄『里修験の研究』（岩田書院、二〇一〇年。初出は一九八四年）。
（4）西海賢二『東日本の山岳信仰と講集団―山岳信仰と地域社会　続―』（岩田書院、二〇一一年）。
（5）堀一郎『宗教・習俗の生活規制』（未来社、一九六三年）、日本ミイラ研究グループ編『日本ミイラの研究』（平凡社、一九六九年）。
（6）戸川安章『新版出羽三山修験道の研究』（佼成出版社、一九八六年。初出は一九七三年）、同『出羽三山のミイラ仏』（中央書院、一九七四年）、同編『出羽三山と東北修験の研究』（山岳宗教史研究叢書五、名著出版、一九七五年）。
　なお、『出羽三山のミイラ仏』については、前掲註（2）岩鼻論文が学術書としては疑問を提示しているが、鐵門海の蝦夷地布教・即身仏化などについては、史料に基づく有益な指摘を含んでいる。
（7）前掲註（2）岩鼻著書・論文、富塚喜吉「別本『清海文書』」（『大泉史苑』一、一九八〇年）、佐藤昇一「大浜で即仏様となった鉄門海上人」（『方寸』七、一九八二年）、松本昭『日本のミイラ仏』（臨川書店、一九九三年。初出は一九八五年）、犬塚幹士『庄内のくらしと民具』（致道博物館、一九九三年）、伊藤武『出羽三山―開山１４００年記念―』（みちのく書房、一九九六年）、月光善弘「奥之院湯殿山を中心とした出羽三山信仰」（『悠久』八〇、二〇〇〇年）、五十嵐文蔵「鉄門上人は無欲の人」（『庄内民俗』三二、二〇〇〇年）、大原正義「即身仏研究ノート（一）湯殿山即身仏真如海と鐵門海について」（『大阪薫英女子短期大学研究紀要』三六、二〇〇一年）、荘司勝彦「鐵門海と忠海」（『酒田民俗』五、二〇〇一年）、山内志朗「修験道と湯殿山信仰」（『理想』六七八、二〇〇七年）、酒田市編『平田町史』中巻（酒田市、二〇〇八年）。
（8）内藤正敏『修験道の精神宇宙―出羽三山のマンダラ思想―』（青弓社、一九九一年）、同『日本のミイラ信仰』（法蔵館、一九九九年）、同『鬼と修験のフォークロア』（内藤正敏民俗の発見二、法政大学出版局、二〇〇七年）。

（9）拙稿「一九世紀初頭出羽三山修験の覚醒運動―湯殿山・木食行者鐵門海の越後布教を中心に―」（『社会文化史学』五二、二〇〇九年。以下、旧稿と略記する）。このほか拙稿「一七世紀越後国における湯殿山行者の活動―岩船郡牛屋村法徳寺を中心に―」（『日本史学集録』二二、一九九九年）、同「一八世紀信濃国における出羽三山修験の存在形態―佐久郡内の湯殿山行人を中心に―」（『信濃』六一―三、二〇〇九年）も参照されたい。

（10）勧化の定義については鈴木良明『近世仏教と勧化―募縁活動と地域社会の研究―』（岩田書院、一九九六年）。

（11）庄内藩政においては、最上川以北を川北（飽海郡、遊佐・荒瀬・平田の三郷）、以南を川南（田川郡、狩川・中川・櫛引・京田・山浜の五通）と称した。

（12）いずれも棟札（海向寺所蔵）による。

（13）文化十四年七月鐵門上人自画像（海向寺所蔵）および即仏堂棟札（同上）による。

（14）前掲註（5）堀著書、伊藤永恒「海向寺の寒修行と作祭り」（『方寸』二、一九六八年）、カーメン・ブラッカー（秋山さと子訳）『あずさ弓―日本におけるシャーマン的行為―』下（岩波書店、一九九五年。原著初出は一九七五年）。酒田市史編さん委員会編『酒田市史』改訂版上巻（酒田市、一九八七年）。なお、作祭の神憑けは、高度経済成長期を経て昭和五二年（一九七七）を最後に中断した。

（15）海向寺清海記録帳（東田川郡三川町成田新田 町野甚十郎家文書）。原本未確認のため、海向寺所蔵写真版を用いる。以下同様。

（16）酒田市漆曾根 池田兵三郎家文書（酒田市立光丘文庫所蔵）。

（17）武蔵秩父三峰・越中立山の両修験にかんする近年の研究成果を参照すれば、修験と領主の関係を対立的にとらえることは見直さなければなるまい（西村敏也『武州三峰山の歴史民俗学的研究』岩田書院、二〇〇九年。福江充『江戸城大奥と立山信仰』法蔵館、二〇一一年）。小稿で指摘した事実をふまえれば、前掲註（8）内藤著書が指摘した、領主に対し抵抗する鐵門海像はその在世中については受け入れることができない。

（18）海向寺清海記録帳。

(19)鐵門海の勧化は、既存の修験の檀那場を浸食するもので、それらと衝突することもあった。例えば、文政九年（一八二六）十二月の越後国岩船郡（新潟県村上市）での勧化のさい、殿岡村から村上町への帰路で村上羽黒町の当山修験大宝院・万宝院（満宝院）によって「宗法之儀」を紏すためとして「勧化帳」を含む荷物を差し押さえられ、村上町年行事所・村上藩取次衆の仲介により取り戻すという事件が発生した（旧稿参照）。
(20)本間勝喜「大山領東沼村と大地主大滝三郎右衛門家」（同『庄内近世史の研究』四、庄内近世史研究会、一九九八年。初出は一九九〇年）。
(21)本間勝喜「近世後期大山領播磨京田村の年貢未納と名主立替えをめぐって」（『山形史学研究』三三、二〇〇一年）。
(22)井川一良「稲作の進展」、同「庄内地方の地主」（いずれも山形県編『山形県史』三　近世編下、山形県、一九八七年）。
(23)前掲註（16）史料。
(24)酒田市立図書館・酒田市立光丘文庫編『諸家文書目録』Ⅵ（酒田市立光丘文庫、二〇〇九年）。
(25)前掲註（22）井川「庄内地方の地主」、須藤良弘「出羽の豪商本間家」（酒田市史編さん委員会編『酒田市史』改訂版上巻、酒田市、一九八七年）、横山昭男「近世中期における商業資本と藩財政」（日本海地域史研究会・村上直編『日本海地域史研究』一一、文献出版、一九九〇年）。
(26)当該期の新興勢力の台頭については、工藤定雄「近世酒田湊町の構造と性格」（児玉幸多先生古希記念会編『日本近世交通史研究』吉川弘文館、一九七九年）、渡辺信夫『海からの文化―みちのく海運史―』河出書房新社、一九九二年）が指摘している。
(27)海向寺文書。
(28)旧稿参照。
(29)海向寺清海記録帳。

鳥海山信仰の地域的展開―近現代に注目をして―

筒井　裕

はじめに

これまで人文地理学の分野では、宮田登らによる民俗学的研究をふまえ、[1]岩木山・出羽三山・笠間稲荷神社など、東日本の山岳や著名な寺社を主な研究対象として信仰圏研究がなされてきた。[2]その主眼は、おおまかに次の二点に集約される。ひとつは、特定の時期における信仰圏の範囲の確定と、その内部にいかなる地域的差異（たとえば参拝者の分布・属性・参拝形態など）がみられるか―つまり、信仰圏がどのような空間構造を呈しているか―を解明することと、[3]そしてもう一点は、信仰圏の歴史的変化とその要因を検討することである。[4]後者に関する研究成果は未だ少ないが、我々はこれらを通じて、信仰圏とはその範囲や空間構造が経年的に変化し得る可変性に富んだ地域だと捉えることが可能になった。

信仰圏のこの性質に関連して、地理学者の岩鼻通明は「宗教現象の地理的分布においては、明治維新と第二次世界大戦敗戦時というふたつの大変革期が存在するが、それぞれの前後における信仰圏の歴史的変化を正確に把握することは、資料的にきわめて困難」だと指摘している。[5]同じく小田匡保は、「信仰の空間的広がりやその地域差がどのようにして形成されたのか、その地域差はいつどのように変化したのかを歴史地理学的に研究することも必要であろう[6]」と論じている。両者の指摘からも明らかなように、人文地理学の分野においては、神仏分離や第二次世界大戦を含む近現代という時代を対象に、信仰圏の歴史的変化とその背景を解明していくことが研究課題のひとつになっていると言えよう。

以上を受けて、本稿では、近代以降、政府の宗教政策の影響を強く受けた山岳信仰系の神社に注目し、その信仰圏がいかなる理由でどのように変化したかについて、神社文書の分析と神社関係者・崇敬者に対する聞き取り調査の成果をもとに明らかにすることとしたい。上記の課題を解決すべく、本研究では、最初に、研究対象とする山岳信仰の神社―すなわち鳥海山大物忌神社《ちょうかいさ(ざ)んおおものいみじんじゃ》（山形県飽海《あくみ》郡遊佐《ゆざ》町鎮座）―の信仰史と信仰圏を概観する（第一節）[7]。次に、神社文書の分析と聞き取り調査の結果をふまえ、近代以降における同社の信仰圏の変化とその背景について検討する（第二・三節）。

一　大物忌神社の信仰史と信仰圏

本研究では、秋田県と山形県の県境に位置し、東北第二の標高を誇る鳥海山（二二三六メートル）を主祭神「大物忌神《おおものいみのかみ》」とみなして祀る鳥海山大物神社とその信仰圏を事例に論を進める（図1）。戸川安章によると、中世の段階で既に、修験勢力が鳥海山山麓で宗教活動を行っていたとされる[8]。彼らは秋田県側の小滝・院内・滝沢・矢島、および山形県側の吹浦《ふくら》・蕨岡《わらびおか》などに宗教集落を形成し、これらを拠点として鳥海山を仏式で祀っていた。だが、明治初期の一連の宗教政策の影響により、鳥海山の公的な祭祀権は神職が組織する「国幣中社大物忌神社」（現在の鳥海山大物忌神社）[9]へと移行する。そして明治一三年（一八八〇）の内務省からの通達にしたがい、同社は鳥海山山頂の本殿とふたつの里宮（吹浦口之宮《ふくらくちのみや》・蕨岡口之宮《わらびおかくちのみや》）の三つの社をもって一神社とするという特異な運営体制を採用するに至る。[10] 吹浦と蕨岡の鳥海修験は大物忌神社の監督下に入り、昭和三〇年代まで檀廻活動を継続した。彼らは地域に鳥海山信仰を定期的に布教し、同社の信仰圏の維持・形成に寄与していた。[11]

さて、近代において大物忌神社の信仰圏（鳥海山信仰圏）はどの程度の空間的広がりを有していたのであろうか。筆者が明治四一年（一九〇八）に作成された夏季の本殿参拝者の名簿（大物忌神社所蔵『明治四十一年　参拝人名簿　御本殿』）を分析したところ、同年七月五日～九月一〇日の間に、北海道から静岡県にかけての地域より三九七五人の崇敬者が本殿を訪れ、昇殿祈願を果たしていたことが明確になった。[12] この事実から、当時の大物忌神社は鳥海山を中心とした半径約六〇〇キロメートルにも及ぶ信仰圏を有していたと言える。ただし、我々は、本殿参拝者の八〇・三パーセントが秋田県・山形県の崇敬者で占められていたことに留意せねばなるまい。

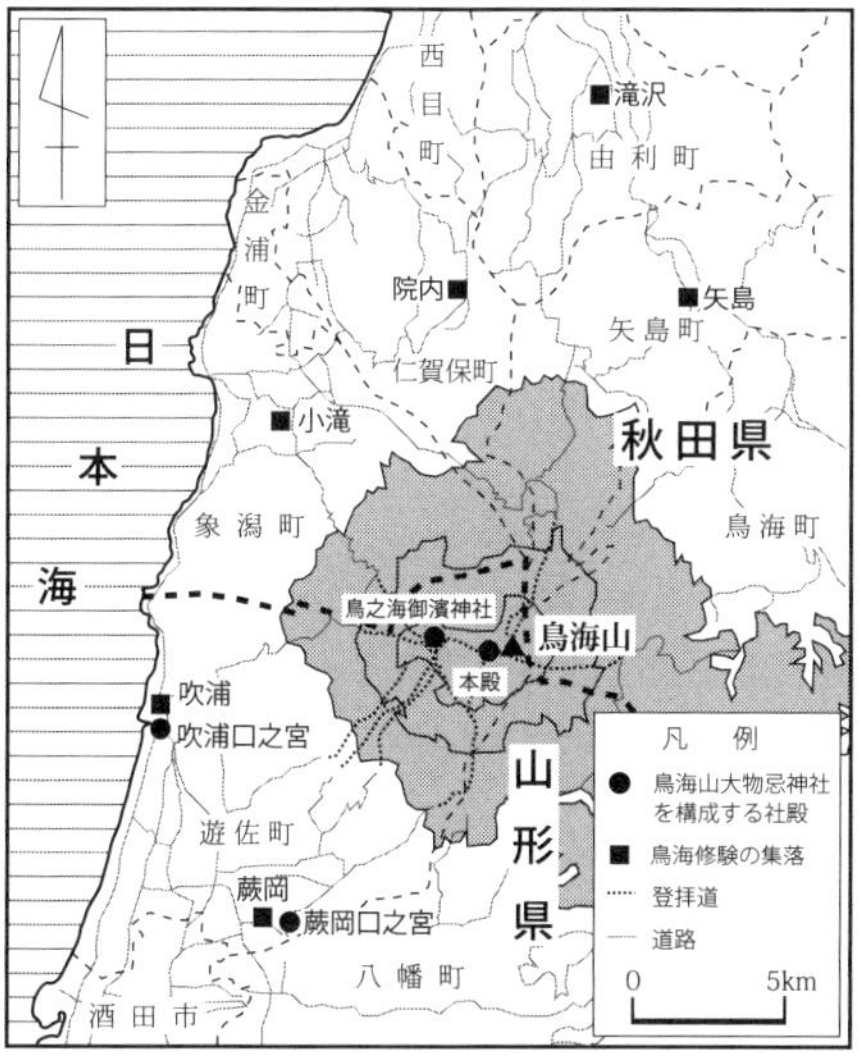

図１　鳥海山と鳥海山大物忌神社の社殿の位置

（平成期）（５万分の１地形図、および現地調査をもとに作成）

註）2000～2002年に現地調査を実施した。本図では当時の地名を用いた。また、本図では500m間隔で等高線を描いた。

図２に、明治四一年（一九〇八）当時における各市町村の本殿参拝者数の分布を示した。同図をみると、大物忌神社の崇敬者はおもに秋田県由利郡・山形県飽海郡に多く分布しており、これら両地域が鳥海山信仰圏の中核となっていたことがわかる。それ以降、鳥海山信仰圏の範囲や中心部の位置はほとんど変化することはなかった。

このように、明治後期の段階で大物忌神社は広域

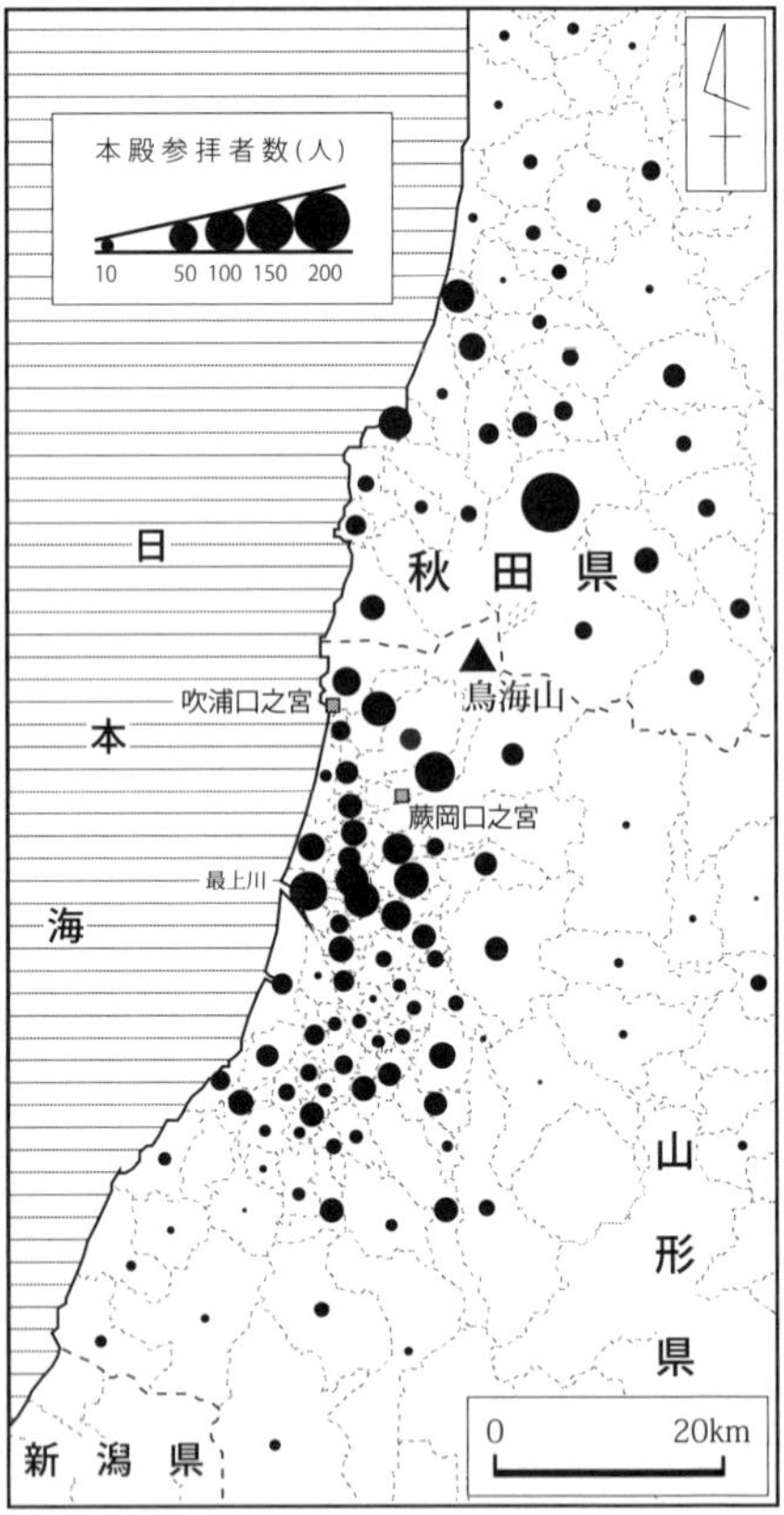

図２　国幣中社大物忌神社の本殿参拝者の分布（明治41年）
（鳥海山大物忌神社所蔵『明治四十一年　参拝人名簿　御本殿』により作成）

な信仰圏を有していたが、筆者が現地調査を行った結果、昭和期・平成期に、同社はその信仰圏内において確認し得るだけでも三度にわたって講中の創設・組織化を進め、崇敬者分布を著しく変化させていたことが明らかになった。以下に、近現代に大物忌神社が創設・組織化した三種類の講中の概要を記す。

鳥海講　昭和八年（一九三三）に、大物忌神社が営繕費を安定的に得るために創設した団体である。鳥海講を組織化する際に、同社は鳥海修験を通じて、彼らの有力な檀家「御頭宿《おかしらやど》」（後述）に協力を要請し、その効率化を図った。鳥海講は大字などの集落を結成単位とし、世話人一人を含む一一世帯で一団体を組織する。講員の多くは農家である。各団体は、毎春、両口之宮で斎行される祭典「講社大祭」に全講員の五分の一の人数を代参者として送り出し、五穀豊穣や家内安全などを祈願する。[13]

献穀講　昭和二三年（一九四八）に創設された講中である。その結成単位は生産者組合・町内会・大字で、各団体には一名の世話人が置かれる。献穀講の講員の大部分は農家である。彼らは毎年秋季に新穀（または雑穀・初穂料）を大物忌神社に納め、一一月に両口之宮で執行される祭典「新嘗祭（新穀感謝祭）」に世話人とともに代参し、当年の五穀豊穣を感謝し、翌年の豊作を祈願する。(14)献穀講の世話人は、講員名簿の作成、献穀の取り纏め、神社側からの連絡事項（参拝先・日時・人数など）を講員に伝達するなどの作業を担当する。

御頭講　大物忌神社では、新春に「御頭連中《おかしられんちゅう》」と呼ばれる男性の集団を崇敬者宅に派遣し、そこで彼らに獅子舞（御頭舞《おかしらまい》）を奉納させる行事「御頭巡幸《おかしらじゅんこう》」を継承してきた。(15)伝統的に、同社では御頭連中を世襲的に受け入れる世帯を「御頭講の講員」と位置づけ、この行事に関する連絡事項（御頭連中の訪門日時など）を世帯ごとに葉書で通達していた。つまり、元来、御頭講は世帯単位で加入する性質のものであり、その講員は集団で活動をすることはなかったのである。だが、平成六年（一九九四）以降、大物忌神社は御頭巡幸の際に、一部の崇敬者集落において、全講員宅の老若男女を公民館や産土社に集め、そこで獅子舞をまとめて奉納するというシステムを採用するようになる。このように、いわば「地縁的集団」として活動を行う御頭講は大字や町内会を単位に組織され、区長や産土社の氏子総代などがその世話人を務めている。世話人は神社側からの連絡事項（舞の奉納日時・場所など）を全講員宅に通知したり、御頭連中に納める初穂料を調えたりするなどの役割を果たす。

以上記したように、大物忌神社は昭和八年（一九三三）・昭和二三年（一九四八）・平成六年（一九九四）の三回、講中の創設・組織化を図り、自らの信仰圏内の崇敬者分布を著しく変化させた。筆者は鳥海講の創設の過程とその要因について論考を既に著している。(16)よって、本稿では献穀講と御頭講の創設・組織化の背景、ならびに、これが鳥海山信仰圏の空間構造にいかなる変化をもたらしたかについて論じることとしたい。

二　昭和期における大物忌神社による献穀講の創設

第一節で述べたように、大物忌神社は昭和二三年（一九四八）に献穀講を創設した。当時、同社が講中を新規に設立せざるを得なくなった最大の理由は、昭和二〇年（一九四五）一二月の神道指令による官国幣社に対する国庫からの経済的支援の禁止にあった。[17]その影響で、大物忌神社は主要な歳入源を喪失し、経済的に困窮して「神供《じんく》も困難な状態」―つまり主祭神に神饌を供し、日々の祭礼を執行することすら困難な状況―に陥ることとなった。[18]

昭和二三年（一九四八）一一月、大物忌神社はこの経済的苦境を打破すべく、「秋祭り」を改革すること―すなわち献穀講を創設すること―により、神社経済の立て直しを試みた。それまで同社で行われていた「秋祭り（新嘗祭）」は、両口之宮に飽海郡内の市町村長と農業会会長を招待し、五穀豊穣を祈願するという内容のものであった。ところが、昭和二三年度（一九四八～一九四九）に作成された大物忌神社の社務日誌（大物忌神社所蔵『社務日誌　昭和二三年度』）と祭典に関する職員会議録（同『昭和二十三年度　祭儀綴』）から、同社が昭和二三年（一九四八）一一月一一日に氏子総代会を開催し、そこで、献穀講を結成すること（史料1実線部）、そして献穀講のための祭典を「秋祭り（新穀感謝祭）」と称して執行し、その際に「氏子崇敬者」に新穀の奉納を依頼すること（史料2①・②）を決定していたことが明らかになった。

【史料1】[19]

十一月十一日（木）

一、午前十一時ヨリ氏子総代懇談会開催。献穀講結成ノ件ニ付懇談。……（略）……

十一月十二日（金）

一、A権祢宜昨日氏子総代懇談会ニテ決議ノ献穀講総代依頼ノ件ニ付キ当社氏子総代B氏ノ案内ニテ平田町方面ニ出向。……（略）……

十一月十七日（水）

一、C宮司、献穀ノ件ニツキ南遊佐並遊佐町出向。

十一月十八日（木）

一、D祢宜崇敬者惣代委嘱並献穀ノ件ニツキ西荒瀬村出向。

一、新穀依頼ノ為E権祢宜西荒瀬村ニ出張。

十一月十九日（金）

一、A権祢宜、献穀依頼ノタメ酒田市ニ出張。

十一月二十日（土）

一、女鹿部落代表F氏へ献穀ノ依頼ス。

十一月二十一日（日）

一、C宮司G出仕献穀ノ件ニツキ高瀬出張。

一、A権祢宜右ノ権（ママ）ニテ酒田西平田出張。……（略）……

十一月二十七日（土）

一、H権祢宜I出仕秋祭奉仕ノタメ午前九時来社。

一、A権祢宜G出仕J雑仕秋祭直会用肴（ママ）講入ノタメ酒田市ニ出向。午後一時帰社。……（略）……

【史料2[20]】

昭和二十三年十一月二十日　立案

①新穀感謝祭（秋祭）執行ノ件

當社秋祭（新嘗祭）ハ従来十一月廿三日執行ノ処②今般氏子惣代会ノ決議ニヨリ氏子崇敬者ヨリ新穀奉納セス（ママ）ムル事ト相成依而左記ニヨリ標記祭典執行相成可致哉

（案）

一、日時　十一月二十八日　午前十時

一、奉仕　C宮司　D祢宜　K・E・H・A各権祢宜……（略）……

一、神饌　十台

一、式次第　大祭式次第ノ通り

一、案内状（往復ハガキ）

拝啓　時下初冬ノ候　③愈々御清栄之段奉大賀候　陳者来る二十八日午前十時より吹浦口ノ宮に於て新穀感謝祭執行可仕候条御参列御参拝相成度此段御案内申上候

追而貴郡内よりの代表参拝者御何名なるや□□御回報煩はし度御願申上候

拝具

昭和二十三年十一月二十二日

こうして、第二次世界大戦後、大物忌神社は崇敬者から定期的に献穀を受けるシステムを構築することにより、その宗教活動をかろうじて継続し得たのである。さて、ここで我々は、大物忌神社が献穀講を組織化する際に、信仰圏内に数多の檀家をもつ鳥海修験ではなく、おもに同社の運営組織―つまり神職と氏子総代―の人脈を活用していた点に注目すべきであろう。その様子は、昭和二三年（一九四八）に大物忌神社の神職五名（A・C・D・E・G）が献穀講の結成を依頼するために、飽海郡内の各村と酒田市に出張していた点（史料1破線部）や、宮司Cが新穀感謝祭の参列者の取り纏めを氏子総代に要請していた点（史料2③）から把握できる。これらに加え、昭和二四年度（一九四九～一九五〇）の大物忌神社の祭典に関する職員会議録（大物忌神社所蔵『昭和二四年度　祭儀綴』）に綴られた氏子総代宛ての手紙（草案）にみられるように、昭和二四年（一九四九）九月に神社側が彼らに対して献穀講の世話人の推薦を依頼していたこと（史料3傍線部）もその証左となろう。これは、第二次世界大戦後、大物忌神社が保持する崇敬者とのネットワークが、「修験的」な性質のものから「神道的」な性質のものへと転換したことを示唆する現象だと考えられる。

【史料3[21]】

拝啓　時下愈御清栄之段御喜び申し上げます　陳者先般氏子総代会ニ於テ来ル十一月五日恒例行事として執行の事に決定相成りました新穀感謝祭献米の件について當鳥海山大物忌神社により世話人を委嘱仕りまして之が集纏

鳥海山大物忌神社宮司C

各氏子総代殿

に関して御高配を願上げますから御多忙中誠に恐入りますが貴市町村内より適当に推薦下さいまして、住所氏名御通知下さる様御願申し上げます。

拝具

昭和二十四年九月廿日

鳥海山大物忌神社宮司C

各氏子総代殿

大物忌神社の氏子総代は同社の要請に応じて献穀講の世話人を推薦し、その組織を確たるものとした。『昭和二十三年度　祭儀綴』によると、昭和二三年（一九四八）当時、同社には一四名の氏子総代が存在し、その配置は山形県飽海郡吹浦村と蕨岡村に各二名、秋田県由利郡象潟町・上浜村、および山形県飽海郡高瀬村・稲川村・西遊佐村・遊佐町・南遊佐村・本楯村・北平田村、そして同県酒田市に各一名となっていた。このように、氏子総代の大部分が飽海郡の住民であったことから、献穀

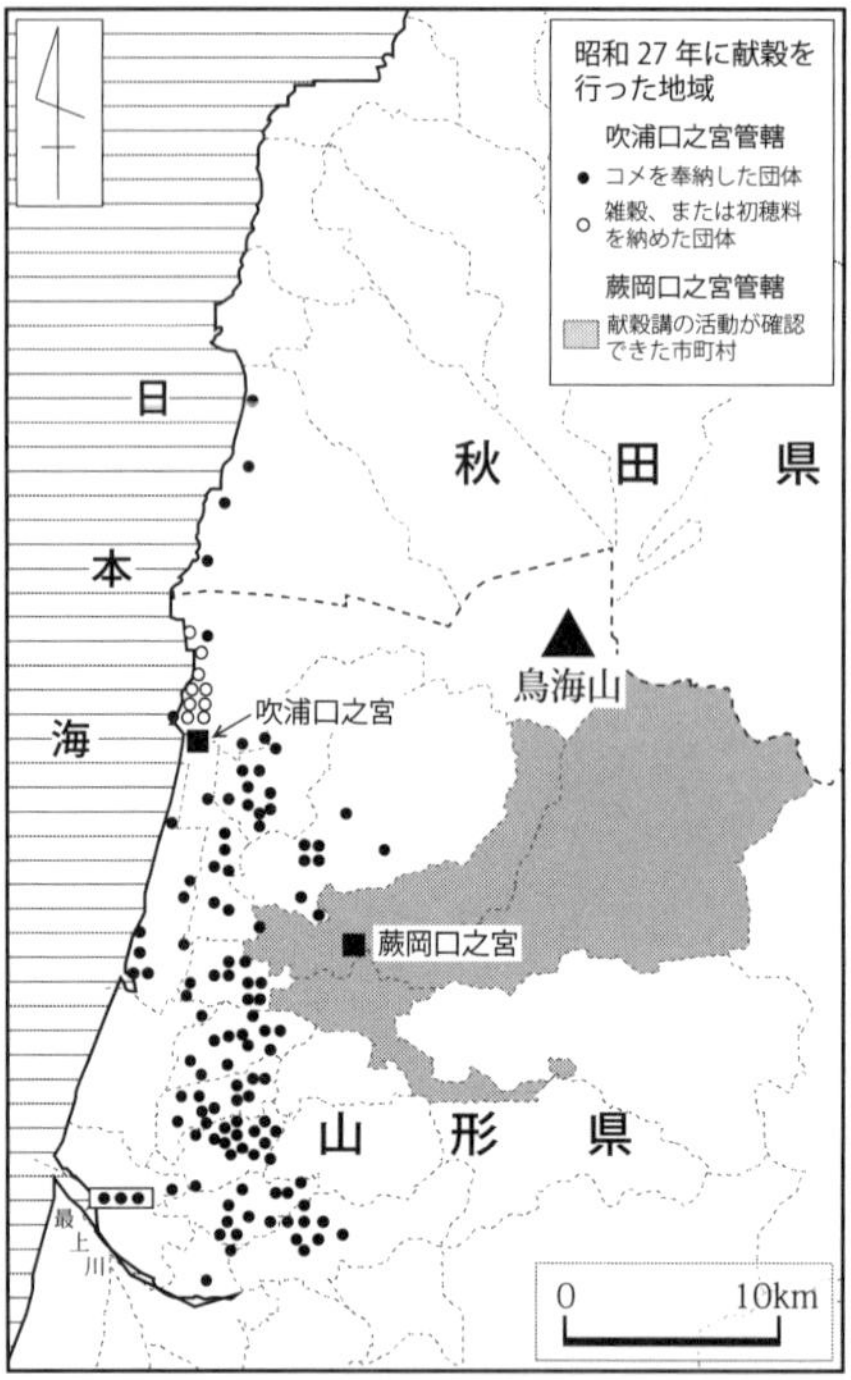

図３　大物忌神社の献穀講の分布（昭和 27 年）
（鳥海山大物忌神社所蔵『新穀感謝米受付名簿』、および聞き取り調査をもとに作成）
註）⊡は献穀講の正確な所在地が不明な事例を示す。

講の分布傾向は彼らの配置状況を強く反映するものとなった。

実際に、献穀講はどの地域で結成されていたのであろうか。昭和二七年（一九五二）に作成された献穀講の講員名簿（大物忌神社所蔵『新穀感謝米受付名簿』）を分析したところ、当時、秋田県上浜村から山形県酒田市にかけての範囲で一四二団体の献穀講（吹浦口之宮管轄）が成立していたこと、また、蕨岡村・日向村・観音寺村の三か村でも献穀講（蕨岡口之宮管轄）が活動を行っていたことが明確になった（図3）[22]。そして、その分布密度は秋田県由利郡と山形県西荒瀬村・一條村・大沢村・北俣村・東平田村―大物忌神社の氏子総代が少なく、かつ、漁村が密集する、あるいは砂丘や山地が広がる地帯―においては相対的に疎らだが、氏子総代が多数存在し、水田耕作が盛んな庄内平野北部では極めて高い傾向を示していた。したがって、大物忌神社は庄内地方北部の水田耕作地帯を中心に多数の献穀講を成立させることにより、同地域を自らの堅固な経済的基盤のひとつとするに至ったと結論できる。

三　平成期における大物忌神社による御頭講の組織化

先述のように、元来、大物忌神社の御頭講の講員には集団で活動を行う習慣はなかった。だが、平成期に同社は御頭講の組織化を図り、これを「地縁的集団」へと変貌させていく。本節では大物忌神社が御頭講の組織化を進めた背景、および、これが鳥海山信仰圏の空間構造にどのような影響を与えたかについて現地調査の成果をもとに検討する。

大物忌神社に対する聞き取り調査の結果、平成期に同社が御頭講を組織化したのは、御頭舞の舞手の後継者不足・高齢化という深刻な問題を克服するためであったことが明確になった。この問題は平成期に突如生じた訳ではなく、第二次世界大戦直後には既に表面化していた。以下、御頭講の組織化の経緯について記す。

　神田より子によると、第二次世界大戦以前においては、大物忌神社と鳥海修験との間で、修験世帯の長男について、彼らが一六歳になると出仕として同社に奉仕をすること、そして、三〇歳頃には御頭連中の舞手となることを義務として定めていた[23]。この規約にしたがい、修験世帯の長男は毎年正月三日～三月一五日の間、秋田県由利地方・山形県庄内地方の崇敬者宅―つまり御頭講の講員宅―を戸別に訪問し（一日約七〇～八〇世帯）、そこで舞を納めていた（第一節参照）。この「御頭巡幸」と呼ばれる行事は、昭和期半ばまでは全行程が徒歩で行われた。その期間中、彼ら一行は豪農・網元・地主などの有力者世帯（通称「御頭宿」）で宿泊や食事の世話を受けることにより、長期的な布教活動を継続し得ていた[24]。

　以上記したように、第二次世界大戦以前の段階で、修験世帯の長男は長期間に及ぶ御頭巡幸への従事が義務付けられていた。だが終戦直後より、彼らの中に神社奉仕ではなく、会社員などの他の職業を選択する者、あるいは、他地域へと移住する者が多数みられるようになった[25]。これにより、大物忌神社は御頭舞の舞手不足という問題に初めて直面することとなる。同社は人手を確保すべく、冬季に時間的余裕のある地域住民―おもに農家や漁業者―から舞手を募ることで、この問題の解決を図った[26]。

　ところが高度経済成長期以降になると、会社勤務の舞手の数はさらに増加する。彼らは休日や休暇を利用して短期的な奉仕はなし得たものの、長期的な奉仕はほぼ不可能となっていた。そこで大物忌神社は、昭和四九年（一九七四）に、御頭連中を二組組織し、これらを同時に巡幸させることを決定した。二組のうち一組には連日、もう一組には土・日曜日限定で舞を納めさせたのである。これは会社勤務の舞手の奉仕をより容易にするための方策であった。その結果、御頭巡幸の実施期間は一月三日～二月一三日の約四〇日間に短縮された。

このように、大物忌神社は御頭神幸の行事存続のために、様々な工夫を試みてきた。だが、同社では依然として十分な数の舞手を確保できない状態が続いた。そして平成期に至ると、この問題はより深刻なものとなった。その背景には、練習時間の確保が困難な会社勤務の若い舞手が「神社の尊厳を損ねるような未熟な舞は奉納できない」と考え、奉仕を辞退するようになったという事情がある。この影響により舞手不足に拍車がかかり、高齢の舞手が引退できないという極限の状態が発生した。同社によると、当時、二十数名が御頭連中として御頭巡幸に奉仕していたが、これは二組の御頭連中をかろうじて組織し得る人数に過ぎず、さらに彼らの平均年齢は六〇歳代後半を数えていたという[27]。

この段階で、御頭講の加入世帯は秋田県に約六〇〇、山形県に約三〇〇〇世帯存在していた[28]。高齢者を多く含む御頭連中がこれらを順次訪問し、そこで舞を幾度も奉納することは、体力面で極めて厳しい状況になっていた。この事態に直面した大物忌神社は、平成四年（一九九二）四月の職員会議において、御頭巡幸の期間を約半月（一月三日〜一月一九日）に再度短縮し、より多くの舞手が正月休暇を利用して奉仕活動に従事できるように環境を整えることとともに、御頭講の組織化―すなわち「合同舞」の普及―を進めることを決定し、この行事の継承を図った。

平成四年（一九九二）四月以降、大物忌神社は神職と御頭連中を崇敬者集落に派遣し、彼らに区長・産土社の神社総代などに対し、「合同舞」による舞の奉納を依頼させた。「合同舞」とは、特定の日時に各集落の公民館や産土社などに御頭講の全講員宅の老若男女を集合させ、そこで御頭舞をまとめて奉納するという舞の奉納形式を意味する[29]。このとき、大物忌神社側では、地域の富裕層である御頭宿に組織化への協力を要請することはほとんどなかったという。これは、モータリゼーションの進展にともない、昭和六二年（一九八七）を最後に、御頭連中が御頭宿に宿泊する習慣がなくなり、第二次世界大戦以前―つまり鳥海講創設当時―に比べ、両者間の親密性が希薄化していたことに

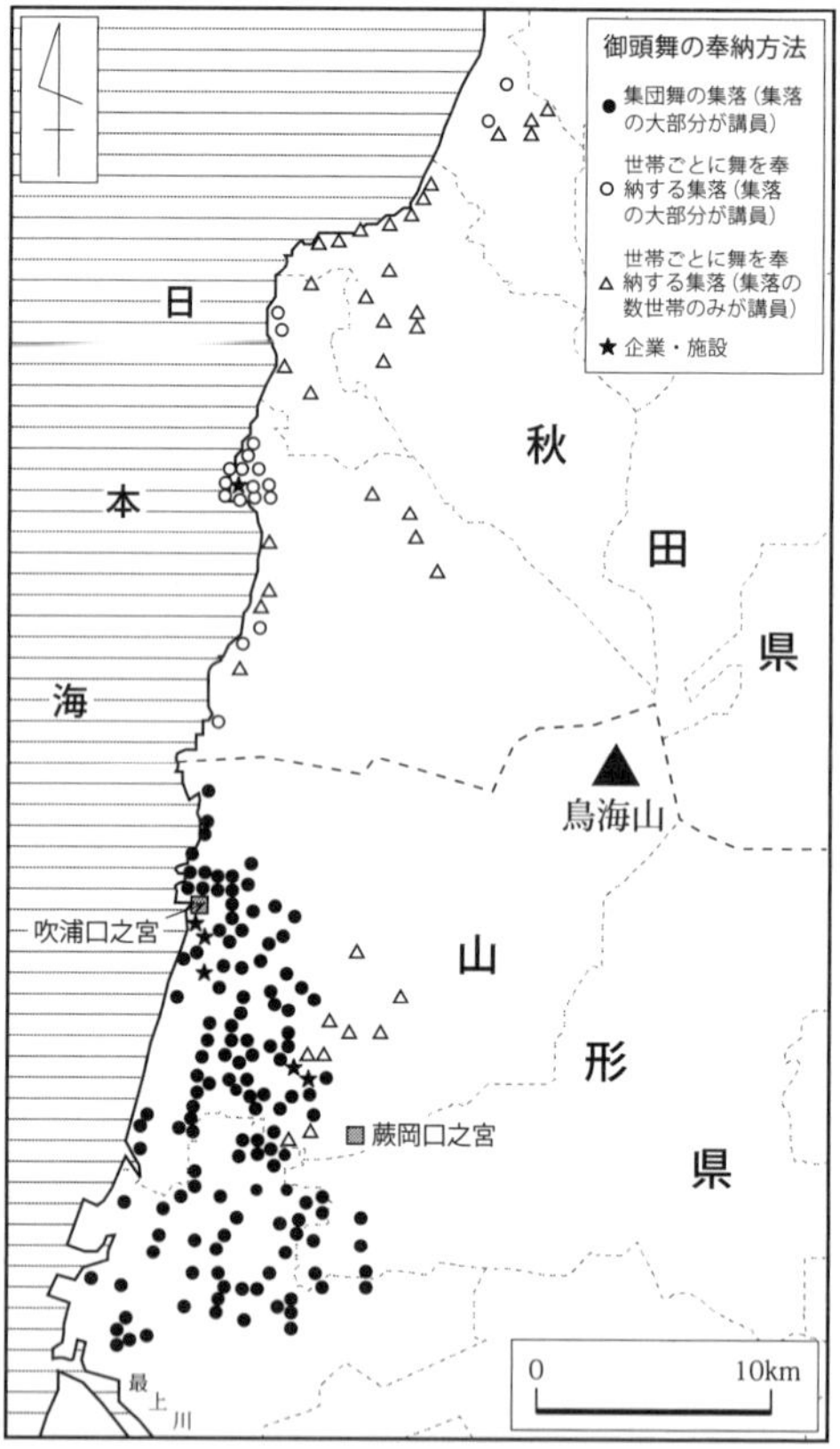

図４　鳥海山大物忌神社の御頭連中の受け入れ集落の分布と御頭舞の奉納方法（平成９年）
（筒井裕「鳥海山大物忌神社の信仰圏に関する地理学的研究」〈『秋大地理』48、2001年〉の図を大幅に加筆修正。鳥海山大物忌神社の所蔵資料、および同社での聞き取り調査をもとに作成）

起因する（大物忌神社への聞き取りによる）。平成六年（一九九四）一月、大物忌神社側の要望を受け入れた山形県の一部の崇敬者集落において合同舞が採用され、御頭講は「組織」として機能するようになった。

その後も、大物忌神社は秋田県由利地方・山形県庄内地方の崇敬者集落に対し、合同舞の実施を継続的に打診していった。図４は、同社が御頭講の組織化を終えた平成九年（一九九七）当時の御頭連中の受け入れ集落（以下、「受け入れ集落」と記載）の分布と舞の奉納方法を示したものである。同図から、秋田県西目町から山形県酒田市にかけての範囲に、一九〇の受け入れ集落が存在していたことがわかる。また、これらの分布と「組織化」の傾向について、次の地域的差異を読み取ることができるであろう。

山形県庄内地方北部　山形県遊佐町と酒田市北部には受け入れ集落が多数存在し、その分布密度は極めて高くなっている。また、これらの大部分の世帯は御頭講に加入し、舞の奉納形態として「合同舞」を選択する傾向にある。したがって、同地域においては御頭講の組織化が短期間で著しく進展し、その結果、御頭巡幸は新年の集落の恒例行事のひとつとしての位置づけを持つようになったと考えられる(30)。

秋田県由利地方　秋田県由利地方一帯では受け入れ集落の数は相対的に少なく、その分布は疎らである。各受け入れ集落においては、御頭宿を中心とした数世帯が御頭講に加入し、現在でも伝統的な世帯単位での舞の奉納を好む傾向にある。よって、由利地方では御頭講の組織化は進展しなかったと解釈できる。

以上記したように、平成六年（一九九四）以降、大物忌神社は秋田県由利地方と山形県庄内地方で御頭講の組織化を試みたが、これは後者の地域においてのみ現実のものとなった。では、両地域で御頭講の組織化に上記のような地域的差異が生じたのは何故であろうか。その要因として、両地方の人々の御頭講の講員の社会的位置づけに関する認識の相違を挙げることができる。

先述のように、由利地方の受け入れ集落では、御頭宿を含む数世帯のみが御頭講に加入するというケースが非常に多い。このため、同地域の人々の間には御頭講の講員宅を「御頭連中を迎え入れることのできる数少ない裕福な世帯」と特別視する風潮が強固に定着している。つまり、秋田県側では自宅での御頭舞の奉納が社会的に高いステータスにあることの証左となっているのである。これとは対照的に、庄内地方北部の受け入れ集落では、大部分の世帯が御頭講に世襲的に加入する習慣がある。その影響で、庄内地方北部の人々は御頭講の講員宅を「富裕層」としてではなく、「自分とほぼ同等の一般的な存在」と捉える傾向にある。したがって由利地方では、御頭講の講員であること―換言するならば、御頭連中を迎え入れる世帯であること―が社会的に極めて重要な意味をもつがゆえに、同地方の講員は伝統的な形式での行事の実施を重視し、合同舞の採用に対して消極的な態度を示したものと推察される。

おわりに

以上、本稿では大物忌神社の所蔵資料の分析と現地での聞き取り調査の成果をもとに、近現代における同社の信仰圏の歴史的変化とその背景について解明を試みた。以下に、本研究で得られた知見を記す。

明治後期の段階で、大物忌神社は北海道から静岡県にかけての範囲を信仰圏とし、秋田県由利郡・山形県飽海郡をその中核的地域としていた。これ以降、同社の信仰圏の範囲や中核的地域の位置はほとんど変化することはなかった。だが、大物忌神社は自らの信仰圏の内部において三度にわたって講中の創設・組織化を進め、信仰圏の空間構造―すなわち崇敬者分布―を著しく変化させた。同社がこのような行動に出ざるを得なかったのは、営繕費の不足（鳥海講）や神道指令に基づく国庫からの経済的支援の禁止（献穀講）といった経済的な問題、あるいは、山岳信仰に根ざした伝統行事の後継者不足（御頭講）という文化的な問題を克服するためであった。

これらの課題を解決するにあたり、大物忌神社は、第二次世界大戦以前においては鳥海修験の人脈を用いていたが（鳥海講）、終戦後は同社の神職・氏子総代（献穀講・御頭講）、あるいは区長や産土社の神社役員（御頭講）の人脈を活用するようになった。これは、近代以降、同社の地域住民とのネットワークが、従来の「修験的性質」のものから「神道的・行政的性質」のものへと転換したことを示唆する現象だと言えよう。

大物忌神社が、これらの人脈に依存して上記の課題の解決を試みた結果、秋田県由利地方では多数の鳥海講が成立し、山形県庄内地方においては鳥海講・献穀講・御頭講が同一集落内に重複的に組織された。つまり同社は、鳥海講を創設した昭和初期以降、自らの信仰圏の中核的地域の一部である庄内地方北部を、鳥海山祭祀を経済・文化的な面で支える極めて堅固な基盤へと成長させるに至ったと結論できよう。

本研究は、國學院大學研究開発推進機構研究開発推進センター研究事業「地域・渋谷から発信する共存社会の構築」の成果の一部である。本稿を作成するにあたり、鳥海山大物忌神社の伊藤眞垣宮司と長谷川芳彦前宮司をはじめとする同社の関係者の皆様からは多大なるご理解とご協力を賜りました。また、國學院大學研究開発推進機構学術資料館（考古学部門）の内川隆志准教授と深澤太郎助教の両先生と研究員の皆様には、本稿執筆時に様々な面で大変お世話になりました。そして、東京家政学院大学の西海賢二教授、國學院大學研究開発推進機構の菅浩二准教授・宮本誉士助教からは貴重なご助言を頂戴いたしました。文末ではございますが、以上の皆様に厚く御礼申し上げます。

註

（1）宮田登「岩木山信仰―その信仰圏をめぐって―」（和歌森太郎編『津軽の民俗』吉川弘文館、一九七〇年）、牧雅子「筑波山信仰の信仰圏」（佐々木宏幹・宮田登・山折哲雄編『現代宗教２　特集山岳信仰』春秋社、一九八〇年）などがある。

（2）地理学者の椿真智子によると、信仰圏とは、「ある種の信仰形態が支配的な地域や空間的広がり、または特定の宗教や宗派に属する人びと、共通の崇拝対象や信仰体系を有する人びとがかなり集中的に居住する空間」と定義される。椿真智子「信仰圏」（山本正三ほか編『人文地理学辞典』二宮書店、一九九九年）。

（3）これに関する研究には、たとえば、岩鼻通明「出羽三山信仰圏の地理学的考察」（『史林』六六、一九八三年）、金子直樹「岩木山信仰の空間構造―その信仰圏を中心にして―」（『人文地理』四九、一九九七年）、松井圭介『日本の宗教空間』（古今書院、二〇〇三年）、筒井裕「山岳崇敬者の参拝活動にみられる地域的差異とその形成要因」（原淳一郎・中山和久・筒井裕・西海賢二『寺社参詣と庶民文化』岩田書院、二〇〇九年）などがある。

（4）信仰圏の歴史的変化に注目した研究には、筒井裕「山岳信仰の神社における講組織の形成」（『歴史地理学』二一七、二〇〇四年）や、廣本祥己「那須白湯山・高湯山信仰の分布について」（『歴史地理学』二一七、二〇〇四年）などがある。
（5）岩鼻通明「松井報告コメント」（『歴史地理学』二二二、二〇〇五年）。
（6）小田匡保「松井報告についての座長所見」（『歴史地理学』二二二、二〇〇五年）。
（7）筆者は平成一四年（二〇〇二）～平成二三年（二〇一一）の間に、鳥海山大物忌神社において所蔵資料の調査を行った。なお、同社の所蔵資料に関する調査報告には、神田より子『鳥海山吹浦修験の宗教民俗学的研究』（平成一〇～一三年度科学研究費補助金研究成果報告書、二〇〇三年）を筆頭に、筒井裕「鳥海山大物忌神社吹浦口ノ宮所蔵資料に関する調査報告」（『地域と環境』六、二〇〇五年）、山形県遊佐町編『史跡鳥海山保存管理計画書』（山形県遊佐町、二〇一一年）などがある。
（8）戸川安章「鳥海山と修験道」（月光善弘編『山岳宗教史研究叢書7　東北霊山と修験道』名著出版、一九七七年）。
（9）本稿では、以下、「大物忌神社」と記載する。
（10）この経緯については、岸昌一「鳥海山への信仰と歴史」（式年遷座記念誌刊行会編『鳥海山―自然・歴史・文化―』鳥海山大物忌神社、一九九七年）を参照。
（11）前掲註（4）筒井（二〇〇四）を参照。
（12）同資料は、近代の大物忌神社の信仰圏を把握し得る最も古く、かつ、詳細な記録となっている。
（13）講社大祭は、吹浦口之宮では三月下旬の春彼岸（中日を除いた五日間）と六月八日に、同じく蕨岡口之宮においては四月二三日に執行される。参拝先となる口之宮は講員の居住地に応じて神社側が決定する。この点は献穀講も同様である。
（14）献穀講の講員は、所有する水田の面積に比例した量の新穀を大物忌神社に奉納することになっている。その目安は水田一反につき一合である。新嘗祭の祭礼日は吹浦口之宮が一一月八・九日、蕨岡口之宮が一一月一二日である。献穀は同社の運営費用の一部にあてられる。
（15）「御頭連中」は斎主（神職一名以上）、笛・鉦・太鼓（各一名）、舞手（二名以上）の六名以上の奉仕者で構成される。

彼らが舞で用いる獅子頭は鳥海山大権現（鳥海山）の化身で、これには厄除や火除のご利益があると信じられている。
(16) 前掲註（4）筒井（二〇〇四）を参照。
(17) 大物忌神社に対する聞き取り調査による。当時発令された神道指令（一部）を以下に掲げる。（ロ）（1）「神道及神社ニ対スル公ノ財源ヨリノアラユル財政的援助並ニアラユル公的要素ノ導入ハ禁止スル、而シテカカル行為ノ即刻ノ停止ヲ命ズル」。
(18) 大物忌神社前宮司に対する聞き取り調査による。
(19) 大物忌神社所蔵『社務日誌　昭和二三年度』。本稿で掲げた史料1～3の傍線・数字は筆者による。また史料中の個人名はアルファベットで示した。なお、これらは各史料のものと共通する。
(20) 大物忌神社所蔵『昭和二十三年度　祭儀綴』。
(21) 大物忌神社所蔵『昭和二十四年度　祭儀綴』。
(22) 管見の限りでは、『新穀感謝米受付名簿』のほかに、昭和二〇年代における献穀講の結成状況を詳細に把握できる史料はない。
(23) 神田より子編『吹浦田楽』（山形県遊佐町、一九九六年）、神田より子「鳥海山の修験」（式年遷座記念誌刊行会編『鳥海山―自然・歴史・文化―』鳥海山大物忌神社、一九九七年）。
(24) 御頭宿は、御頭連中の受け入れ集落ごとに一～二世帯存在する。大物忌神社所蔵『昭和二十三年度　祭儀綴』によると、昭和二三年（一九四八）当時、御頭宿は秋田県西目村から山形県酒田市にかけての地域に一三四世帯あった。なお、昭和期半ば頃から、御頭巡幸の際に自動車を使用するようになった。その結果、御頭連中が御頭宿に宿泊する習慣は徐々になくなっていった。
(25) 大物忌神社と鳥海修験世帯に対する聞き取り調査による。
(26) 大物忌神社によると、第二次世界大戦直後は舞手の希望者が非常に多く、同社では人選に苦慮していた程であったという。
(27) 当時、御頭連中を構成していたのは、農家・漁業者・会社員の四〇～六〇歳代の男性であった。

(28) 筒井裕「鳥海山大物忌神社の信仰圏に関する地理学的研究」(『秋大地理』四八、二〇〇一年)。

(29) 御頭連中は、たとえば毎年一月九日には次の日程で合同舞を実施している。彼ら一行は、午前八時に吹浦口之宮が鎮座する布倉集落で御頭舞を奉納した後に、近隣にある横一集落公民館(午前九時)・横二集落公民館(午前一〇時)・宿三公民館(午前一一時)・宿一公民館(午後一時)・宿二集会所(午後二時)・宿四公民館(午後三時)を順次訪問して舞を納める。これらの会場には、それぞれ約四〇~五〇世帯の老若男女が集合し、一行を迎え入れる。

(30) 庄内地方では、御頭巡幸に引き続いて、同一の会場で集落の新年会や伊勢講などの宗教行事を行うケースが多々みられる。この点に関しては稿を改めて報告することとしたい。

Ⅱ　庄内地域の形成と展開

出羽庄内における古代官衙とその周辺

佐藤　庄一

はじめに

出羽庄内の古代については、「続日本紀」などの六国史によって、和銅五年（七一二）に出羽国が建国されたこと、庄内に出羽郡・田川郡・飽海郡の三郡が設置されたこと、出羽国の中心施設として出羽柵や出羽国府が置かれたことなどが記載されているが、その実態は必ずしも明らかでない。

これらの課題について、近年の考古学的成果をもとに、①出羽柵や古代出羽国府はどこにあったのか、②出羽郡・田川郡・飽海郡の庄内三郡の位置、③酒田市城輪柵跡周辺の地割り、などについて検討を行う。

また、共通論題の副題である「一体性と多様性」の視点から、出羽庄内としての一体性とその中における庄内三郡の多様性について考えてみる。

一　古代出羽国と庄内

（一）出羽柵はどこに

「出羽」は、「イデハ」と読み、「出端」つまり当時の越後国からみて北端に出っ張るところから付けられた名前のようである。出羽国は移民と越後国からの郡の移管によっていわば政策上造られた国であるが、その中核となった庄内地域は、最上川の河川交通によって、陸奥国に所属していた置賜・最上の二郡と一体にしても不都合ではない状況にあった。

六四五年から大化の改新が始まり、日本は唐王朝を意識した中央集権的な律令国家の建設を急いだ。律令政府による東北日本海側の経営は、大化三年（六四七）に渟足柵が今の新潟市に、大化四年に磐舟柵が村上市付近に設置され、ほどなくして都岐沙羅柵が庄内に置かれたものと考えられる。

出羽柵が置かれたのは和銅元年（七〇八）に出羽郡が作られる以前、出羽柵が秋田城に移ったのは天平五年（七三三）、秋田に雄勝城が置かれたのが天平宝字二年（七五八）になる。それでは、和銅元年越後国に出羽郡が作られる以前にすでにあったとされる出羽柵は、どこにあったのか。この時の出羽郡は越後国に隣接する地域であろうことから、最上川河口や鶴岡市南部の上郷地区から湯田川地区、旧温海町の海岸一帯などが想定されている。しかし、その考古学的な根拠はほとんどない。ただ、一〇〇隻の軍舟が出羽柵の征狄所に入ったという記事があることから、海辺ないし河口にあったことは確かであろう。

飛鳥時代から奈良時代前半の時期は、山形県だけでなく新潟県や秋田県の日本海沿岸でも遺跡が少なくなる。これは六五〇～七五〇年頃つまり飛鳥時代から奈良時代前半が世界的な寒冷期となっており、海面が凍って下がり海沿いの陸地に遺跡が広がり、次の温暖期になって遺跡が深く埋まってしまったためと考えられる。(1) 出羽柵と同じように新潟の沼垂柵跡や磐舟柵跡がまだ見つかっていないのもこの辺に原因があるように思う。

大正末から昭和の初め（一九二一～一九三四）に赤川の流れを変える新川の掘削を行った際、弥生時代の土器と泥炭層や埋没林などが発見されている。また長野県では扇状地の地下三～五メートルから古墳時代の遺跡が発見されている。私たちも古地形の研究者と協力して、幻の出羽柵を何とか見つけたいと思う。

（二）秋田城跡と払田柵跡

出羽の政治的中心地として庄内地方に置かれた出羽柵は、和銅元年に出羽郡が出羽国となった後、天平五年に秋田村高清水岡に移転し、「秋田城」と改称され、十世紀中頃まで日本海側の行政の中心の一つとして機能していた。その全域は東西南北とも約五五〇メートルで、その中央に東西九四メートル、南北七七メートルの政庁が置かれている。構造は多賀城とかわらず、やはり行政施設としての性格が強いようである。

これまでの調査で、数多くの木簡や宝亀元年（七七〇）の年号が入った漆紙文書などが発見されている。出土した木簡には、文字の手習いをしたあとがあり、この地域の人々が熱心に律令を学ぼうとしていたことがわかる。

払田柵跡は、昭和五年文部省の上田三平が外郭の角材列を発掘し、翌六年国の史跡に指定された。払田柵跡の角材列の発掘に刺激を受けて、同六年に城輪柵跡でも角材列が発見されている。払田柵跡は城輪柵跡と同じように、文献に柵跡の名前の記録がない遺跡である。

払田柵跡の性格論については、①河辺国府説、②山本郡衙説、③無名不文の遺跡、④雄勝城説などがある。近年、

城輪柵跡模型と内郭南門

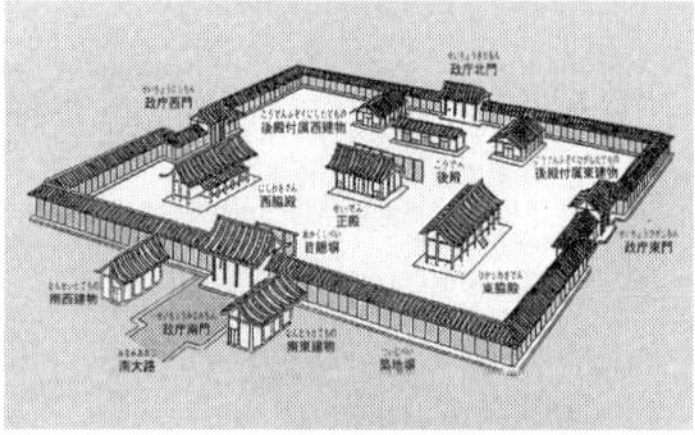

政庁の想像図

城輪柵跡全体図

城輪柵跡の外郭角材列

図１　平安時代の出羽国府・城輪柵跡

払田柵跡研究所が内外の柵木の年輪年代測定を実施した結果、八〇二～八〇四年という測定値がでた。これにより、払田柵跡は九世紀初頭に完成し、十世紀末頃まで存在した城柵で、創建時は周囲を外郭と外柵の二重の区画施設で囲んでいたと考えられる。具体的には、桃生城と同時に作られた雄勝城ではなく、平安時代に北に移転した「第二次雄勝城」という説が有力になってきている。

（三）平安時代の出羽国府と城輪柵跡（図１）

出羽柵は、天平五年に秋田村高清水岡に移転し、平安時代になると、出羽国府として山形県酒田市北東部にある「城輪柵跡」に移ることになる。

城輪柵跡は、その全域が一辺約七二〇メートルの外郭に囲まれ、その中央に一辺一一五メートルの内郭・政庁が置かれている。外郭は角材が二列ないし三列に埋め込まれているので、二列としても総延長が六〇〇〇メートルになるため、直径三〇センチの角材が二万本も埋められている大変な労力をかけた施設になる。

内郭からは、図1の想像図のような正殿・後殿・東西脇殿、それに後殿に付属する建物などが検出されている。内郭の周りを巡る築地土塀の各中央には八脚門が開いており、南門からは幅九メートルの大路がのびていた。構造は多賀城跡と似ていて、やはり行政施設としての性格が強いようである。

二　出羽郡と田川郡の官衙とその周辺

(一)　出羽郡と田川郡の範囲

出羽郡の範囲は、はじめ和銅元年に越後国の一郡として建てられ、その後田川と飽海の二つの郡が置かれるにつれて、郡の範囲が移動し次第に小さくなっていったと考えられる。出羽郡は、田川郡と飽海郡に分かれる段階で消滅してしまったという考え[2]もあるが、仁和三年（八八七）の「日本三大実録」には「国府在出羽郡井口の地」と記されており、承平年間（九三一～九三八）に源順が作ったとされる「和名類聚抄」にも出羽郡が記載されていることから、後まで存在したと考えられる。

(二)　出羽庄内の古代の郡と郷の推定（図2）

加藤稔氏は「古代出羽郡郷名考証」で、「大山郷」や「福有南」の墨書土器の出土等から古代出羽国の各郡の範囲ついて検討し、「和名類聚抄」にみられる郷の記載順序が時計の逆廻りであることを提起した。[3]

これによれば、「和名類聚抄」にみる出羽郡の郷は、鶴岡市の下清水付近から「大田」の墨書土器が出土していることなどを参考にして、出羽郡の中心となる井上郷を中心に、郷の記載順序が、井上郷→大田郷→大窪郷→河辺郷→

出羽、田川、飽海郡郷推定地

○出羽郡
大窪郷（旧藤島町を中心とする地域）
河辺郷（旧田立川町～旧余目町東南部地域）
井上郷（最上川南岸の酒田市域）
大田郷（鶴岡市北西部～旧三川町西部地域）
余戸郷（旧余目町を中心とする地域）

○田川郡
田川郷（鶴岡市田川の市南部地域）
甘弥郷（鶴岡市西南部～旧温海町地域）
新家郷（旧櫛引町～旧朝日町地域）
那珂郷（旧羽黒町～旧藤島町南部地域）
大泉郷（鶴岡市街地～旧櫛引町北部地域）

○飽海郡
大原郷（酒田市東北部地域）
飽海郷（旧平田町郡山を中心とする地域）
屋代郷（遊佐町の北平野部地域）
秋田郷（酒田市街を中心とする地域）
井手郷（旧松山町を中心とする地域）
遊佐郷（旧遊佐町の南平野地域）

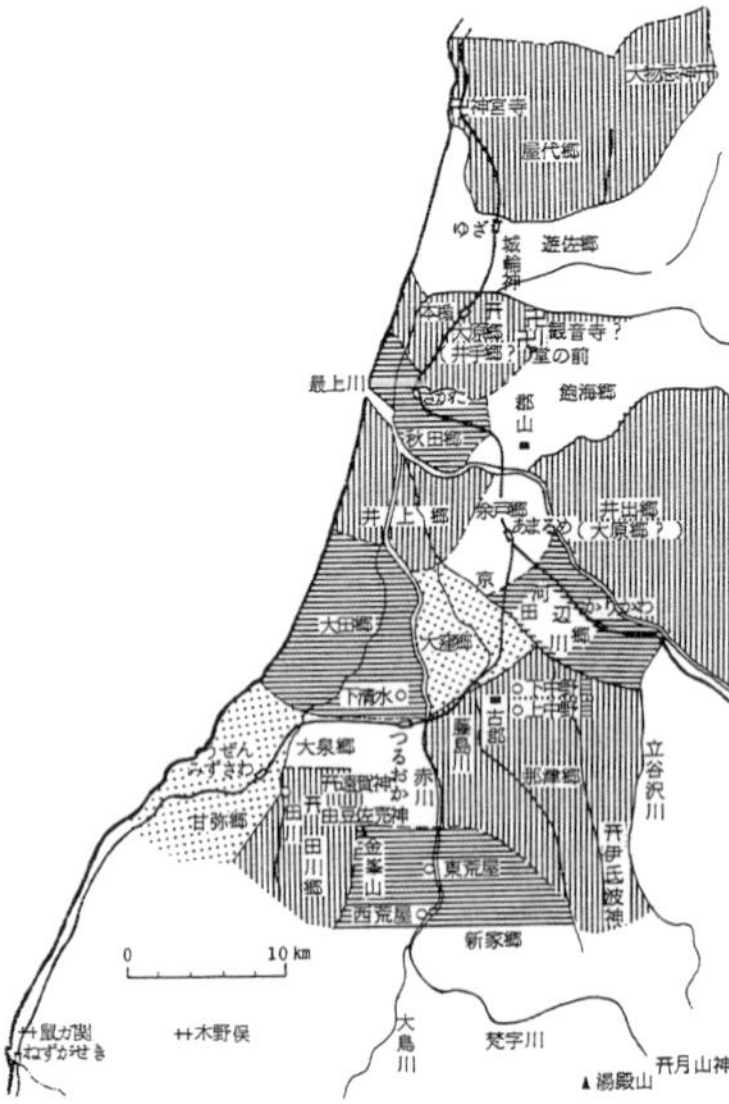

図2　出羽庄内の古代の郡と郷の推定（加藤稔 1982「古代出羽郡郷名考証」より）

余戸郷と時計の逆廻りになる。また、「和名類聚抄」にみる田川郡の郷は、田川郡の中心となる田川郷を中心に、郷の記載順序が田川郷→新家郷→那珂郷→大泉郷→甘弥郷となる。最後に、「和名類聚抄」にみる飽海郡の郷は、不規則であるが、城輪柵跡のある大原郷を始めに、大原郷→飽海郷→屋代郷→秋田郷→井手郷→遊佐郷→雄波郷→由理郷としている。

（三）田川郡内の役所と文字史料（図3）

秋田城跡発見の漆紙文書の紙の継目に「出羽国出羽郡井上□（郷）」の裏書があり、天平六年（七三四）七月二三日の記年銘から、出羽柵が秋田村高清水岡に移転頃のものと推定されている。この時期つまり当初の出羽郡は、越後の国に北にあたる庄内地方全体を指していたと考えられる。なお、田川郡について文献の初出は「続日本後記」承和六年（八三九）十月十七日条の隕石降雨の記事であるが、詳しい建郡時期に言及できる資料はなく、天平六年頃までに建郡されていたとしか言えない。

田川郡の郷の位置がかなり明らかになっている割に、田

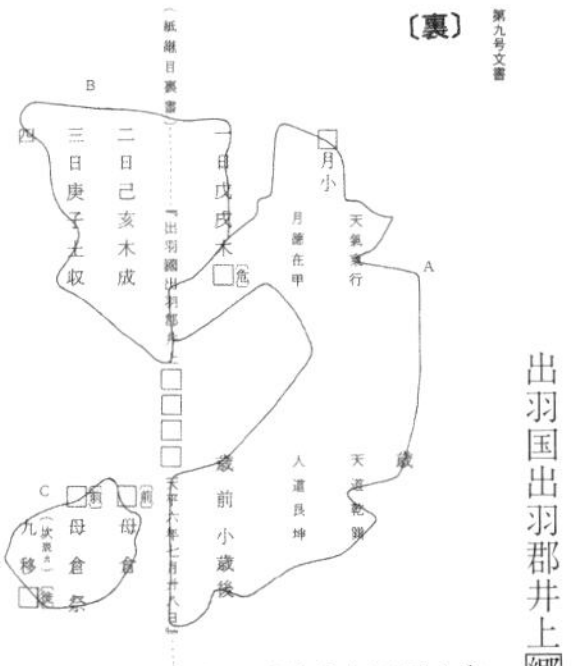

秋田城跡出土漆紙文書

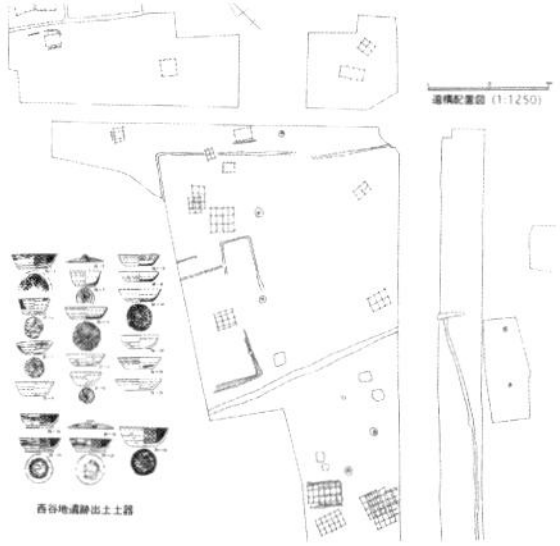

鶴岡市西谷地遺跡の区画施設

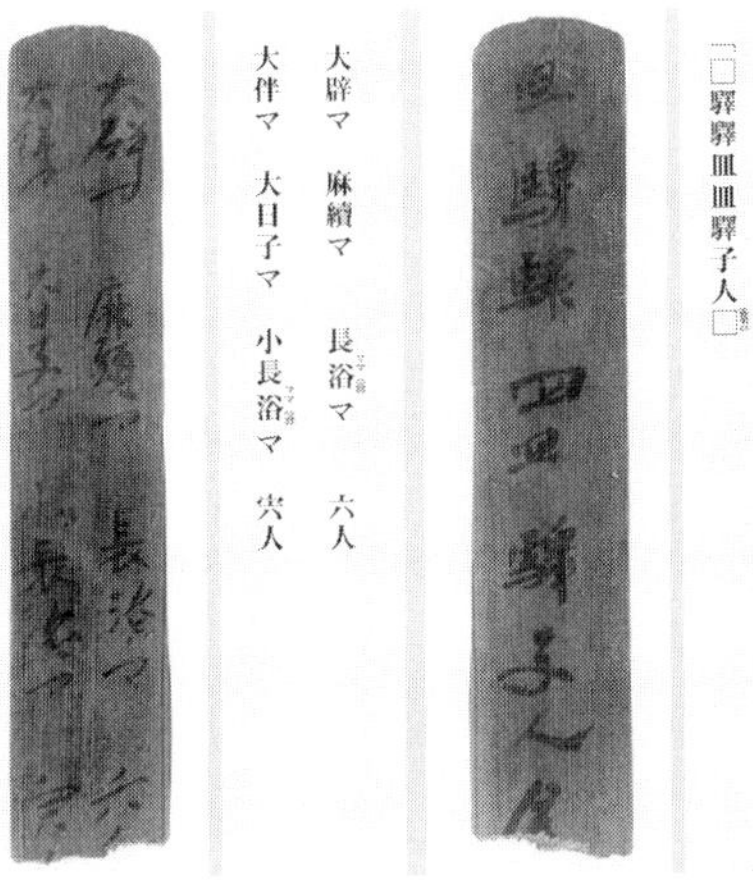

鶴岡市山田遺跡の驛子・大伴木簡

図３　田川郡内の役所と文字史料

川郡内の郡衙や役所の跡はほとんどわかっていない。このうち、山田遺跡は鶴岡市羽前大山駅のすぐ南側にあり、範囲が約一キロメートル四方に広がる古墳時代から平安時代にかけての大規模な遺跡である。平成八年度から鶴岡市教育委員会によって、大山工業団地造成に関わる継続調査が行われ、平成八年には「甘祢（かみ）郷」の文字がある木簡が出土した。「大伴」の木簡もあることからこの年代は、大伴氏が伴氏に改姓された弘仁十四年（八二三）以前のものであることがわかる。

　また、秋田城の外郭東門地区の出土木簡の中に、「田川郡」や「田川」の文字がいくつかあり、この年代は延暦十年（七九一）から同十四年（七九五）とされる。

　山田遺跡のある場所は、木簡からみると古代の田川郡甘祢郷に比定されている。甘祢郷は郡家所在郷の田川郡に隣接する田川郡内の筆頭郷である。

さらに平成十一年の山形県埋蔵文化財センターの調査で、河川跡から「驛子（えきし）」や八名の氏名が記されている習字木簡が発見された。「驛子」は駅家に勤務する馬子であり、文献史料の記録にない田川郡内の駅家を示している。時期は奈良時代八世紀後半である。おそらく越後国から出羽国田川郡経由で出羽国内の東山道ルートへの飽海郡駅家に接続する連絡路が通じていたと想定される。本木簡の「驛子」は、その連絡官道に設置された駅家に関連するものではないかと思われる。

鶴岡市西谷地遺跡からは、奈良時代八世紀後半から平安時代九世紀にかけての区画施設をもつ掘立柱建物跡群が検出された。奈良時代後半の須恵器稜椀は越後国からもたらされた可能性があり、石の帯金具二点も当時の役人が身に付けたものと考えられる。

（四）平形遺跡の調査と出羽国府説

奈良時代以降平安時代の出羽国府の場所としていくつかの候補地があげられているが、ここでは鶴岡市（旧藤島町）の平形遺跡についてその内容をみてみる。

平形遺跡は、昭和七年地元の下田弥一郎が、国府（こふ）、国分（こくぶん）、堂ノ上、堂ノ下等の小字名や、水田中の一四カ所から角材を発見したこと等により、出羽国府や国分寺と推定したものである。最上川の南という位置関係もあって、昭和四十年代まで出羽郡衙を旧藤島町の古郡遺跡、出羽国府をその近くの平形遺跡とする説が有力であった。(4)

昭和四十五年から同五十三年まで九回に亘り、平形遺跡の発掘調査が藤島町教育委員会と山形県教育委員会によって実施され、平安時代前期九世紀前半の遺構と戦国期の土塁をもつ方形館跡が検出された。九世紀前半の遺構では掘立柱建物跡八棟と倉庫や井戸などが確認されたが、建物群の配置は官衙というよりは地元の有力者ないし郡の役人の屋敷と考えられる。ただし、「守」や「知事」などの墨書土器が出土することや、現在、人が住んでいる高台は掘っていないこと、近くに「古郡」の地名があることから、郡衙的な役所の可能性は残しておきたい。

三　飽海郡の官衙とその周辺

（一）飽海郡の文字史料と役所的な遺跡

飽海郡の文献の初見は承和七年（八四〇）であるが、秋田城の発掘調査で「飽海郡」と書かれた木簡が出土し、その時期は天平六年（七三四）～天平勝宝五年（七五三）とされているので、それより一世紀近くも古い八世紀半ばには成立していることになる。

飽海郡内の推定地域からは、役所に係ると思われる遺跡がいくつか検出されているが、その特徴は板塀や溝などによる区画の施設がみられることである。これには酒田市南興屋遺跡、同熊野田遺跡、同生石2遺跡、同手蔵田5遺跡、遊佐町大坪遺跡、同小深田遺跡などがある。南興屋遺跡からは南北に長さ七〇メートルの板材列、熊野田遺跡からは東西九四メートル×南北六二メートルの方形の板材列が検出され、遊佐町大坪遺跡からは、多くの建物跡と貢進木簡や灰釉陶器が発見されている。いずれも郡家的な要素がみられるが、まだ確定するまでには至っていない。

ここで役所かどうかは不明だが、飽海郡内で一つ注目される遺跡を紹介する。遊佐町上高田遺跡がそれで、ここからは平成八年の調査で、日本最初の種子札木簡「畔越」が発見された。はじめ「畔越」の意味がわからなかったが、国立歴史民俗博物館館長の平川南氏が日本最古の農業書とされる「清良記」（十七世紀前半）の中から「畔越」という稲の品種をみつけ、その種籾の袋に付ける荷札（種子札）であることを確認された。[5]「畔越」とは、稲が畔を超えるほど高く伸びるという願いであろうか。上高田遺跡の河川跡からは、「人面墨書土器」といって、土師器の甕に男の人の顔を四面描いたものが発見されている。「人面墨書土器」は、日本列島各地の水辺の遺構から出土しており、この土器に邪気を封じ込め、水に流して厄払いをしたと考えられる。

（二）出羽庄内における平安時代の災害

つぎに庄内地域の遺跡にみる災害の痕跡についてみてみる。庄内地方では、鶴岡市助作遺跡などから古墳時代の遺構を切った噴砂痕などが発見されているが、特に平安時代になると文献や発掘調査によって災害の様子が明らかになってくる。

天長七年（八三〇）の秋田城周辺の地震に始まり、嘉祥三年（八五〇）には庄内地方で大地震が起こった。また貞観十一年地震の二年後の貞観十三年（八七一）四月八日に、鳥海山が噴火したという記事が同じ「日本三大実録」に出てくる。これには「山上に火ありて、土石を焼く。また声ありて雷（いかづち）の如し、山より出ずるところの河は、泥水が広がりあふれ、その色は青黒くて、臭気が充満して、ひと聞くに堪えず。両つの大蛇あり。」とある。これは鳥海山の噴火に関するもっとも古い記事である。

火山灰については、この後延喜十五年（九一五）に十和田湖南部の湖底を噴出源とすると思われる噴火があり、出羽国で灰が雨のように降り注いで二寸も積もって、村々の桑が枯れたという記事がある。十和田a火山灰とよばれる白っぽい土で、考古学では遺跡の年代を決める有力な資料となっている。

生石2遺跡は、酒田市東部の出羽山地の麓近くの水田にある。一〇〇メートル以上板材列による不整の区画施設

西側に柱が倒れている倉庫群跡

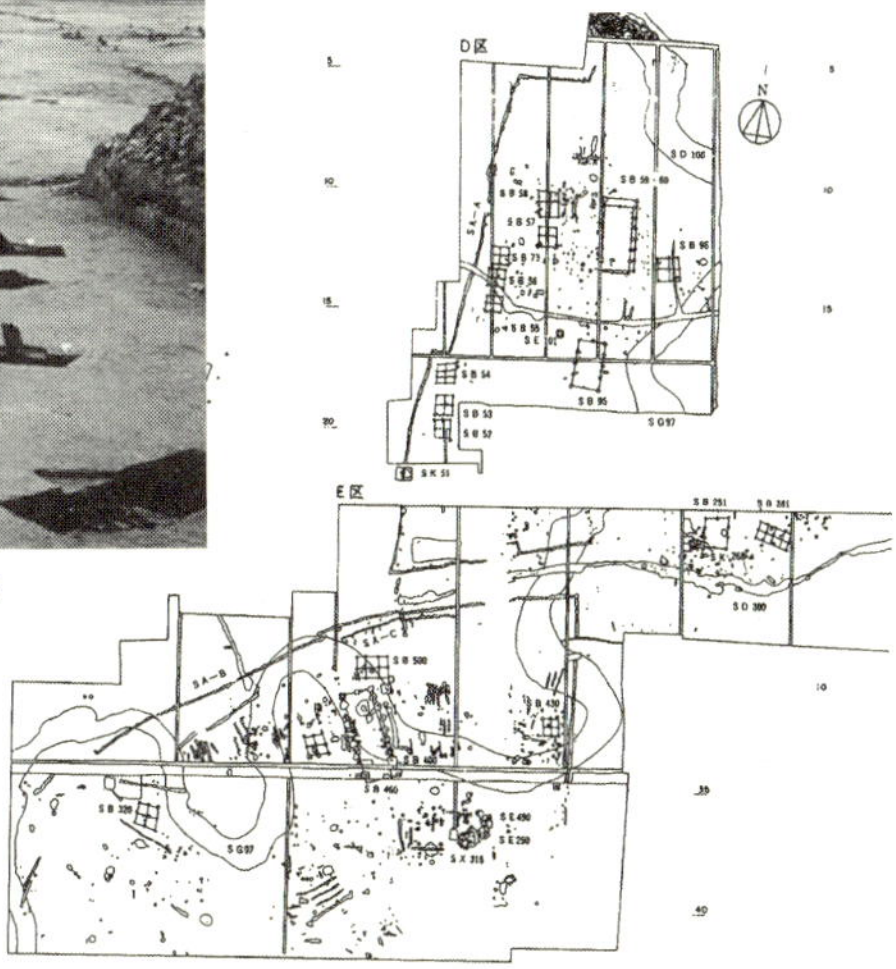

地震で倒れた掘立柱跡

生石２遺跡（阿部他 1987）

図４　生石２遺跡の区画施設と地震の痕跡

と、一九棟の掘立柱建物跡と一四棟の総柱建物跡（倉庫）が検出された（図４）。二間四方の総柱をもつ高床式の倉庫跡の柱が、すべて西側に倒れていることがわかる。本来真っ直ぐに立っていた柱が、地震により極端に西側に曲げられてる。生石２遺跡からは、横倒しになって埋もれた井戸跡や、噴砂の痕跡も発見され、焼けた家の柱根を穴に横倒しに埋めてさらに同じ場所に同じ規模の建物を建てた例もみつかった。地震の後の建物の復興の例とみてよい。遺跡の時期は、八世紀中頃の奈良時代から十世紀の平安時代にかけてと考えられるが、地震の起きた時期は残念ながらよくわかっていない。

四　城輪柵跡周辺の遺跡と地割り

（一）城輪柵跡と周辺の遺跡

出羽国の政治的中心地なる出羽国府は、平安時代になると、山形県酒田市北東部の国指定史跡「城輪柵跡」に移ることになる。

八森遺跡と建物跡

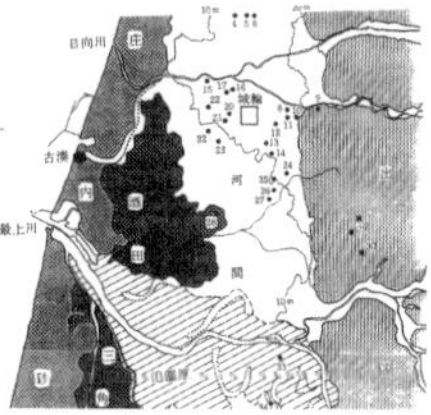

城輪柵跡周辺の地形

史料1　三代實録卷五十　光孝天皇（仁和三年五月）

先是出羽守従五位下坂上大宿祢茂樹上言、國府在出羽郡井口地、即是去延暦年中、陸奥守従五位上小野朝臣岑守、據大將軍従三位坂上大宿祢田村麻呂論奏所建也、去嘉祥三年地大震動、形勢變改、既成窪泥、加之海水漲移、迫府六里所、大川崩壊、去隍一町餘、兩端受害、無力隄塞、擬没之期在於旦暮、望請、遷建最上郡大山郷保寳士野、據其險固、避彼危殆者、太政大臣（基經）、右大臣（源多）、中納言兼左衛門督源朝臣能有、參議左大弁兼行勘解由長官文章博士橘朝臣廣相、於左仗頭、召民部大輔惟良宿祢高尚、大膳大夫小野朝臣春風、左京亮藤原朝臣高松等、問彼國遷府之利害、所言參差、同異難定、更召伊豫守藤原朝臣保則、以高尚等詞問之、保則言、國司所請、非無理致、保則高尚等元任彼國吏、應知土地之形勢、故召問之、太政官因國宰解狀、討覈事情曰、避水遷府之議、雖得其宜、去中出外之謀、未見其便、何者、最上郡地在國南邊、山有而隔、自河而通、夏水浮舟、纔有運漕之利、寒風結凍、曾无向路之期、況復秋田雄勝城、相去已遥、烽候不接、又畢納秋饗、國司上下、必有分頭入部、率衆赴城、若沿水而往、泝水而還者、徴發之煩更倍於尋常、遞送之費將加於黎庶、晏然無事之時、縱能兼濟、警急不虞之日、何得周施、以此論之、南遷之事、難可聽許、須擇舊府近側高敞之地、閑月遷造、不妨農務、用其舊材、勿勞新採、官帳之數、不得增減、勅宜依官議、早令行之、

（『新訂増補・国史大系・日本三代実録後篇』一九七七年より）

仁和３年「三代実録」の記事

正殿礎石建物跡

八森遺跡建物配置図

図５　高敞の国府？「八森遺跡」

「日本三大実録」の仁和三年（八八七）条に出てくる国府移転の記事は、嘉祥三年の地震と出羽国府の移転に関わる貴重な資料である（図５）。これは出羽国司が朝廷にあてて出した文書で、①嘉祥三年に大地震が起きて、土地の状況が変わり大陥没があって地下水が吹き出し、泥地となったこと、②海水が膨らんで、出羽郡井口にある国府（城輪柵跡）の六町のところまで迫り、最上川も一町まで接近して国府が危なくなった、③そのため国府を内陸の最上郡大山郷保宝士野（現在の河北町北谷地付近）に移したい、というものである。

ただし、仁和三年は嘉祥三年から三七年も経っていることから、移転を願う直接の原因は仁和三年の大川の洪水であり、嘉祥三年の地震は遠い原因と考えられる。

これに対して朝廷は、①国府を庄内から遠い南の最上郡に移すことを許さず、②旧府（出羽国井口国府・城輪柵跡？）付近の高敞の地に移すよう命じている。図５の右上が酒田市城輪柵跡周辺の地形で、城輪柵跡が日本海岸の低い湿地帯のすぐ東側にあり、最上川や日光川（荒瀬川）にも近い場所にあることがわかる。城輪柵跡の東側三キロメートルの台地の上にあるのが、つぎにふれる八森遺跡である。

酒田市（旧八幡町）にある八森遺跡は、昭和五十二年から平成十年まで一八回に亘り、八幡町教育委員会等によって発掘調査が行われ、最近調査主任の佐藤禎宏氏によって詳細な報告書が刊行されている。(6) 発掘調査の結果、九〇メートル四方の方形の板塀に囲まれた施設の中に、南門、礎石をもつ正殿風の建物、後殿風の掘立柱建物、さらに脇殿風の掘立柱建物跡などが検出された。出土した土器から時期は、九〇〇年前後頃、九世紀末から十世紀前半頃と推定される。方形の区画施設と建物の配置・遺構の時期等から、役所としての性格が考えられ、いま述べた「日本三大実録」仁和三年条に出てくる「旧府（出羽国井口国府・城輪柵跡？）近側高敞の地」にあたる「高敞の国府」として考えられている。ただし、八森遺跡は、九〇メートル四方の方形という規模が国府としては小さいことなどから、なお国府以外の役所である可能性も残されている。

もう一つ堂の前遺跡は、城輪柵跡の東約一キロメートルにあり、昭和四十八年以降八次に亘る調査により、特色ある建築部材と平安時代前半の貴重な遺構と遺物が検出され、昭和五十四年に国指定の史跡となっている。昭和四十八年の予備調査を契機に、遺跡中央部からは約一一メートル四方に長押や斗・肘木などの建築部材を敷いた筏地業が検出された。古代建築学者の宮本長二郎氏は、これをみて長押にみられる半月形の柱の部分の間隔が通常の建物より大分狭いことなどから、この筏地業の建築部材そのものが、元々塔の上の方の部材として使われたものでないかと言っている。また、この上に粘土質の土を高く盛った方形の基壇があり、さらにその周りに約一三メートル四方の小さな柱穴が残っていた。これは方形基壇の上に立つ塔のような重量ある建物の外側に建てた工事用の足場跡と推定される（図6）。

塔の西側には、直径五四センチメートルの巨大な丸柱をもつ南北向きの建物跡などがみられ、北側には庄内で三カ

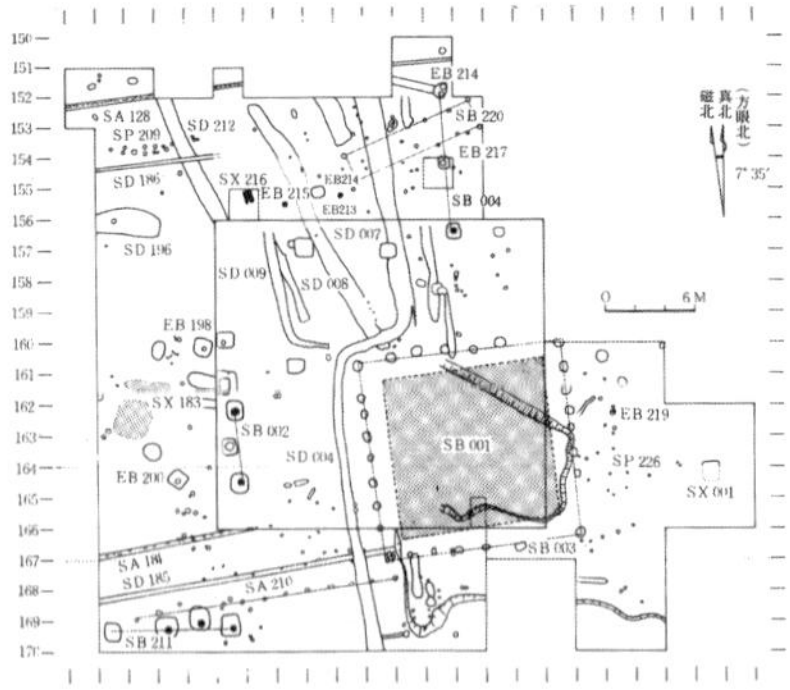

中心部の遺構配置図

方形基壇（塔）の筏地業（塔跡？）

直径50cmの柱根と掘り方（金堂跡？）

礎石建物跡

図6　出羽国の国分寺「堂の前遺跡」

所しかない礎石建物も発見された。建物の配置関係や筏地業に用いられた長押や斗、肘木の存在などから、私は平安時代の国分寺それも配置から国分僧寺と考えた。川崎利夫氏などはこれを支持してくれたが、多くの研究者はこれに疑問をもっていた。

ところがごく最近、思わぬところから味方が現れた。平成二十二年一〇月に、福岡県の貞清世里氏と高倉洋彰氏が「鎮護国家の伽藍配置」という論文を発表され、堂の前遺跡について「堂の前廃寺」という名前で寺跡であることは既定の事実としていろいろ考察を述べられた(7)。

堂の前遺跡は東西二四〇メートル、南北二六〇メートルの大きな溝によって四周が囲まれ、南辺中央に門が確認されており、中門にあたる八脚門も検出されている。

また、区画施設の北西寄りに礎石建物も検出されている。貞清氏等は、堂の前遺跡の二町四方の区画に囲まれた建物南大門から中門を入って、右側に塔、左側に金堂、その奥に講堂がある建物配置を、福岡県太宰府市にある観世音寺式の伽藍配置であると論証された。しかも観世音寺式の伽藍配置は、宮城県の多賀城廃寺や仙台市の郡山廃寺、福島県いわき市の夏井廃寺など東北地方の官の寺の代表的な形であることを述べている。この図の右側は多賀城廃寺の伽藍配置と復元模型であるが、中門を入って右側に三重塔、左側に金堂、奥に講堂と僧坊が立ち並ぶ伽藍が想定される。堂の前遺跡もこんなイメージで考えることができるという提案であり、私もこれを真剣に受け止めて、これから堂の前遺跡の建物の再吟味をしてみたいと思っている。

また、旧八幡町の俵田遺跡からは、全国でも珍しい祭祀遺構が発見されている。出土状況を復元すると、墨で人の顔を描いた甕の両脇に木で作った刀と剣を立て、これを中心に人形の木製品が左から二個、四個、一個の順に並び、さらにその周りには鞍を付けた木の馬が立てられていた。

嘉祥三年には、全国に先駆け出羽国に陰陽師（安倍清明のような呪い師）が派遣されている。おそらく城輪柵跡の政庁で国司立ち会いの下での祭典があり、その後陰陽師が近くの川の岸辺で人形などを並べた儀式を行い、川に流すつもりが、急な大雨で祭場が土砂に埋まりそのままの状態で残ったものと思われる。

（二）城輪柵跡周辺の地割り

平安時代の出羽国府である城輪柵跡の周辺に、奈良の都と同じような条坊制による地割りと建物の配置があったという考えを、昭和五十八年に私が発表した(8)。

城輪柵跡の東西と南北にはそれぞれ門があり、東西の門を真っすぐ東に行くと「市条」という地区に突き当る。この幹線道路沿いに出羽国分寺と考えられる堂の前遺跡があり、さらに先には出羽国府が一時高台に移ったと考えられ

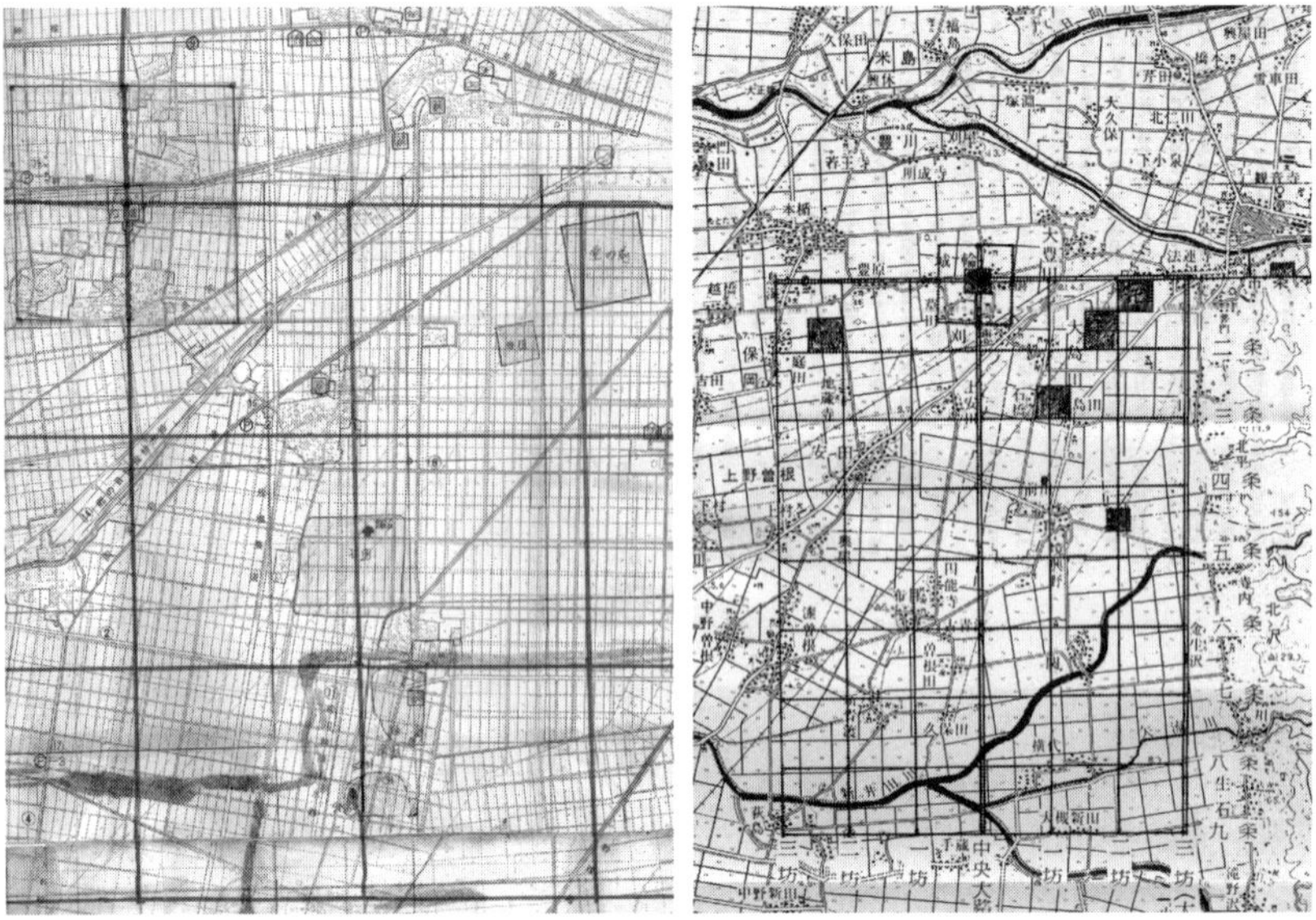

720m 区画案（平成 22 年）　　654m 区画案（昭和 58 年）

図７　城輪柵跡周辺の推定地割り

る八森遺跡がある。また、出羽丘陵の山裾にそって「大道東」という地名が残っており、これが南北の幹線道路の坊の東側になると思われる。これと城輪柵跡の南門から延びる幹線道路をもとに、六町（六五四メートル）四方の区画を想定した（図7）。

この私の考えについて、歴史地理の人は積極的に賛成してくれたが、考古学関係の人からは、実証性が少ないとして、あまり良い評価が得られなかった。平成二十二年になって、俵田遺跡の祭祀遺構東側に、両側を溝によって区切られた幅八～一二メートルの道路があるのに気が付き、再度区画を一町を一二〇メートルとして六町（七二〇メートル）の区画を設定したところ、南北の推定大路にその道路がのることがわかった。

平安時代の出羽国府である城輪柵跡周辺に地割りと建物の配置があったという私の論は、最初は反対論が強かったが、近年の調査で陸奥国の国府である多賀城周域内に方格地割りが見られるようになったことから、改めて見直されるようになってきた。昭和五十八年多賀城市の山王遺跡で、幅約一二メートルの東西大路が発掘された。大路が発見された場所は、多賀城跡南門から直線距離で約一二〇メートルの所にあたる。その後平成五年にこれに直行する南北大路が発見され、さらに二つの大路を起点とした関連する方格地割りが次々に検出されている。

（三）貞観十一年の地震と津波

貞観地震については、東北歴史博物館の柳澤和明氏が、最近「貞観地震・津波からの陸奥国府多賀城の復興」という論文(9)をまとめられたので、これを参考に述べる。

貞観十一年（八六九）五月二十六日の夜、Ｍ八・三以上（今回の東日本大震災はＭ九・〇）と推定される巨大地震が陸奥国を襲った。この巨大地震によって、家屋の倒壊、土地の地割れ、多賀城内の城郭・櫓・築地塀などの倒壊が起こり、多賀城城下に押し寄せた津波による溺死者一〇〇〇名など壊滅的な被害を受けたことが「日本三大実録」という当時の歴史書に記されている。

近年、貞観津波についての地形・地震・津波研究者による研究が進み、貞観地震当時の海岸線が現在よりも約一キロメートル内陸側にあり、現在の海岸線よりも四～五キロメートルまで津波が達し、貞観津波がこれまで東北日本を襲った最大級の津波であることがわかっている。柳澤氏が「国府多賀城の祭祀」の図に、多賀城市の「洪水・津波バザードマップ」を組み合わせたものからは、多賀城の南側に五〇センチメートルから二メートル以上の津波が押し寄せてきたことがわかる。貞観地震の当時、多賀城の城外南北道路、東西道路によって方格地割りされた町並が作られており、記録に残された溺死者一〇〇〇名はこの都市住民と考えられる。

国府多賀城は貞観地震・津波の影響を大きく受けたが、その後復興をとげ、十一世紀前半頃まで存続している。

また、国府多賀城に付属する多賀城廃寺（観世音寺）や国分寺・国分尼寺も地震から復興を遂げている。

おわりに

（1）出羽郡・田川郡・飽海郡の庄内三郡の位置については、加藤稔氏の「古代出羽郡郷名考証」を参考に各郡と郷の位置を推定した。今後は庄内三郡の時期的な変遷、とくに出羽郡は最後まで存在したのかという点と、庄内三郡の郡衙の所在地の確認が課題となる。

（2）酒田市城輪柵跡周辺の地割りについては、近年の考古学的成果をもとに、六町（七二〇メートル）四方の地割りが行われていたことを提起した。今後は、実際に区割りの道路を検出することが必要であるが、推定大路の場所はほとんどが水田となっており、遺跡の登録もなされていないことから、発掘調査の実施までにはもう少し時間がかかりそうである。

（3）最後に（共通論題の副題である「一体性と多様性」の視点からみた）出羽庄内としての一体性と、その中における庄内三郡の多様性について述べる。出羽郡は、和銅元年に越後国の一郡として建てられたことなどから、当初の出羽国の範囲は、越後国の北にあたる庄内地方全体を指していたと思われる。その後田川と飽海の二つの郡が置かれるにつれて、出羽郡の範囲が次第に小さくなっていったと考えられる。出羽国は庄内の出羽郡を中心に、山形県内陸部の最上郡や置賜郡、秋田県の五郡が追加されたもので、出羽庄内はいわば出羽国の本拠地としての性格を持っていると思われる。

その中で田川郡は、越後国からの最も近い地域として古墳時代から積極的に開発が進み、出羽国府との連絡路である駅家が置かれたりしてきた。また飽海郡は、時期的には出羽郡と重複しながら、九世紀初めに城輪柵跡に出羽国府が建造されると次第に遺跡が増え始める。また位置的には、山形盆地から最上川の水駅を経由して、飽海駅から遊佐駅を経て秋田城に至る東山道出羽ルートの要地にあたる。出羽・田川・飽海の三郡は、それぞれの特色と多様性をもちながら、庄内の「川南」、「川北」として、現在まで地域性を持ち続けている。

註

（1）佐藤庄一「やまがたの弥生文化」（『第七回企画展やまがたの弥生文化資料』山形県立うきたむ風土記の丘考古資料館、一九九八年）。
（2）川崎利夫「出羽国ができるころ」（『山形地域史研究』第三二号、山形地域史研究会、二〇一一年）。
（3）加藤稔「古代出羽郡郷名考証」（『山形南高等学校研究紀要』第二三号、一九八二年）。
（4）新野直吉『古代の国々　出羽の国』学生社、一九七三年。
（5）平川南「日本の原像」（『全集日本の歴史』第二巻、六六頁、小学館、二〇〇八年）。
（6）佐藤禎宏他「八森遺跡　古代編」八幡町教育委員会、二〇〇二年。
（7）貞清世里・高倉洋彰「鎮護国家の伽藍配置」（『日本考古学』第三〇号、日本考古学協会、二〇一〇年）。
（8）佐藤庄一「城輪柵跡周辺の村落」（『庄内考古学』第一九号、庄内考古学研究会、一九八五年）。
（9）柳澤和明「貞観地震・津波からの陸奥国府多賀城の復興」（ＮＰＯ・ゲートシティ多賀城、二〇一一年）。

戦国期庄内における地域認識の形成—「庄中」から「庄内」へ—

菅原　義勝

はじめに

戦国期の庄内については、これまで権力層の動向を中心に論じられてきた。中でも、鎌倉期以降、庄内を治めていた大宝寺氏に関する研究の進展がみられる。その嚆矢となるのは粟野俊之氏の研究であり、庄内地域内に存在する諸氏間の関係性が、地域権力たる大宝寺氏の素地となることを明らかにされた(1)。

天文期以前の庄内については、筆者も以前検討を加えた(2)。地域内における紛争解決に際し、分立する諸勢力は自治的な意識をもって結合する。では、その結合状況を生み出す基盤となる地理的・政治的背景はどのようなものであったか。本稿における問題意識はここにある。

これまでの奥羽研究において、一九八〇年代以降活発に論じられてきた地域論に踏み込んだ研究は、管見に触れない。その所以は、村の様相を伝える史料が少ないことにある。地域論では、地域とは村々の連合であると規定し、地域は下から形成されるものと考えることで、上からの視点を排除してきた。

しかし近年では、その一方向的な視点に疑義が呈されている。まず、池上裕子氏は村の自力論・自律の地域論の限界を指摘し、その上で、国郡制とは異なる「郡」の成立と「領」の継承を検討する重要性を説いた(3)。

続いて、「郡」と「領」の問題については稲葉継陽氏の研究がある。稲葉氏は、境目における知行紛争の処理システムを検討し、村・領主それぞれのレベルの中に存在する領域秩序を見出している。さらに、地域の枠組みが大きく再編成される豊臣知行割について、「城を中核に領主的知行の単位として戦国期に成立した「領」こそが、惣無事令における領域秩序の実質的単位となった」と述べた。これは、戦国期における「郡」概念の変質・混乱によるものとする。(4)また、湯浅治久氏は、領主的存在や有徳人層など「社会的権力」の影響力を見据えることの重要性を訴えた。(5)

中世後期には、地域の枠組みは律令制下の国郡制と違う形で再編成される。しかし、その枠組みを検出するための主体は方法論によって異なっている。地域を論じる場合、近年見直されているように、これまで無視されてきた権力層の影響力を地域の中に位置付ける必要があろう。地域は重層的に成立しているのである。

本稿で論じる庄内地域は、戦国期に一つの地域としての姿をみせ始める。稲葉氏は豊臣政権の知行割を視野に入れて、その枠組みの保証を戦国期に成立した「領」の有効性に求めている。しかし、庄内地域という枠組みの生成を論じる場合、稲葉氏の述べる「領」と同じレベルで括って考えることはできない。たしかに豊臣政権の知行割を経た局面においては、上杉氏「領」国として地域内の郡域が再編成されている。だが、庄内地城では、分立する諸勢力が存在する中で、「領」にとらわれない広域認識・地域認識が生成されるのである。

本稿では、地域権力層がどのように庄内という地域を認識していたかを検討する。そして、庄内地域における政治的変遷を踏まえ、地域の枠組み、性格が形成される過程を考察することで、戦国期庄内の地域像を素描したい。

一　庄内地域の空間認識

戦国期庄内関係の史料中には、庄内地域全体を表す地域呼称として、「当庄」「庄中」「三庄」「三郡中」「庄内」等、多様な表現がみられる。

庄内地域の地理的な空間とは、従来どのように認識されてきただろうか。いくつか例を挙げてみよう。一八世紀中頃に進藤重記が著した『出羽国風土略記』の中では、「庄内といへるは大泉庄内といへる略称也」と記述され[6]、嘉永三年（一八五〇）に著された石井貞の『大泉旧事記』には、「庄内と云は、出羽国拾弐郡の内、田川郡・飽海郡両郡をさして庄内と云歟、名往古より云来ル名に非ず、元此地は大泉の庄と云るふるべし」とある[7]。このように、近世に作成された多くの記録は、中世に成立した大泉庄に庄内の根源を求めた。

とは言え、中世を通じて、大泉庄は現在認識される庄内と同一の地理的空間を有していたわけではない。単純に大泉庄＝庄内と言えないことは、従来から指摘されていることである。例えば、伊藤清郎氏は大泉庄・海辺庄・遊佐庄の三つを挙げ、それぞれ田川郡と飽海郡から分立した庄園であることを指摘している[8]。ほかにも多くの見解が出されているものの[9]、これまで十分な説明は加えられていない。

古代から中世前期までの庄内の地域呼称を概観すると、戦国期には表れない郡名や庄名もある。ここで重要となるのは、「郡」や「庄」単位の枠組みはみえるが、庄内地域全体を示す広域呼称がみられないことである。

古代以来の国郡制とは一致しない中世における地域認識について、池上裕子氏は「律令制下の国郡制とは異なる地域呼称や地域呼称としての郡の成立は、単なる可視的・地理的な土地区分の呼称ではなく、人々のさまざまな営みの重層的・多元的なあり方の反映」と述べた[10]。中世以降新たに成立する枠組み、これが単なる地理的な区分に拠るものではなく、人々のさまざまな営みの上に成り立つという視点は重要である。

では、中世前期までみられない庄内地域という広域認識が生まれる背景にはどのような要因があるのだろうか。庄内という地域が生成される背景に、村に生きる人々の姿を想起することも大事だが、史料的制約もあり、現時点では論じる術をもたない。池上氏が述べるように、一つの地域は人々の営みの重層的・多元的なあり方の中に成立する。本稿の目的は、上位権力側の意識・認識を捉えることで、戦国期における地域の生成・変容を探ることにある。まずは、戦国期の庄内地域の枠組みについて概観したい。

末頁に掲げた〈表2〉は、戦国期庄内関係の文書の中で、地域表現がみえる文書を管見の限り挙げたものである（本稿では便宜上、庄内地域全体・郡や庄レベルの枠組みを示す地域表現を『庄内』文言とする）。『庄内』文言の欄には、「中」表現・庄内・他と三つの項目を挙げた。これらについて詳しくは第二節以降に述べることとする。

さて、〈表2〉を通覧すると、「三郡」や「三庄」という記載がみえる。これは庄内地域全体を示す広域呼称で、「三郡」とは田川・飽海・櫛引三郡を指している。飽海郡は川北（最上川以北）地域のことだが、田川・櫛引両郡に関しては、その地理的空間の特定が難しい。櫛引郡の名称は、戦国期に発生した私的な呼称としても説明されており[11]、郡域は天正十八年（一五九〇）および文禄四年（一五九五）の太閤検地に際して決定したと推定されている[12]。慶長三年（一五九八）、上杉景勝の会津移封に伴う領地目録には、田川・飽海・櫛引三郡の詳細な石高が明記された[13]。ただ、慶長十六年（一六一一）の山王日枝神社棟札には「櫛引郡大宝寺村山王大神社」、元和二年（一六一六）の朝日村河内神社鰐口銘には「大泉荘櫛引郡本郷村」、元和四年の羽黒山鐘銘写には「庄内櫛引郡羽黒山」、元和七年の民田六所神社懸仏銘には「櫛引之郡見出村《民田》」とそれぞれ記載がある[14]。これらから想定される櫛引郡の範囲は、現在の鶴岡市の中心部から羽黒山・旧朝日村にいたる広域にわたっており、古代以来続く田川郡と地理的に重複している。太閤検地を経て慶長三年の領地目録に石高が記載されたとしても、郡域が確定されていく過渡期の錯綜であろうか、その区画を在地の人々が明確に把握していたようには思えない。このことは、戦国期に櫛引郡という地域単位が発生した時点でも、田川郡と半ば重複するような形で存在していたことを想起させる。

一方、「三庄」については、戦国期の史料から明確に三つの庄園を見出すことはできない。古代・中世前期までは、伊藤清郎氏が述べるように、大泉庄のほかに海辺庄・遊佐庄を確認できるものの、戦国期を通じて三つの庄園が成立していたわけではない。では「三庄」とは何か。慶長十七年（一六一二）の大物忌神社棟札や元和四年（一六一八）の鳥海山大権現薬師堂棟札、同年の亀ヶ崎八幡宮棟札写に「遊佐郷」や「遊佐郡」と記載がある。[15] 遊佐庄が戦国期も続けて成立していたとは考えられないが、古代以来の一つの枠組みとして認識が残っていたことは明らかである。このように海辺庄・遊佐庄という地域的枠組みが認識として残っており、大泉庄を含めて「三庄」と呼称したか、あるいは「三郡」と同義の言い回しとして呼称したのか、「三庄」と表現している史料自体数量的に乏しく、今は明確な結論をもたない。なお、「三庄」と呼称する例がみられるのは、最上氏の発給文書のみである。この点も含めて、今後検討する必要があろう。次に大泉庄と三郡の関係についてみていきたい。

【史料1】板蔵杢大夫・東覚坊旦那売券（表2No.98）

（端裏書）「出羽庄内一円」

永代売渡シ申旦那之事

合而金子廿八両也

一、右旦那之処出羽国庄内多《(田)》川郡・ア久ミ《(飽海)》郡一円、同大イスミ《(泉)》ノ庄者のそく、其外ハ壱円永代売渡申所実正明白ニ
御座候、則代金慥請取申候、此旦那所ニ付、何方よりも違乱妨申者有之候ハヽ、我々罷出急度埒明可申候、為
後日手形仍而如件、

文禄四年　　売主　板蔵坴大夫（花押）
未十二月二日　　證人　東覚坊（花押）
補陀落寺様参

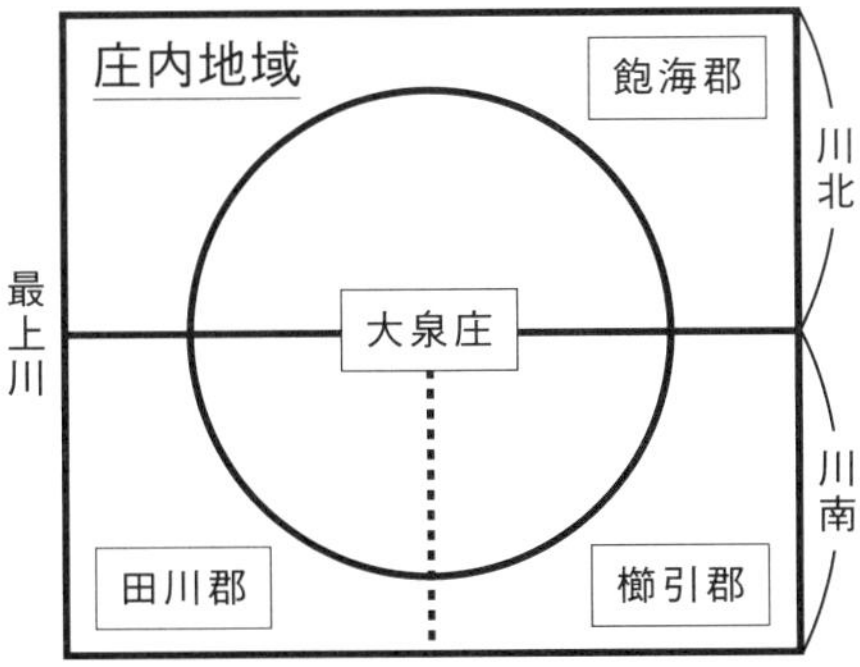

戦国期庄内地域の郡・庄概念図

【史料1】中に櫛引郡はみえないが、傍線部から、「多《(田)》川郡・ア久ミ《(飽海)》郡」に櫛引郡を加えた三郡は大泉庄と重層的に存在していたことがわかる。また、前述したように、単純に地理的空間でみれば大泉庄＝庄内地域とは言えない。しかし、慶長期以降の棟札や金石文には、庄内地域全体を指して「大泉庄」と表記された[16]。どのように理解すべきか。このことは、そもそも「庄中」や「庄内」という広域呼称の、「庄」とは何かという問題に接することとなろう。池上氏は、中世に新たに編成される「郡」呼称が近世・近代へと継承される事例から、「郡」という語が「人々の地域認識に身近なものであったことを推測」している[17]。鎌倉期以来、大泉庄の地頭（または代官）を担い、大泉庄を基盤としていた大宝寺（大泉）氏は、戦国期に至ってもなお庄内地域の中心的な存在であり続けた。「郡」事例と同様に、庄内地域においては「庄」という語が〝身近なもの〟として引き

継がれ、一つの地域単位を表す語として残ったものと考え得る。そして、庄園としての大泉庄という既成の枠組みに止まらない「庄中」や「庄内」という表現は、大泉庄をその語源として転化した。「庄」とは、やはり大泉庄を指すと捉えるのが適当であろう。これが近世以降、大泉庄＝庄内と認識されることになる所以でもあろうか。

また、庄内地域には、最上川が流れており、これを境に、以北を「川北」、以南を「川南」と呼ぶ。元亀元年と推定される正福寺周悦書状には「然者庄中之儀、川南・川北中悉在陣」とみえ（表2№10）、川北と川南を合わせて庄内地域を指すことが確認できる。これは、戦国期に庄内地域全体を表す広域呼称が見え始めることと関連している。つまり、庄内に入ってからのこと。これは、戦国期に庄内地域全体を表す広域呼称が見え始めることと関連している。つまり、庄内地域全体という枠組みが生成されることで生まれた「川北」「川南」という認識といえる。

庄内地域というまとまりが形成されるのは戦国期であり、それは庄内地域の歴史上、一つの転換点といえよう。次節では、当時の政治的背景に留意しながら、その広域認識がどのようにして形成されたか探りたい。

二　元亀の乱以前の庄内認識と地域結合

天文期以降、庄内地域においていくつかの内紛がみられる。その際、分立する庄内地域諸氏は結合して紛争解決に臨んだ。その結合は、従来指摘されているような上杉氏の存在を前提とするものではない。庄内地域諸氏による秩序意識・自治意識によって表出し、機能した結合である(18)。

しかし、永禄末期に起こる本庄氏の乱、元亀元・二年の元亀の乱を画期に、状況は一変する。本庄氏の乱では、大宝寺氏は越後揚北の国人本庄氏とともに上杉氏に対して挙兵した。これは元亀の乱の前提ともされる。そして元亀の乱

表1　元亀元年以前の『庄内』文言使用

表2No.	年　代	『庄内』文言使用状況・背景	記　事
1	(天文4年) 9月16日	庄内の内紛における、揚北衆による調停に際して。	「就其御庄無事之儀」
2	(天文12年) 4月6日	浄福寺に本願寺門徒が准拠した際の、土佐林禅棟・氏頼から安堵。 ※当該文書は検討を要する。	「庄中門弟准拠」「当庄之住人」
4	(天文末期) 7月5日	砂越氏父子間の内紛の際、「調策」に応じない場合の対処。	「以庄中一統取詰可申由存候」
5	(天文末期) 8月6日	砂越氏父子間の内紛の際、最上氏の仲介に従わない場合の対処。	「万一到事切者当庄払而進発」
7	(永禄末期) 3月5日	清水口への進攻に関して。	「善悪共庄中ニ可被及退治由存候」
8	(永禄末期) 4月8日	清水城の「調策」について清水氏家臣長沢の反抗への対処。	「庄中之諸士払而相立」
9	(永禄年間) 4月6日	庄内の混乱状況の説明に際して。	「於庄中大浦江可曳弓者」
10	(元亀元年) 7月8日	大川氏が「被顕武色」状況に際して。	「庄中之儀、川南・川北中悉在陣被及其□（働ヵ）候」
11	(元亀元年) 9月22日	庄内の混乱状況の説明に際して。	「庄中之兵乱于今不相静候」
12	(元亀元年) 9月晦日	「竹次其外土佐林之面々」が大浦城から横山城へ「馳入」った後の状況について。	「雖然三郡中無別条、各々可被致奉公」
13	(元亀元年) 11月17日	土佐林・竹井氏の再乱に関して。また、由利地域への川北諸氏･来次氏の「取持」について。	「乍意外三郡中為可取静候条」「今度当庄中之様体、委染筆候儀も、自川北中其口へ一向別様ニ手前之事申越候由承及之間」

とは、在地有力層の一人、土佐林禅棟による大宝寺氏への反乱である。[19] これら二つの乱の性格についてここで一考しておくべきだが、紙幅の問題もあり、詳しくは稿を改めて論じることとしたい。行論上、この二つの乱によって、これ以後、上杉氏の存在が大宝寺氏の庄内支配に強く影響を及ぼすようになるという点は押さえておきたい。

本節では、自治的な地域内結合の様相を呈する元亀の乱以前に焦点を絞り、[20] 庄内地域という広域認識がどのように成立したか、その過程を追う。

さて、元亀元年以前に『庄内』文言が使用された例は一三例みえ、そのうち、庄内地域全体を指して使用した例は一一例（表1）である。特に注目されるのは、「庄中」や「郡中」など、「中」を用いた表現（本稿では「中」表現とする）を多用していることである。上掲の表にも示したが、地域内の混乱状況に際し、「以庄中一統取詰」（表2No.4）や、「庄中之諸士払而相立」（表2No.8）、「庄中之儀、川南・

川北中悉在陣」（表2№10）などのように「中」表現が使用されている。なぜ「中」表現が、庄内地域全体を表す地域呼称として使用され始めたのか。これらの用法をみると、この「中」表現は、庄内地域に存在する「人」＝庄内地域内の諸氏を指す（例えて言うならば、「百姓中」や「一味中」等と同様の）意味をも含んで使用されていたのではないか。つまり、地理的空間を表す地域呼称の中に、庄内地域諸氏の結合状況を示す意味合いも包含されていたこととなろう。このことは、元亀元年以前に「中」表現を使用しているのが、庄内地域内に存在する諸氏のみであるということに象徴される。

天文期以降の度重なる混乱状況の中、地域内諸氏は秩序意識・自治意識をもってその解決にあたった。それは、「廿八一家・外様・三長吏大浦《大宝寺氏》へ集来令相談治定候」という結合の形としても現出した（表2№5）[21]。地域内の諸氏が呼称した「庄中」や「三郡中」といった表現は、紛争と結合の反芻の中で生成された、いわば一揆的な地域内結合のあり方の反映である。そして、前代からの「郡」や「庄」という表現を継承しながら、中世前期までみられない庄内地域全体を示す広域呼称が創出されたといえよう。

三　自称「庄中」から他称「庄内」・自称「庄内」へ

天正期に入ると、上杉氏の存在を背景として、庄内地域における大宝寺義氏の専制化が強まる。そして、天正六年三月には上杉謙信が逝去し、御館の乱が勃発する。これを機に、義氏は上杉氏からの独立を図ろうとするが[22]、元亀の乱以降混乱がみえなかった庄内地域においても、川北の領主来次氏の反乱が生じる。この反乱は来次氏の降伏、そして領地加増の上の慰撫という形で収束した[23]。しかし、この来次氏への処置については、「義氏の支配権の脆弱さを暴露したものであった」とも評価されている。[24] 義氏の不安定な支配状況が続く中、天正十年頃になると、義氏は由利地域へ進攻する（表2No.21等）。同時期、最上義光も庄内地域へ進出する動きをみせており（表2No.22）、川北の来次氏や砂越氏も鮭延氏を通じて、義光から内応の誘いを受けていたとみられる。[25] そして、天正十一年三月六日、前森蔵人（東禅寺氏永）の謀反により、大宝寺義氏は横死した。

元亀二年から大宝寺義氏が横死する天正十一年まで、義氏の発給文書は四点確認される。その中には、「当庄他家之間さへ、度々覚之事共候条」（表2No.17）や「最上口以之外混乱之儀出来ニ付而、自数ヵ所当庄悃望」（表2No.21）というように、大宝寺義氏が自身を指して「当庄」と自称している例もみえる。また、この時期、地域内諸氏による「中」表現がみられない。その理由は判然としないが、大宝寺氏の専制化・不安定な庄内支配といった状況も相俟って、地域内結合の意味を含蓄した「中」表現が減少したとも考えられる。

次に掲げる史料は、義氏横死の約一ヶ月後に義光から古口の秋穂氏に宛てられた書状である。

【史料2】最上義光書状（表2No.25）

其已往者其元之様子無其聴之間、内々無心元候所、態音問大悦之至候、仍今度其方以取成、大宝寺所持之刀、前蔵（前森蔵人）を以被為相登候、誠以外聞之覚我々本望不可過之候、随而連々如申候、無意趣処大宝寺向当方相求等閑候、然ニ前蔵以計策就切腹者、累年之散遺恨候、如此之上者向後互ニ可致懇切之旨令逼塞（ママ）候、（a）就中庄内之儀も出羽之国中ニ候条、万一自越後筋奥口へ乱入候共、於其節者我々自身着甲可及其防之条、心易可被存候也、前蔵へ伝達憑入候、依之自今以後之儀当方へ取寄無別心懇切被申、（b）永庄内ニ風波不立様ニ評議可然候、随分自爰元可致介法候、此段其方宜取成任入迄ニ候事、彼使可申述候、恐々謹言、

追啓、如何様自是態可及音信候間、早々申越候、
（天正十一年）
卯月一日　　　　　（最上）義光（花押）
（秋穂飛騨守）
古口殿

傍線部ｂでは、庄内に「風波不立様」に義光と秋穂間で「評議」し、義光も庄内について「介法」する所存であることを伝えている。そして傍線部ａには、「出羽之国中」という表現がみえる。史料二は、最上氏が「国」という表現を使用した初見の史料である。遠藤ゆり子氏は、庄内地域の支配にあたって、最上氏が上杉氏を強く意識することで、「同じ出羽国にあるという空間的意識に共同性を求めて、同じ「国中」の者なのだからという論理を天正十一年頃から主張し始めた」としている。(26)

最上氏が出羽の「国中」という共同体観念を主張して、庄内地域進出の姿勢をみせ始める時期に、初めて史料上に「庄内」という表現が出てくる（表２No.23）。ただし、史料二の傍線部ａで「奥口」（＝庄内地域）と最上氏が表現するように、この時点での最上氏にとって、庄内地域は「奥」の地域という認識があった。その後、史料上には「庄中」という表現は残るものの、「庄内」という表現が頻出するようになる。

次に、上杉氏が庄内地域を領国化する奥羽仕置以前までの地域認識について、「自称」と「他称」という問題を意識しながらみていきたい。(27)奥羽仕置以前、庄内地域内の諸氏が「庄内」と自称している例はみえない。つまり、地域外の諸氏が庄内地域のことを「庄内」と表現しているのである。戦国期に「庄中」や「三郡中」といった「中」表現が自称として使用され始めたことと同様に、まずは「庄内」という言葉の意味する所を考える必要があろう。以下、一つの試論として述べてみたい。

庄内地域は東に出羽三山、西に日本海、南に金峰三山、北に鳥海山を擁する。最上義光が庄内地域を固有の枠組みと認識していることは十分考えられる。義光が庄内地域に向かうためには、出羽三山を越える（抜ける）のである。先に述べたように、「庄内」という表現は、天正十年後半、義光が庄内地域進出を目論む時期に初見される。しかし、天正十一年四月時点で、義光からみれば依然、庄内地域は「奥」の地域であった。当然のことながら義光自身、庄内地域外の存在と自認しているはずであり、義光の視点で最上氏領の「外」といえば、庄内地域やそれ以外の空間もすべて領「外」ということになろう。しかし、庄内地域という一つの空間を対象とすれば、そこは空間の「内」である。つまり、領「外」に存在する空間の「内」ということになろうか。（義光からの視点で）領「外」にある「庄」の「内」＝「庄内」、これが、庄内地域内の諸氏が「庄内」と自称せず、地域外の諸氏が他称として表現した理由ではないだろうか。

さて、最上氏が庄内地域に進出して以降、政治的展開の中で『庄内』文言が含む意味合いに変化がみられるか、〈表2〉を概観しながらその傾向を追う。まずは簡単に当該期の政治情勢を確認しておきたい。庄内地域における権力層の大きな変化としては三つの時期に分けられる。(28)

①天正十一年から天正十五年の大宝寺氏・東禅寺氏の二頭体制時期。
②大宝寺義興が敗れ、最上氏から中山光直が庄内地域へ代官として派遣された天正十五年から天正十六年時期。
③天正十六年の上杉氏の進攻と天正十七年以降の上杉氏領国化の時期。

〈表2〉では、元亀の乱以前、大宝寺義氏の庄内支配時期、そして①〜③の時期を太線で区切った。また、ここまでみてきたように『庄内』文言は多様な意味合いをもって使用されている。それを示したのが『庄内』文言欄の記号A〜C2であり、以下のような類型に分けた。

A－庄内地域全体の地理的空間を指す場合。

B－大宝寺氏を指す場合。　※表№46は東禅寺氏永・中山光直を指す。

C1－庄内地域全体の地理的空間を指すほかに、（大宝寺氏を中心とする）地域内結合の様子がみえる場合。

C2－単に庄内地域の諸氏（人々）を指す場合。

①・②の時期には、A～C2といった様々な用法で『庄内』文言が使用されている。中でも注目しておきたいのは、C1の用法が元亀の乱以降ほぼみられないことである。たしかに表2№22・24のように、あくまで地域外の勢力が他称として「庄中」という地域内結合を認識している例はある。しかし基本的には、地域内結合を意識してというよりは、単に庄内地域の人々を指して使用される傾向がある。そして、③の上杉氏領国化以降、『庄内』文言は、ほぼ地理的な表現でのみ使用されるようになる。

①～③の流れの中で、はじめは多様な意味合いを伴って『庄内』文言は使用されていた。しかし、〈表2〉を通覧すれば明らかなように、政治情勢の変化の中で、次第に地理的空間としての使用のみ強調されるようになる。また、「庄内」という呼称は、はじめは地域外からの表現（他称）として使用された。なぜ「外」からの表現であった「庄内」がその後も使用され続けたか。庄内地域における政治的変遷の中で、地域内の中心的存在であった大宝寺氏が駆逐され、地域外の勢力であった最上氏が入り、上杉氏が領国化するようになる。それでもなお「庄内」という呼称は使用され続け、地域外勢力からの表現（他称）であった「庄内」が、地域内呼称（自称）として定着するのである。

おわりに

最後に、本稿で述べたことを簡単にまとめて擱筆する。元亀期以前における『庄内』文言は、単に地理的空間を示すのみではなく、「庄中」や「三郡中」「川南・川北中」といった、庄内地域諸氏による地域内結合状況を包含した意味で使用された。地域内諸氏の関係性が、庄内地域という枠組みの成立に反映され、形成されたのである。

最上氏が庄内地域へ本格的に進出して以降、多様な意味合いを含んで使用されていた『庄内』文言は、次第に地理的空間としてのみ意味する傾向が強くなる。そして、最上氏・上杉氏など地域外勢力が庄内地域を領国化することで、地域内の諸氏が自称していた「庄中」や「郡中」といった表現自体が衰退し、他称であった「庄内」という呼称が、自称の「庄内」として定着するようになるのである。

本稿の目的は、奥羽における地域の成立を、権力層側の視点から探ることにあった。一つの試みとして、権力層の『庄内』文言使用に注目し、表を汎用することで、巨視的に考察を加えた。それゆえ、本稿は蓋然的な把握に止まるものであり、一つ一つ史料を見直すことで不足を補う必要がある。今後の課題としたい。

註

（1）栗野俊之「戦国期における大宝寺氏権力の性格―上杉氏・土佐林氏との関係を中心として―」（『山形史学研究』一九、一九八三年）。

（2）拙稿「大宝寺氏と越後国守護上杉氏」（『駒澤大学大学院史学論集』四〇、二〇一〇年）。

（3）池上裕子「中世後期の国郡と地域」（『歴史評論』五九九、二〇〇〇年）。

（4）稲葉継陽「領域秩序の形成と国郡制」（同『日本近世社会形成史論』校倉書房、二〇〇九年）。
（5）湯浅治久「中世村落論と地域社会史の課題」（『歴史評論』七一〇、二〇〇九年）。
（6）進藤重記『出羽国風土略記』（一七六二年、鶴岡市郷土資料館蔵）。
（7）石井貞『大泉旧事記』（一八五〇年、酒田市立光丘文庫所蔵）。
（8）網野善彦・石井進・稲垣泰彦・永原慶二編『東北・関東・東海地方の荘園』（講座日本荘園史5、吉川弘文館、一九九〇年）。
（9）吉田東伍『大日本地名辞書』（一九〇七年）、『鶴岡市史』（一九六二年）、『角川日本地名大辞典』（一九八一年）、『遊佐町史』（二〇〇八年）等。
（10）池上前掲註（3）。
（11）『筆濃餘理』（安倍親任著、鶴岡市史資料編荘内史料集2、一九七七年）。
（12）『角川日本地名大辞典　山形県』（角川書店、一九八一年）。
（13）『山形県史』（資料編16近世史料1、一九七六年、三頁）。
（14）それぞれ、『山形県史』（資料編15下古代中世史料2、一九七九年、三五二頁、以下『山2』～頁と略す）、『古代・中世史料　上巻』（鶴岡市史資料編荘内史料集一―二、二〇〇四年、№一六一、以下『荘下』№～と略す）、『荘下』№一五一（二）、『荘下』№一五五。
（15）それぞれ、「山2」三八一頁、『荘下』№一五三、同№一五四。
（16）『荘下』№一五三・一五四等。
（17）池上前掲註（3）。
（18）拙稿前掲註（2）。
（19）粟野前掲註（1）等。
（20）元亀の乱は、元亀二年に土佐林禅棟が没落するまでの一連の流れをいう。元亀元年の土佐林氏の反乱は、上杉氏の調停によって大宝寺氏優位に決着がついている。筆者は、元亀元年の土佐林氏の反乱鎮圧以後、大宝寺氏による支配強化がみえるようになると考えている。そのため、ここでは元亀元年で時期を区切って論じる。
(21) 拙稿前掲註(2)。
(22) 粟野前掲註(1)。
(23) 『古代・中世史料　上巻』(鶴岡市史資料編荘内史料集一―一、二〇〇二年、No.二七六、以下『荘上』No.〜と略す)。
(24) 『鶴岡市史』(一九六二年)。
(25) 『荘上』No.二九〇。
(26) 遠藤ゆり子「戦国時代における公権の形成と国郡・探題職―戦国大名最上・伊達両氏の事例をめぐって―」(『歴史評論』六二七、校倉書房、二〇〇二年)。
(27) 自称：庄内地域内の諸氏が庄内地域を表現するときの呼称。
他称：庄内地域外の諸氏が庄内地域を表現するときの呼称。
(28) ①〜③時期の政治情勢について詳しくは、粟野俊之「出羽国庄内地方と豊臣政権」(同『織豊政権と東国大名』吉川弘文館、二〇〇一年、初出『駒澤大学大学院史学論集』一五、一九八五年)を参照されたい。

表2　戦国期庄内関係文書 ―『庄内』文言抽出―

No	文書名	年月日	受給者	『庄内』文言 「中」表現		庄内		他		出典	典拠
1	本庄房長他6名連署状	(天文4年) 9月16日	砂越五郎殿御□ (宿ヵ)所					其御庄	A	本間美術館蔵	『荘上』 No. 201
2	土佐林禅棟・氏頼連署状	天文12年 4月6日	明順公	庄中	A					浄福寺蔵	『上越』 No. 762
3	土佐林禅棟書状写	(天文末期) 3月1日	寒河江殿					田川之地		曽根家文書	『荘上』 No. 205
4	土佐林禅棟書状写	(天文末期) 7月5日	長瀞殿	庄中	C1					曽根家文書	『荘上』 No. 204
5	土佐林禅棟書状写	(天文末期) 8月6日	寒河江殿					当庄	C1	曽根家文書	『荘上』 No. 206
6	三宝院門跡御教書写	永禄13年 6月15日	青龍寺朝栄					出羽国 田川郡		阿部正己資料「古文書武藤氏時代」/鶴岡市郷土資料館蔵	『山1』 P360
7	七森氏信書状写	(永禄末期) 3月5日	山辺殿	庄中	C1					曽根家文書	『荘上』 No. 246
8	土佐林禅棟書状	(永禄末期) 4月8日	大高筑前守殿 御宿所	庄中之 諸士	C1					市川湊家文書	『荘上』 No. 223
9	土佐林禅棟書状写	(永禄年間ヵ) 4月6日	色部殿　御宿所	庄中	A C2					古案記録草案	『荘上』 No. 248
10	正福寺周悦書状	(元亀元年) 7月8日	板屋古瀬若狭入道殿　中島肥前守殿　参	庄中 川南・ 川北中	C1					本間美術館蔵	『荘上』 No. 253
11	来次時秀書状	(元亀元年) 9月22日	本庄殿　御報	庄中	C1			川北		本間美術館蔵	『荘上』 No. 255
12	小太氏隆書状	(元亀元年) 9月晦日	雨順斎　御宿所	三郡中	C1					本間美術館蔵	『荘上』 No. 256
13	大宝寺義氏書状写	(元亀元年) 11月17日	鮎川殿	三郡中 当庄中 川北中	C1					秋田藩家蔵文書	『荘上』 No. 259
14	大宝寺義氏書状写	(元亀2年) 2月20日	正平寺　侍者中					当郡	A	秋田藩家蔵文書	『荘上』 No. 260
15	大宝寺義氏書状	(元亀2年) 5月20日	真壁対馬守殿へ					当郡	A	落合文書	『荘上』 No. 263
16	熊野神社棟札	元亀2年 6月14日						三郡 大泉郡 (ママ)	A	櫛引町西片屋　熊野神社蔵	『荘下』 No. 145
17	大宝寺義氏書状写	(天正2年) 10月16日	日野左京亮殿					当庄	B	歴代古案	『荘上』 No. 272
18	九雲斎明三書状写	(天正6年) 3月17日	公平玄蕃助殿 御報					川北		歴代古案	『荘上』 No. 275
19	親鸞上人画像裏書	天正9年 9月13日						田川郡 大泉庄		安祥寺蔵	『山2』 P379
20	最上義光書状写	(天正10年ヵ) 3月22日	庭月和泉守殿	庄中	A					楓軒文書纂	『荘上』 No. 284
21	大宝寺義氏書状写	(天正10年) 7月12日	金沢殿					河北 当庄	B	秋田藩家蔵文書	『荘上』 No. 289
22	最上義光書状	(天正10年) 11月25日	謹上　下国殿	庄中	A C1			三庄	A	市川湊家文書	『荘上』 No. 291
23	氏家守棟書状写	(天正10年) 11月25日	進上　下国殿 御報			庄内	A B			八戸　湊家文書	『荘上』 No. 292
24	安東愛季書状写	(天正11年) 閏正月26日	(小野寺)遠江守殿　御報	庄中	C1					秋田藩家蔵文書	『荘上』 No. 295
25	最上義光書状写	(天正11年) 4月1日	古口(秋穂飛騨守)殿			庄内	A			大泉叢誌所収/致道博物館蔵	『荘上』 No. 297
26	慈恩寺阿弥陀如来画像裏書	天正11年 6月21日		庄中	A					慈恩寺本堂蔵	『荘下』 No. 146
27	前森筑前守書状写	(天正11年) 7月7日	山形江　参人々 御中					此庄	A	鶏助編	『荘上』 No. 298
28	最上義光書状写	(天正12年) 2月21日	関口能登守殿			庄内	A			秋田藩家蔵文書	『荘上』 No. 300

29	大宝寺義興書状	（天正12年）4月28日	謹上　山内（景勝）殿　参人々御中					此庄	A	上杉家文書	『荘上』No.304
30	大宝寺義興書状写	（天正14年）正月9日	小番喜右（ヵ）兵衛との					此庄	A	古香堂文書纂／鶴岡市郷土資料館蔵	『荘上』No.312
31	大宝寺義興書状写	（天正14年）正月12日	来次左兵衛太夫殿	三郡中	A C1					石井進氏蒐集史料／東京大学史料編纂所蔵	『東大研究室紀要』
32	最上義光書状写	（天正13年）6月14日	三坂越前守殿					彼庄過半	A B	三坂文書／東京大学史料編纂所影写本	『荘上』No.309
33	最上義光書状	（天正14年）6月18日									
34	最上義光書状	（天正14年ヵ）7月3日	伊泉大膳亮殿	庄中	A			彼庄	B	最上義光歴史館蔵	『荘上』No.314
35	氏家守棟書状	（天正14年）8月24日	伊達殿へ　貴報	庄中	A C1	庄内	A			白石市遠藤家文書	『白石市文化財調査報告書40』No.15
36	伊達政宗書状写	（天正15年）2月15日子刻	白（白石宗実）	庄中上下	B					貞公引証記	『荘上』No.318
37	伊達政宗書状写	天正15年4月20日	我即斎（増田貞隆）	庄中	A					桜田如水氏所蔵文書／東京大学史料編纂所影写本	『荘上』No.319
38	伊達政宗書状写	（天正15年）6月晦日	本庄越前守殿			庄内	B	川北・由利一味中		常安寺蔵	『荘上』No.322
39	伊達政宗書状	（天正15年）7月13日	野辺沢能登守殿			庄内	B			阿部勘九郎氏所蔵文書／『伊達政宗卿伝記史料』所収	『荘上』No.323
40	伊達政宗書状	（天正15年）10月5日	白右（白石宗実）			庄内	A			登米懐古館蔵／登米伊達家文書	『荘上』No.326
41	伊達政宗書状	（天正15年）10月12日	白右（白石宗実）					庄	B	登米懐古館蔵／登米伊達家文書	『荘上』No.327
42	最上義光書状写	（天正15年）10月22日	西野修理亮殿			庄内	A	三庄	A C2	藤田文書／東京大学史料編纂所影写本	『荘上』No.328
43	最上義光書状写	（天正15年）11月5日	鈴木能登守殿			庄内	A			住吉英作氏所蔵文書	『荘上』No.329
44	最上義光書状写	（天正15年）11月24日	西野修理亮殿			庄内	A			秋田藩家蔵文書	『荘上』No.330
45	最上義光書状	（天正16年）正月25日	大勧進					其庄	A	佐藤勝雄氏所蔵文書	『荘上』No.332
46	伊達政宗書状写	（天正16年）正月29日	月斎（田村顕頼）			庄内	A			別集奥羽文書纂	『荘上』No.333
47	伊達政宗書状	（天正16年）正月晦日				庄内	A			伊達家文書	『山1』P574
48	伊達政宗書状	（天正16年）2月5日				庄内	A			志賀槙太郎氏所蔵文書	『山1』P167
49	岩屋朝盛書状写	（天正16年）2月9日	氏家殿			庄内	A			秋田藩家蔵文書	『荘上』No.335
50	最上義光書状写	（天正16年）2月16日	庭月和泉守殿			庄内	A B			楓軒文書纂	『荘上』No.337
51	最上義光書状写	（天正16年）2月晦日	岩屋能登守殿	庄中	A C2	庄内	A			秋田藩家蔵文書	『荘上』No.339
52	徳川家康書状写	（天正16年）3月9日	山形出羽守殿			庄内	A			内閣文庫「古文書」所収	『荘上』No.340
53	伊達政宗書状	（天正16年）3月13日	遠出（遠藤出羽守高康）	庄中	A C2	庄内	C2			遠藤浜江氏所蔵文書	『荘上』No.341
54	伊達政宗書状	（天正16年）4月9日	石母田左衛門尉（景頼）殿			庄内	A			桑折文書	『荘上』No.342
55	伊達政宗書状	（天正16年）4月15日	遠出（遠藤高康）			庄内	A			遠藤浜江氏所蔵文書	『荘上』No.343
56	最上義光書状写	（天正16年）5月17日	小助川治部少輔殿			庄内	A	三庄	A	古香堂文書纂／鶴岡市郷土資料館蔵	『荘上』No.344

57	最上義光書状写	(天正16年) 7月18日	小介川治部大輔殿			庄内	A			秋田藩家蔵文書	『荘上』 No.346
58	岩屋朝盛書状写	(天正16年) 8月6日	吉高殿　御返報			庄内	A			秋田藩家蔵文書	『荘上』 No.347
59	最上義光書状	(天正16年) 8月25日	上下旬長吏	庄中	A					戸川安章氏所蔵文書	『荘上』 No.349
60	本堂道親書状	(天正16年) 9月8日	三戸江　参人々御中	庄中	A C2	庄内	A			宝翰奥瀬文書	『荘上』 No.350
61	伊達政宗書状	(天正16年) 9月10日	小国彦二郎殿	庄中	A			彼庄	A	本間美術館蔵	『荘上』 No.351
62	岩屋朝盛書状写	(天正16年) 9月19日	吉高殿　御宿所					川北		秋田藩家蔵文書	『荘上』 No.353
63	伊達政宗書状写	(天正16年) 9月25日	鬼石(鬼庭綱元)			庄内	A			貞公引証記	『荘上』 No.352
64	伊達政宗書状写	(天正16年) 10月5日	石左（石母田景頼）	庄中	A					貞公引証記	『荘上』 No.354
65	最上義光書状写	(天正16年) 10月11日	三坂越前守殿			庄内	A	彼郡 三庄 三庄一円	A	三坂文書／東京大学史料編纂所影写本	『荘上』 No.355
66	伊達政宗書状	(天正16年) 10月11日	中伊(中島宗求)			庄内	A			伊達家文書	『村上』 No.339
67	本庄繁長書状写	天正16年 11月15日	富樫六之丞殿					当庄	A	本庄文書	『村上』 No.340
68	上杉景勝書状写	(天正16年) 11月24日	本庄越前守殿					其庄	A	本庄文書	『荘上』 No.356
69	伊達政宗書状写	(天正16年) 極月朔日	本庄越前守（繁長）殿	庄中	A C2					奥羽文書纂	『荘上』 No.357
70	天徳寺宝衍書状	(天正17年) 正月19日	越府へ　進覧			庄内	A			上杉家文書	『村上』 No.356
71	徳川家康書状写	(天正17年) 3月9日	山形出羽守殿			庄内	A			内閣文庫「古文書」所収	『荘上』 No.362
72	徳川家康書状写	(天正17年) 3月17日	山形出羽守殿			庄内	A			内閣文庫「古文書」所収	『荘上』 No.363
73	徳川家康書状写	(天正17年) 3月17日	山方出羽守殿			庄内	A			「書上古文書七」	『村上』 No.360
74	伊達政宗書状写	(天正17年) 4月26日	山形殿			庄内	A			政宗君治家記録引証記所収文書	『山1』 P820
75	徳川家康書状写	(天正17年) 5月3日	山形出羽守殿			庄内	A			内閣文庫「古文書」所収	『荘上』 No.364
76	留守政景書状	(天正17年) 5月11日				庄内	A			伊東文書	『山1』 P874
77	来次氏秀書状写	(天正17年) 6月2日	小介川殿					当庄 櫛引郡之内五・三ヶ所 河南 川北	A	出羽国風土略記／鶴岡市郷土資料館蔵	『荘上』 No.366
78	伊達政宗書状写	(天正17年) 8月26日	本庄越前守殿					其庄	A	村上市郷土資料館蔵	『荘上』 No.367
79	豊臣秀吉禁制写	天正18年 7月	出羽国荘内田川郡			庄内	A	出羽国荘内田川郡		編年文書（上杉博物館）	『荘上』 No.372
80	豊臣秀吉書状	(天正18年) 8月朔日	羽柴越後宰相(上杉景勝）とのへ			庄内	A	出羽国大宝寺分同庄内三郡		上杉家文書	『荘上』 No.373
81	堀秀治書状写	(天正18年) 10月3日	岩屋右兵衛 [　　]			庄内	A			秋田藩家蔵文書	『荘上』 No.376
82	直江兼続書状	(天正18年) 10月4日	助二郎殿			庄内	A	彼庄	A	酒田　個人蔵	『荘上』 No.377
83	伊達政宗書状写	(天正18年) 10月4日	上民			庄内	A			粕谷文書	『山1』 P410
84	前田利家書状写	(天正18年)10月18日	木村作右衛門殿・村井又兵衛殿			庄内	A			「温古足徴」／金沢市玉川図書館近世資料館蔵	『荘上』 No.379

85	村上頼勝書状写	（天正 18 年）10 月 19 日	岩屋右兵衛　御返報			庄内	A			秋田藩家蔵文書	『荘上』No. 378
86	前田利長書状写	（天正 18 年）10 月 23 日	不破彦三殿　御陣所			庄内	A			「温古足徴」/ 金沢市玉川図書館近世資料館蔵	『荘上』No. 380
87	鮭延愛綱書状	（天正 18 年）10 月 23 日	色部殿　御報			庄内	A			色部文書	『山 1』P907
88	直江兼続書状	天正 18 年 11 月 10 日	上野源左衛門とのへ			庄内	A			鶏肋編 / 致道博物館蔵	『荘上』No. 381
89	直江兼続書状写	（天正 18 年）11 月 14 日	黒上（黒金上野介）			庄内	A			奥羽文書纂	『荘上』No. 382
90	黒沢某寄進状写	（天正 19 年ヵ）正月 21 日	八幡大夫殿　参					田川		田川八幡神社文書	『荘上』No. 488
91	西馬音内茂道書状写	（天正 19 年）6 月 6 日	直江殿　参御宿所					其庄	A	秋田藩家蔵文書	『荘上』No. 385
92	某書状写	（天正 19 年）				庄内	A			川島一郎蔵 /『岩手県戦国期文書 I』所収	『荘上』No. 386
93	上杉景勝書状	文禄 2 年 10 月 12 日	甘糟備後守とのへ			庄内	A	庄内河北		甘糟家文書	『荘上』No. 390
94	直江兼続書状写	文禄 3 年 8 月 16 日	立岩喜兵衛殿			庄内	A	庄内二郡		奥羽編年史料	『荘上』No. 392
95	直江兼続書状写	（文禄 4 年）正月 10 日	立岩喜兵衛殿					櫛引郡		志賀慎太郎氏所蔵文書	『荘上』No. 394
96	直江兼続書状写	（文禄 4 年）正月 23 日	立岩喜兵衛殿・志田修理亮殿	庄中	A					奥羽編年史料	『荘上』No. 395
97	直江兼続書状	（文禄 4 年）正月 23 日	立岩喜兵衛殿・志田修理亮殿	庄中をはしめ御分国中	A	庄内	A			鶴岡市郷土資料館所蔵写真	『荘上』No. 396
98	板蔵杢大夫・東覚坊連署状	文禄 4 年 12 月 2 日	補陀落寺様　参			庄内	A	出羽国庄内多川(田川)郡・ア久ミ(飽海)郡、同大イスミノ庄（大泉庄）		米良文書	『荘上』No. 400
99	親鸞上人画像裏書	文禄 5 年 4 月 23 日				庄内	A	田川郡		浄福寺蔵	『山 2』P379
100	佐藤助九郎書状写	慶長 2 年 7 月 6 日	清水善兵衛殿・木村小左衛門殿・長崎五左衛門殿・新山将監殿　参			庄内	A			秋田家文書	『荘下』No. 190
101	秋田実季伏見作事板輸送覚書	慶長 2 年 10 月 15 日				庄内	A			秋田家文書	『山 2』P555
102	秋田実季伏見作事板算用状	慶長 2 年 10 月 15 日				庄内	A			秋田家文書	『山 2』P556
103	金峰山青龍寺納札	慶長 3 年 10 月 10 日						大泉荘		金峯神社蔵	『山 2』P354
104	春日右衛門書状	慶長 4 年正月 26 日	源右衛門とのへ			庄内	A	庄内すく（直）路御小屋		佐藤栄太氏採訪文書	『荘上』No. 404 (1)

・本表は天文 4 年（1535）～慶長 4 年（1599）までの『庄内』文言を使用している史料を一覧にしたものである。大会報告の際は最上氏が改易される元和 8 年までの表を掲載したが、本稿では割愛する。
・典拠の『荘上』は『古代・中世史料上巻』（鶴岡市史資料編荘内史料集 1-1、2002 年）の略。『荘下』は『古代・中世史料下巻』（鶴岡市史資料編荘内史料集 1-2、2004 年）の略。『山 1』は『山形県史　古代中世史料 1』（資料編 15 上、1977 年）の略。『山 2』は『山形県史　古代中世史料 2』（資料編 15 下、1979 年）『上越』は『上越市史　資料編 3』（古代・中世、2002 年）の略。『新潟』は『新潟県史　資料編』の略。『村上』は『村上市史　資料編 1』（古代中世編、1993 年）の略。
・表 2 No. 31 の「大宝寺義興書状写」は、大会報告終了後に木下聡氏にご教示いただいた。出典は、木下聡「日本史学研究室寄託の石井進氏蒐集史料細目録」（『東京大学日本史学研究室紀要』16、2012 年）
・表 2 No. 35 の「氏家守棟書状」は近年発見された遠藤家文書から引用した。出典は『白石市文化財調査報告書第 40 集　伊達氏重臣遠藤家文書・中島家文書～戦国編～』（2011 年）
・年次比定については、先行研究を参考に一部訂正した。

百姓目安と庄内藩

小野寺　雅昭

はじめに

近世初期から前期における庄内藩の百姓目安の写しが、幕末藩史編纂掛の家老松平武右衛門の叢書（酒田市立光丘文庫蔵、以下、武右衛門叢書という）に多数残されている。本稿の目的は、武右衛門叢書などの資料をもとに、近世初期から前期の庄内百姓目安と村方騒動の特質を探り、それに対する庄内藩の対応を明らかにすることである。

百姓目安についての研究は多くあり、代表的なものには、深谷克己氏の研究がある。深谷氏は、近世民衆運動史の解明のために近世初頭から寛文・延宝期における百姓目安の社会的位置づけを示している。[1] また、中近世移行期の諸問題から黒田基樹氏は、永正期の北条氏綱領国での目安受理の早期例を提示している。[2] さらに近世初期・前期村方騒動に関して渡辺尚志氏は、生産力発展・小農自立・村請・兵農分離・土地所有などの論点を明確にし検証を進めてきた。[3] このように百姓目安をめぐり諸観点から解明が進んできた。

近世庄内における百姓目安は、『山形県史』をはじめ市町村史で取り上げられてきた。[4] 庄内藩酒井氏入部直後の庄内百姓の他領への欠落・逃散と初期藩政を批判し幕府へ越訴した寛永一一年高橋太郎左衛門目安や寛文七年羽黒山衆徒訴状、さらに巡見使への中川通半兵衛目安が有名である。[5] しかし、武右衛門叢書に写された多数の百姓目安を見ると、この時期庄内藩への目安提出は頻繁であり、村方騒動は庄内全域におよび、農民運動の主軸をなしていたことがわかる。さらに近世庄内の農民運動では、天保期の三方領知替反対一揆が全国的に知られているが、その土壌を近世初期・前期にすでに持っていたことが百姓目安によっても考えられるのではなかろうか。岩淵令治氏は『地方史研究』第三五二号大会特集号の問題提起で、三方領知替反対一揆が、「地域単位に組織化され、秩序をもって実行された」一体性と「僧侶の駕籠訴と、政治文化のレベルでの工作」の運動の多様性を指摘している。(6)そのような指摘をふまえ、課題に迫りたい。

一　庄内の百姓目安と村方騒動の特質

（一）戦国社会の庄内と目安

天正一八年（一五九〇）八月、上杉景勝は庄内仕置を実施した。同年九月下旬、年貢収奪にあたる仕置軍に対し、庄内土豪一揆が起こった。(7)上杉軍の指揮者直江兼続が和議の条件を起請文に認め、一揆勢に与えて開城させたこともあった。また文禄期酒田城主の甘糟備後守景継は土豪に知行宛行状を発給し、在地支配の要の代官を兼ねていたと考えられるので、訴訟に関する裁量が与えられていたことも想定できる。

慶長五年（一六〇〇）関ヶ原戦後の庄内最上氏領有により、同一六年〜一七年に最上検地が行われた。川北・由利は亀ヶ崎城主志村伊豆守を奉行とし、進藤但馬らが担当し、当時の検地帳が現存している村も多い。この時、由利郡の矢島領では逃散のため検地のやり直しがあった。(8)すでに庄内が酒井氏支配になる以前からこうした状況があった。この時期の百姓目安は史料的には見いだせないが、中世から近世への移行期の庄内農村の変化により、百姓目安の必要性を考えることができよう。

（二）庄内藩酒井氏時代〈元和八年（一六二二）以降〉の目安と村方騒動

（1）元和八年八月最上氏が改易され、庄内には信濃国松代より酒井忠勝が入部した。翌九年一斉検地を行い、村高の大幅増加となった。庄内藩は農村支配機構を整備し、入部と同時に郡代（はじめ郷奉行）、寛永元年（一六二四）に郡奉行が設置され、代官や大肝煎の分掌も徐々に整備された。[9]この時期に、次のような目安が提出されている。

A　寛永一〇年（一六三三）一月九日　狩川通上余目組廻館村惣百姓目安[10]

表題が「おそれながら申上候きも入善右衛門に申ぶん之事」とあるように、仮名が多い戦国期の文面を遺す目安で、管見の限り、庄内目安の初見である。『山形県の地名』（平凡社）によれば、廻館村は永禄元年（一五五八）開発、寛永元年村高七三七石余、東に北楯大堰が流れ、天明四年に菅江真澄が通ったという。惣百姓の目安の主張は、①蔵入地が出たため村内の組割りで不公平が生じ、畑が多い組でも平均に年貢がとられる。②大肝煎に算用を依頼したが、肝煎善右衛門が聞かず、多く年貢を奪ってしまう。③肝煎が気むずかしく逃散の原因となり、堰普請には出役せず、百姓の農業経営をつぶした、ということ等であった。それに対して郡代は肝煎に返答書の提出を求め、善右衛門の返答は、①村内の組頭四人と相談し等分し、自分所得は一分給のみで手代の算用に従っていること。②逃散分の年貢は組頭・給人と相談し減免した。③堰普請の箇所が多いために全部はまかなえない、等であった。その後、郡代の裁断は不明である。

B

寛永一一年（一六三四）八月　遊佐郷高橋太郎左衛門目安(11)

遊佐郷外野村の高橋太郎左衛門家は、天正年間に甘糟景継の推挙で大肝煎となった土豪であり、当時川北は、「郷士多く、是ハ我村、かれは他の村と地あらそいにて、中々上の御達しを用す」(12)の状況であった。『山形県史』通史編第二巻によれば、遊佐郷は寛文五年（一六六五）に二人制になるまで高橋の大肝煎一人勤めであった。寛永九年遊佐・荒瀬郷の農民が逃散し、大肝煎二人は免職され、高橋は投獄された。翌一〇年巡見使下向に伴い、庄内藩の隠蔽工作があったとし、高橋は同一一年八月江戸に越訴した。目安は一三条あり、酒井氏の農政を批判した。この目安第九条、第一〇条をみると荒瀬郷寺田村弥助が巡見使に目安（原文不明）を提出したことがわかる。

一庄内江御国巡ニ分部左京殿酉三月御下向之節、荒瀬寺田村弥助与申もの、宮内殿御入国以来、御物成ニ女房子供迄も不残、其上其身まても売、御物成済申候由、左京殿江御目安指上ケ申候へハ、かやう成御仕置、庄内奉行衆非分之由被仰候ニ付、女房子供其身までも取かへし、もとの田地ニ彼弥助を被申付候而満足ニ存候得共、左京殿江戸江御登被成候者、彼弥助酉之十月中籠ニ入被成候、是も当三月迄ハ籠ニ罷在候、其上庄内郷ニ而萬御仕置非分之通、少も御目安さし上ケ可申与支度仕候、それとも萬事ニ付迷惑之様ニ、奉行衆指引ニ而候間、朝夕なけき可申上様無御座候事。（第九条）

一酉之六月庄内江御国巡衆江戸より御下向之由、酉之正月より奉行衆聞被申、庄内三郡之郷中町中迄も無残被申渡候ハ、萬諸役差引可申候間、江戸より之御国巡衆御下向被成候ても、御目安上ケ申間敷由、惣別江被仰渡候間、左様ニ指引さへ被下候者、何分ニもと申御仕置非分之通不申上候ニ、左京殿御登被成候得者、役所も差引不被成、右之通ニ仕置御座候間、上下迷惑存候事。（第一〇条）

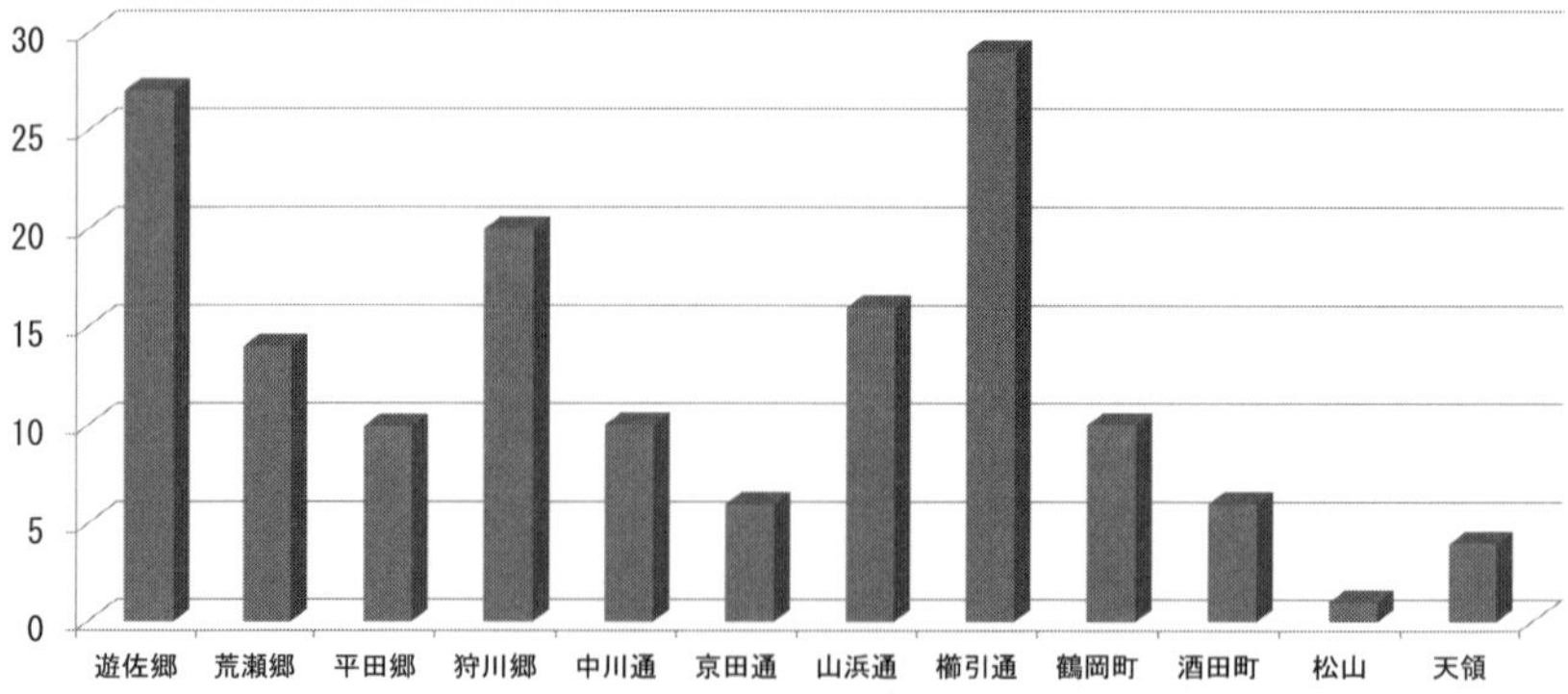

図１　地域別の目安（「留帳」内）件数
詳細は表２を参照されたい。

第九条では、巡見使に目安提出した時は、身売りした女房・子どもや田地は返したが、巡見使が帰ると、態度は一変、弥助を入牢したため、目安提出が困難であるといい、第一〇条では、巡見使下向時は諸役減免の条件で目安を提出しないようにしたが、帰った後は差引きもなく困っている、と太郎左衛門は訴えている。

以上、Ａの事例は惣百姓が肝煎の不正を藩に訴えたもの、Ｂの事例は、大肝煎が幕府に藩吏の非分を訴えたものである。それぞれ典型をなす。

（２）次に武右衛門叢書の「留帳」に写された目安について述べたい。「留帳」は酒田市指定文化財「松平武右衛門叢書」四七七冊のうち、ヲ印・ル印・ワ印に分冊された計一五冊をいい、「古目録」も残存している。後掲の表1を見ると、「留帳」には寛永一七年から貞享二年までの一六〇件の目安が所載されている。本文が省略され内容が不明な目安もあるので、内容分類できないものもあるが、次の三点を指摘できる。

①　慶安元年（一六四八）より急増し、承応・明暦年間が多く、一七世紀中葉が提出のピークである。

②　肝煎や大肝煎に対する百姓の目安が多い。

③　内容では、山論・水論・地境論のほか、村蔵や金銭貸借、入用不正な

ど経済的理由が多い。

表2「庄内目安の地域的・年代別分布」からは次の二点を明らかにできる。

① 慶安から明暦まで遊佐郷・櫛引通の目安が頻発する。川北は前半が多く、川南は寛文以降も目安が続く。

② 京田通・中川通など鶴岡城下近郊の農村は目安が少ない。

次に、「留帳」内の目安の具体例C（肝煎と百姓の対立）と具体例D（大肝煎と肝煎の対立）をみてみる。

C　慶安元年（一六四八）二月一五日　中川通古郡村六左衛門他四名目安（「留帳」一一番）

古郡村は『山形県の地名』（平凡社）によると、藤島村の南に位置し、元和八年「酒井氏知行目録」に九六九石余、寛永元年の「庄内高辻帳」で九〇四石余、明和三年（一七六六）家数四五軒、人数二一八人、加賀前田氏の流れをくむ田沢氏が大肝煎を勤める村である。

この目安の論点には、次の四点を指摘できる。

① 肝煎による隠田と他村開発田地の支配

② 大肝煎・給人の地方知行地や肝煎所有の田地にかかる小物成・郡役の一般百姓負担

③ 蔵納米を五割利息米として強制貸与

④ 酒田米下し運賃・蔵敷の百姓負担

それらに対する肝煎太左衛門の返答書では、次のように反論している。

論点①に対して…隠田や他村開発田地支配は偽りで存在しない。

論点②に対して…大肝煎手作地というのは肝煎手前の田地であり、給人の地方知行地という所も「人足作り」（村内外に耕作人を肝煎が依頼して維持）の田地となっている。近年高掛した小物成は代金で支払っており、一般百姓も「人足作り」を依頼し郡役を果たさない。特に百姓六左衛門は鶴岡・藤島の作人をきらい肝煎に反対している。

論点③に対して…四年前に六左衛門が小物成を未納し、大肝煎が立て替え、その後惣百姓が相談し、夫食貸し米の中から大肝煎に返済した。

論点④について…酒田へ米を下す時期に運賃・上乗番米なども惣百姓の相談で納めた。

D

承応元年（一六五二）遊佐郷水上村肝煎清蔵目安（「留帳」三七番）

水上村は『山形県の地名』（平凡社）によれば、寛永元年の村高二八九石余である。肝煎清蔵の主張は、大肝煎兵右衛門が万事我ままで、水上村が退転した時、耕作者のいなくなった田地に杉沢村から水呑百姓七軒を入植させたこと、兵右衛門が貸し米を強制し人を売って返済するほかないこと、兵右衛門から二〇日余も不法逮捕されたこと、などである。

それに対して大肝煎兵右衛門の返答書では、肝煎清蔵が水上村田地一六〇石余が余ったというので他村に耕作を依頼したこと、二年前に年貢勘定を代官が命じたが杉沢村扱いになっていること、肝煎清蔵は検見のとき物成帳を公開しないこと等を主張した。この二年前、大肝煎兵右衛門は、遊佐郷の漁港である吹浦に近郷の米を廻す計画を立て、村役人と対立していることもこの目安の背景にあると考えられる。(13)

残念ながら、この目安に対する会所の判決は不明である。後で述べるように、慶安元年（一六四八）には庄内藩公定の会所規程ができているので、各目安に対する判決が出ていたと考えられるが、伝わっていない。

二　庄内藩の対応

（一）初期藩政における対応

酒井氏入部の翌元和九年（一六二三）七月二〇日、領内検地を前に、藩奉行は郷村に代官替えを触れた[14]。それまでの代官・手代を無用に村に入れず、小役（入木・ぬか・わら・縄等）を七月中に以前の代官に出すことも命じた。これは藩奉行の村触状の初見である。寛永二年（一六二五）九月一四日、郷村より申請された定免願（「当年より致定納度旨訴訟」）に対して証文を発行した[15]。藩の強制的な面が考えられるが、史料上は村々からの「訴訟」とある。「訴訟」という用語の初見である。

寛永六年（一六二九）三月九日、郡奉行日奈田将監・江積伝左衛門は田川郡藤島各村肝煎に堰普請のため高一〇〇石につき三人に空き俵・縄・鍬・鎌を持たせ人足を出すよう命じた[16]。しかし、藤島村と増川村との間で同年七月一〇日水論が発生し、藩奉行は裏書に裁許内容を記し、郡奉行を通して当該村々へ伝えた[17]。これは庄内藩内の水論とその裁許事例の初見である。

同八年（一六三一）四月一二日、庄内藩は大肝煎（肝煎頭）の任命を行った[18]。

横山村新右衛門は文下村以下三三か村を統括することになり、百姓や中間が「申分」ある場合、肝煎・長人百姓を連れて鶴岡城下へ行くように命ぜられている。ここに、訴訟を鶴岡城下で受け入れる体制があったことがわかる。

（二）　奉行所での目安受け入れ

慶安元年（一六四八）一一月二八日、庄内藩は公事日（会所日ともいう）を毎月四日・一四日・二五日とし、家老・組頭・郡代・町奉行・郡奉行・目付が会所に出頭し、公事訴訟を聞く体制ができた。(19)「大泉掌故」の著者高橋種芳によれば、酒井氏入部年の元和八年（一六二二）に齋藤将監が城内定番を命ぜられ、同年建てられた会所の諸役を組外として担当したとある。すなわち入部初年から公事訴訟聞き入れの会所があり、機能していたと考えられ、この時期の目安の実態が不明であるが、目安提出が可能であった。

また、公事日を公定した同日、次のような荘内藩の命令が出ている。(20)

目安裏判之事、月番之家老・郡代・町奉行可勤之、目安則留帳ニ年号月日注之、以其帳前後を極め、先次第公事可承事

附、見状之判形、右月番之面々可調之事

著者高橋種芳がいうには、右の命令は幕府老中松平伊豆守信綱の助言により、寛永一二年（一六三五）一二月の評定所掛看版を写して定めたという。老中月番制が寛永一二年一一月一五日であり、庄内藩の月番は一四年遅れた慶安元年十一月のことであったという。

（三）巡見使と目安

前に述べたように、寛永一〇年六月の荒瀬郷寺田村弥助の目安が庄内で最も早い巡見使への目安提出の例である。私領巡見使として史上二度目の寛文七年（一六六七）五月二九日、遊佐郷吹浦より北、由利領（庄内藩預地）関村を通行時、六郷領塩越との地境論で目安を提出した。(21) その後、双方の郡奉行・代官が境まで来て折衝し、結局、庄内藩会所へ提出した承応二年（一六五三）絵図を証拠書類に結審した。また、この巡見使に対し、同年六月一八日、最上川交通の要所、清川の路地で羽黒山衆徒が天宥の奸悪につき目安を提出した。(22) この時三人の巡見使が目安文を見たが、路地では詳しいことも聞けぬとてその晩の宿所（鶴岡）で再度目安を受け取り、写したが、庄内藩にその後の処置をあずけたため、衆徒は帰宅し、後日、江戸に登り、寺社奉行に訴える。この巡見使は目安を裁断することも庄内藩への行政指導をすることもなかった。天和元年（一六八一）五月、中川通四ツ興屋村・京田村・沼口村百姓の目安は、庄内藩郡代高力忠兵衛を批判したものである。(23) 困窮する農村での農政をめぐる対立が大きく出始めた時期であった。

このように巡見使に対して庄内藩初期〜前期にかけて地境論・衆徒争論・藩農政批判などの目安が積極的に提出された。それに対する巡見使は消極的ではあるが、拒否するわけでなく、受け入れる余地を残していたといえる。

（四）史料「留帳」と松平武右衛門叢書

目安が筆写された「留帳」は、酒田市立光丘文庫蔵の松平武右衛門叢書（全四七七冊）に入っている。計一五冊現存する「留帳」の「古目録」も残存し、よく整理されていたことがわかる。それをみてみると、(24)

（内題）書物共入日記合改之覚

一番　庄内御郡中之諸絵図入候櫃壱ツ内ニ入
　　日記有

二番　寺社方萬之書物入候櫃壱ツ内ニ入日記
　　有

三番　惣而公事ニ付而裁許帳十三冊・目安返
　　答書並書付共入候櫃壱ツ内ニ入日記有

（四番以降省略）

とあり、目安が三番の櫃に納められていたことがわかる。さらに、

A　朽損散乱いたし候分、一結ニ紙札付置
　　文化十酉

B　元禄九年酉子六月改之、従古来会所へ納置候
　　書物とも相改、櫃一ツ入日記さし添入置候

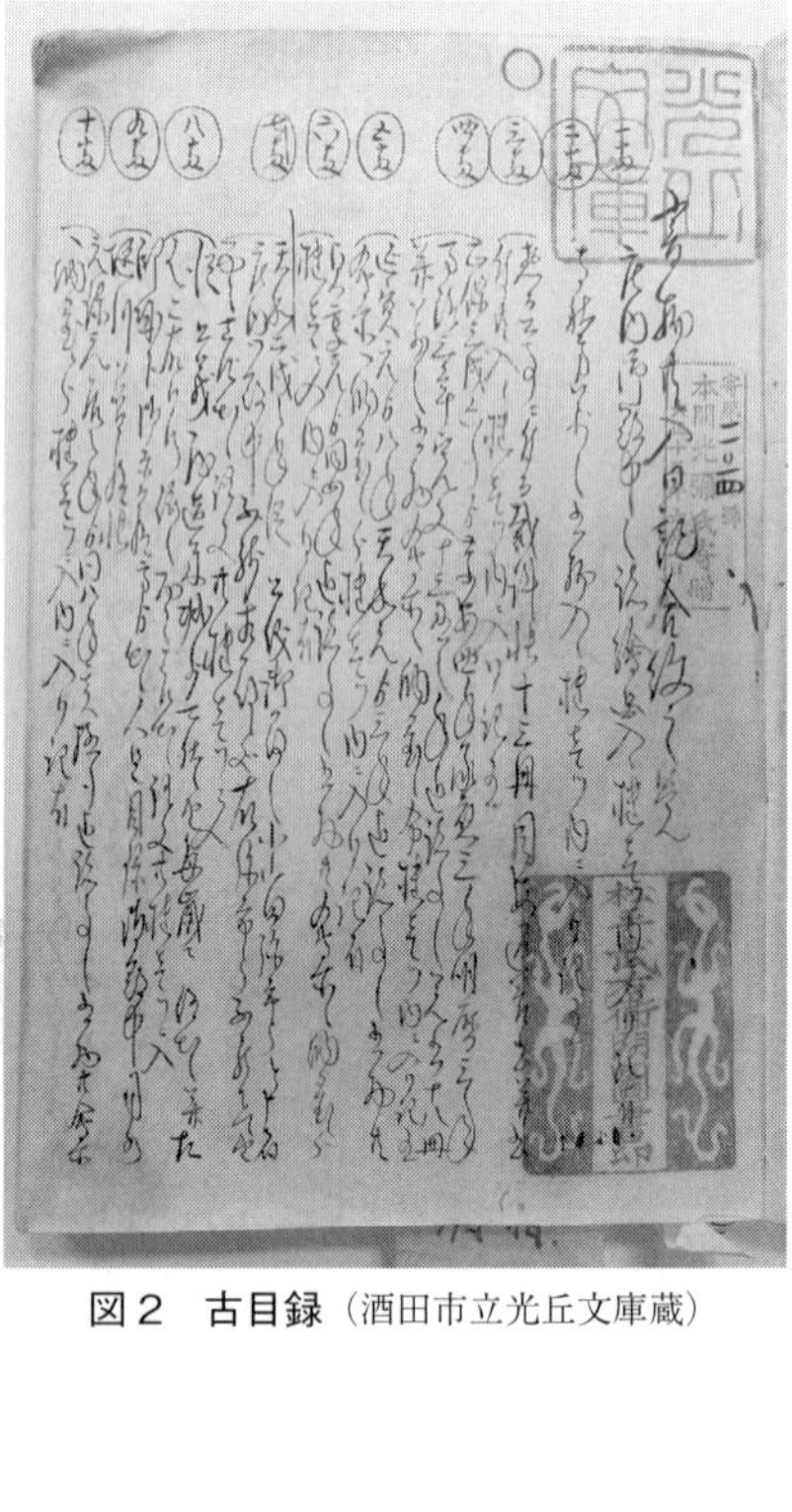

図2　古目録（酒田市立光丘文庫蔵）

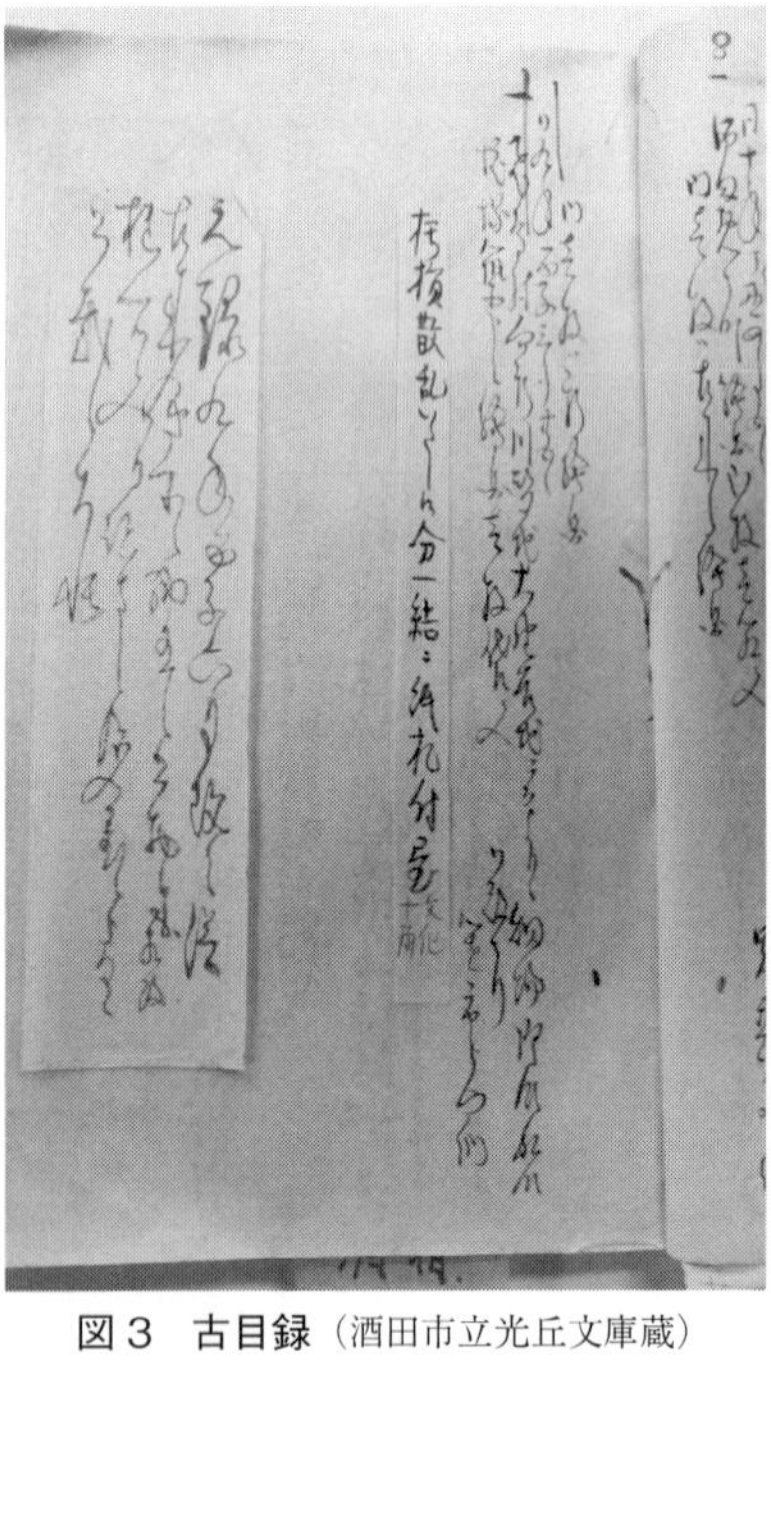

図3　古目録（酒田市立光丘文庫蔵）

という二種の張り紙があり、史料整理が藩吏によって行われた形跡を残している。現在、この櫃（目安原本が入っていたか不明）は伝来していない。しかし、百姓目安は大切に武右衛門叢書に筆写されて残されていた。

まとめ

以上、庄内における目安と庄内藩の対応をみてきたが、次のように結論をまとめることができる。

（1）「留帳」などからみた庄内近世初期〜前期の百姓目安と村方騒動の特質について、

① 寛永一〇年（酒井氏入部後一〇年）より百姓目安が出現し、慶安期より激増し、一七世紀中葉に集中する。まさに庄内の村々にとって「目安の時代」といえる。

② 慶安〜明暦期は遊佐郷・櫛引郷に目安が頻発する。この両郷は、戦国期以降、地侍が残存する山地を抱える地域で、城下から遠隔であり、支配秩序が不安定な地域とも考えられる。それに対して、城下近郊の地域では目安の発生率が低い。

③ 肝煎に対しては隠田・村蔵・免・米納・郡役負担等の不正に関する目安が多く、大肝煎に対しては不法な強権発動への不満に関する目安が多い。大肝煎・肝煎ともに在地勢力として藩官僚化していく流れの中で、対立する例が多い。そのため、大肝煎・肝煎の職務と百姓との関係に関する村方騒動が頻発していた。

（2）目安に対する庄内藩の対応について、

① 庄内藩は、藩政初期においては代官替えや大肝煎の任命、年貢定免の手続きを踏まえながら、目安の受け入れ

を図り、慶安期より会所での訴訟システム（会所日・月番等）の整備を行い、目安を受け入れた。

② 提出された目安は、鶴岡城内土蔵に保管され、数度の改めを行い、藩史編纂事業で写本が作成されるほど重要視されていた。

③ 巡見使の下向時、百姓・衆徒は頻繁に目安を提出したため、庄内藩は、地境論や寺社に関する訴訟についても重要視し、役人を派遣して対応した。

註

（1）深谷克己「近世政治と百姓目安」（『民衆運動史2　社会意識と世界像』青木書店、一九九九年）。

（2）黒田基樹『百姓からみた戦国大名』（ちくま新書、二〇〇六年）。北条氏綱が役人の不当公事賦課の排除のため公事賦課命令を直接村に示し、そのため目安を受理した。また目安制の展開に伴い、逃散を禁止した例を指摘している。

（3）渡辺尚志「村の世界」（『日本史講座』第五巻、東京大学出版会、二〇〇四年）。

（4）『山形県史』通史編第二巻（一九八五年）の第四章第二節、渡辺信夫氏執筆「農民の逃散と目安」など。

（5）拙稿「幕府巡見使と庄内藩の対応」（『山形県地域史研究』第二九号、二〇〇四年）。

（6）岩淵令治「三方領知替反対一揆における〝一体性〟と〝多様性〟」（『地方史研究』第三五二号　二〇一一年）。

（7）『山形県史』通史編第二巻の第一章、渡辺信夫氏執筆分、一九～三六頁。

（8）同右、渡辺信夫執筆分、八六～一〇〇頁。

（9）同右、第四章、前田光彦氏執筆分、三五六～三六五頁。

（10）鶴岡市史編纂会『鶴岡市史資料篇　荘内史料集4　大泉紀年上巻』一九七八年）所収（以下、『大泉紀年上巻』と略す）。

（11）「雞肋篇」（『山形県史』資料篇五）、高橋太郎左衛門家文書（遊佐町史編纂室蔵）、『飽海郡誌』（初版大正一二年、復刻、名著出版、一九七三年）。

(12)「荘内昔雑話」（鶴岡市郷土資料館蔵）。
(13)「留帳」二七、『遊佐町史』上巻（二〇〇八年）。
(14)『大泉紀年上巻』五七頁。
(15)同右、六七頁。
(16)同右、八五頁。
(17)同右、八六頁。
(18)同右、九〇～九一頁。
(19)鶴岡市史編纂会『鶴岡市史資料篇　荘内史料集19　大泉掌故』一九八三年）一〇三頁。
(20)同右、一〇三頁。
(21)鶴岡市史編纂会『鶴岡市史資料篇　荘内史料集5　大泉紀年中巻』一九七九年）二四〇～二四一頁。
(22)同右、二四一～二四六頁。
(23)鶴岡市史編纂会『鶴岡市史資料篇　荘内史料集6　大泉紀年下巻』一九七九年）三〇三～三〇四頁。
(24)「入日記」（酒田市立光丘文庫蔵、松平武右衛門叢書、請求三三）

表１　「留帳」内の 庄内の百姓目安（松平武右衛門叢書）

番号	和　暦（西暦）	月	日	訴えた人	訴えられた人	内容分類	引用書目
1	寛永 17（1640）	3		鶴岡三日町彦左衛門後家	五日町与右衛門・三日町兵三郎	遺児遺産	
2	17（1640）	4	14	河手藤右衛門下女（留守居）	土屋長兵衛内新蔵	盗人	
3	正保　元（1644）	2	25	荒瀬郷中吉田村肝煎・上藤塚村清十郎	藤塚村肝煎作助・百姓久二郎	隠田	
4	慶安　元（1648）	閏 1	25	山寺村中山村田尻村肝煎・百姓	狩川通狩川組二十四村	山論	
5	元（1648）	6	25	狩川組西興野村百姓７人	●同村肝煎作右衛門	符札不正	『紀年』上
6		7	23	山浜通鉄橋村次郎左衛門子	中川通荒川村作蔵	給取奉公	
7		8	7	鋳物師頭助右衛門	鋳物師屋伊藤四郎左衛門	手子奉公	
8		9	25	遊佐郷外野村権三郎	同村作右衛門・三四郎		
9	2（1649）	1	14	山浜通番田村肝煎小右衛門	＜返答書なし＞		
10		1	14	櫛引組高坂村太右衛門	同村徳右衛門	山守役	
11		2	14	山浜通水沢村惣百姓	◎大肝煎和田善兵衛	扱不正	
12		3	4	遊佐郷漆曽根村惣百姓	◎大肝煎菅原次右衛門	馬橇・山論	
13		3	4	遊佐郷中嶋村三郎右衛門	遊佐郷水上村勘六	子供給取	
14		3	4	廻館村長左衛門	田屋村弥右衛門甚右衛門・来学坊	隠田	
15		3	25	荒瀬郷下安田村百姓	●同村肝煎孫左衛門	隠田役負担	
16		3	25	荒瀬郷鶴田村肝煎掃部左衛門	南吉田村肝煎清三郎	下人返却	
17		3	25	藤島組上中野目村喜蔵	谷地興屋村善次郎	女房身売	
18		4	4	櫛引通丸岡村利助	上山添村弥六	無主田扱い	
19		4	4	櫛引通丸岡村七郎左衛門	鳥飼嶋村肝煎甚左衛門	土地返却	
20		4	4	片貝村彌右衛門他、肝煎三太郎	東興屋村藤左衛門他	境界畑争論	『紀年』中、明暦 3.11
21		5	25	中川通古郡村百姓	●同村肝煎太左衛門	穏田・村蔵	
22		8	23	鶴岡下肴町八蔵	酒田秋田町次郎左衛門	預米処置	
23		8	25	櫛引通下添川村惣百姓	●同村肝煎カ	免相一部増	
24		9	25	荒瀬郷新出村又左衛門・与作	同郷一条村隼人	年季売人扱い	
25		10	4	鶴岡荒町長人・町中		肝煎未決定	
26	3（1650）	5	25	遊佐郷惣百姓	遊佐町与右衛門長三郎・喜右衛門	馬橇差押さえ	
27		5	25	遊佐郷漆曽根村肝煎・十五か村	◎大肝煎高橋兵左衛門	吹浦蔵郡役	「雞肋篇」
28		5	25	遊佐郷吉出村市蔵・源蔵	●同村肝煎又二郎	村蔵私用	
29		6	14	鶴岡三日町針屋半三郎	同町彦左衛門	屋敷境論	
30	4（1651）	2	14	櫛引通勝福寺村八郎五郎	同村金五郎	土地返却	
31		2	25	遊佐郷下野沢村菅原五郎左衛門	●同村肝煎与八郎	隠田不正	
32		3	25	狩川通南野新田村多右衛門他	同村門三郎	身売り	
33		4	4	遊佐郷蕨岡学頭	鳥海別当西之坊		『紀年』中、明暦 1.3
34		5	4	平田郷矢流川村与十郎	同郷大平村弥十郎	身売養子	
35		5	25	平田郷升田村正助	酒田稲荷小路清三郎	金貸借	
36		5	晦	櫛引通勝福寺村三七郎・同肝煎	同村三右衛門	無断伐採	
37	承応　元（1652）	2	4	遊佐郷水上村肝煎清蔵	◎大肝煎高橋兵左衛門	扱い不正	
38		2	4	狩川通福嶋村七右衛門	◎大肝煎今野主殿		
39		2	25	小鍋村四郎右衛門	同村三右衛門・作右衛門		

40		3	14	遊佐郷吉出村小四郎・市蔵	●同村肝煎二郎左衛門		
41		3	16	山浜通上清水村人主権三郎	湯村源蔵後家・元親九助	子供下人	
42		3		櫛引通勝福寺村肝煎小作	同村三右衛門		<36 と同じ >
43		4	14	遊佐郷　嶋村村作左衛門・善助	◎大肝煎髙橋兵左衛門	再度不正	
44		5	14	遊佐郷菅原五郎左衛門	◎大肝煎髙橋兵左衛門	城米輸送	
45		6	14	遊佐郷漆曽根村不動院	●同村肝煎善助		
46		6	14	山浜通湯温海村浦嶋	同村左平次		
47		6	25	荒瀬郷下安田村		隠田	
48		8	5	遊佐郷中嶋村肝煎与作	同村百姓		
49		9	14	荒瀬郷青塚村肝煎清蔵他	宮内村肝煎喜右衛門・外野村肝煎		
50		9	14	平田郷飛鳥村肝煎惣左衛門百姓	□村肝煎善左衛門		
51		9	14	山浜通坂下村孫作	同村喜三郎		
52		10	4	遊佐郷宮内村惣百姓	●同村肝煎喜右衛門・式右衛門他		
53				櫛引通松根村喜右衛門他	●同村肝煎甚右		
54	2（1653）	2	4	狩川通古関村百姓	●同村肝煎		
55		2	25	櫛引通谷口村久太郎	同村左兵衛カ	材木伐採	
56		3	14	山浜通大杌村	坂下村	山公事	
57		3	25	遊佐郷宮野内村善次郎	●同村肝煎喜右衛門		
58		4	14	京田通下大宝寺村肝煎	同村百姓		
59		5	14	遊佐郷吉出村肝煎次郎左衛門	同村円蔵坊		
60		6	4	余目領高田麦村清蔵	同村喜三郎		
61		6	6	田川通藤沢村百姓	●同村肝煎九兵衛		
62		6	14	酒田七ノ町仁井惣助	三ノ町加賀屋与助	上之船道	
63		6	14	酒田舟肝煎理兵衛			
64		6	25	遊佐郷大内目村肝煎	同村百姓カ		
65	3（1654）	2	14	櫛引通川口村三右衛門他	同村作蔵		
66		2	14	遊佐郷吉出村百姓			
67		2	14	山浜通三瀬村肝煎加兵衛他	◎大肝煎石塚次郎左衛門		
68		2	14	平田郷石橋村		隠田	
69		3	25	櫛引通海老嶋村久助	長沼村藤三郎・金十郎		
70		4	14	三日町与次兵衛		下人欠落	
71		5	25	遊佐郷岩川村百姓	同村勘四郎		
72		6	4	櫛引通横内村長右衛門	八□野村太郎左右衛門		
73		6	4	田川通大岩川村			
74		9	25	余目大肝煎梅木弥助			
75	承応年中			高坂村田主仁右衛門・孫右衛門	同村東春院・与右衛門・藤三郎		
76	明暦　元（1655）	1	19	遊佐郷今泉村肝煎長三郎・百姓	宮内村武右衛門	隠田支配	
77		2	4	柴野村・常万村・余目新田村・廻館村・三本柳村	◎大肝煎梅木与右衛門	谷地争論	
78		2	4	荒瀬郷下安田村肝煎孫左衛門	円能寺村与三左衛門	表田米不能	
79		2	14	遊佐郷下当村百姓４人	北目村主殿	開発田	
80		2	25	片貝村田主仁蔵	下小中村次郎右衛門	土地返却	

番号	和　暦（西暦）	月	日	訴えた人	訴えられた人	内容分類	引用書目
81		2	25	下山添村組頭半左衛門・藤兵衛	●同村肝煎仁右衛門・掃部	肝煎交代	
82		2	25	添川村弥左衛門	同村二郎左衛門	土地返却	
83		2	25	櫛引通谷定村勘四郎・多左衛門	同村勘四郎		
84		3	14	櫛引通十文字村親市右衛門・倅	同村掃部・倅三十郎	下人	
85		3	14	菅屋村勘助・長右衛門		重婚	『紀年』中、同年 2.14
86		3	25	荒瀬郷南吉田村百姓	●同村肝煎清三郎	肝煎不正	
87		3	25	荒瀬郷大蕨村内善・与三右衛門	同村兵左衛門	隠田	
88		4	25	山浜通小鍋村百姓	●同村肝煎佐藤源右衛門	材木伐採	
89		6	5	横山組宝徳村弥三郎	同村右馬之助	身売・土地	
90		6	14	小国村善左衛門　他	●同村肝煎源蔵	村勘定不正	
91		10	14	平田郷郡山村等 18 か村	◎大肝煎佐藤喜右衛門	土地・城米	
92		10	25	酒田檜物町助右衛門	松平権右衛門内又右衛門	養子金銭	
93	2（1656）	6	26	由良組広浜村徳左衛門後家	同村清十郎（養子）	財産分与	
94		7	4	京田通下大宝寺村久三郎他	●同村肝煎藤兵衛	下人返却	
95		7	4	狩川通三ヶ沢村肝煎七郎左衛門			
96		10	14	川北鍛冶	酒田鍛冶		『紀年』中、県史 17
97	3（1657）	1	25	下大宝寺村久三郎・庄右衛門	●同村肝煎藤兵衛		
98		2	4	藤島四ッ興屋村兵三郎			
99		5	4	田尻組・田沢組？		加賀売田地	
100		5	4	下山添村彦五郎	同村四郎左衛門		
101		6	4	余目組新田百姓	藤島組新田百姓		
102		6	25	狩川通南野村弥吉	同村与三左衛門		
103		8	4	平田郷荻島村久蔵・茂助	土崎村甚兵衛	谷地論	
104		10	14	湯野沢村善次郎	文下村助右衛門		
105		10	25	勝福寺村百姓		名寄帳改正	
106	万治　元（1658）	6	14	鶴岡新町彦三郎	萩原平左衛門		
107	2（1659）	2	25	平田郷手蔵田村清蔵	熊野田村肝煎与七郎		
108		3	14	櫛引通大網村惣百姓	●同村肝煎七左衛門		
109		4	14	鶴岡一日町孫三郎	同町権四郎		
110		4	14	狩川通吉方村孫七	同村次右衛門		
111		8	3	鶴岡上肴町市郎兵衛	李之助様御足軽加右衛門母		
112		10	4	荒瀬郷上山口村百姓	同村五郎左衛門		
113	3（166C）	4	14	門田村喜右衛門	上余目村助右衛門　・弥五郎		
114		5	4	荒瀬郷前川村組頭与十郎	平田郷上興屋村肝煎十右衛門	水論	
115		5	7	狩川通関根新田村孫十郎	●同村肝煎儀右衛門聟次郎助	打合い	
116		6	25	狩川通前田目村肝煎加右衛門	同村百姓		
117		7	25	平田郷寺内村等 12 か村	関村金十郎		
118	寛文　元（1661）	2	4	遊佐郷升川村・下当村百姓	●下楸嶋村組頭・増川村肝煎	谷地新田開発	
119		8	25	櫛引通嶋組大部京田百姓	●同村肝煎与右衛門	残米納札	
120		閏 8	4	伊勢横内村又右衛門	●同村肝煎勘太郎・組頭	村潰れ	

121		9	25	荒瀬郷上興屋村三光坊	一条村理兵衛	隠田	
122	2（1662）	2	12	荒瀬郷寺田村・新田目村他	平田郷新青渡村他	寺田堰水門	
123		2	25	上余目興屋村甚兵衛	●◎9村肝煎大肝煎川俣治兵衛	谷地論	
124		10	5	飛嶋村太兵衛・忠兵衛	●勝浦村肝煎太郎左衛門	役負担	
125	3（1663）	8	20	櫛引通金森村弥助	谷地興屋村庄左衛門・大川渡村	土地金銭	
126	4（1664）	4	4	遊佐郷上野村清右衛門	南吉田村百姓・肝煎・組頭	隠田	
127		4	4	荒瀬郷一条村善四郎	蕨岡村文右衛門		
128		4	14	山浜通加茂村百姓	今泉村肝煎・百姓	加茂磯網論	
129		閏5	14	主殿新田村惣左衛門	丸岡領高田麦村久左衛門	表田米不納	
130	7（1667）	3	14	越中山村久太郎	同村左京	隠田・材木	
131		4	14	遊佐郷滝沢村蔵人	楸嶋村八郎左衛門	土地返却	
132		6		蕨岡衆徒	天神新田村百姓	荒田神領	『紀年』中、明暦1.2
133		10	25	酒田池田助太夫組足軽仁助	同後家	養子・土地	
134	8（1668）	4	10	狩川通三ケ沢村肝煎七郎右衛門	添野村肝煎甚助	新田開発	『紀年』中、万治3.7
135		4	25	山浜通牧野台村惣百姓	●大岩川村肝煎孫八郎・組頭	免比較相違	
136		10	25	新町久右衛門	横山新田村奉公人喜助	奉公契約	
137	9（1669）	3	14	櫛引通下山添村百姓	●同村肝煎源十郎・同仁左衛門	村入用不正	
138		3	25	青龍寺村与七郎	●同村肝煎・組頭	村入用不正	
139	12（1672）	4	4	中川通下土口村六右衛門他			江戸訴状
140	延宝　元（1673）	10	4	上南青沢村仁助・長助			
141		12	14	嶋組民田村勘□□・由左衛門	同村勘兵衛		
142	2（1674）	5	25	平田郷矢流川村清左衛門	大石村肝煎彦七		
143		11	14	鶴岡荒町茂右衛門・四郎兵衛	西野新田村三之丞・同村肝煎		
144	3（1675）	4	25	櫛引通民田村三右衛門	同村又十郎		
145		閏4	25	中川通横山村弥五右衛門	大淵村又左衛門倅善太郎		
146		5	25	酒田鐙屋惣左衛門	酒田加藤十助		
147	4（1676）	4	25	山浜通早田村式部太夫	同村戸内太夫		
148	5（1677）	5	25	山浜通越沢村百姓	●同村肝煎		
149		9	4	酒田小湊村運上之者	宮海村他4か村	鮭網	『紀年』中、承応2.9
150	6（1678）	8	4	嶋組勝福寺村仁蔵		田地論	
151		12	4	横山組仙道村久左衛門	鶴岡宝重院		
152	7（1679）	12	14	櫛引通本郷村百姓	難波兵蔵・同権太夫		
153	天和　2（）	11	25	山浜通上清水村宮地百姓	●同村肝煎		
154		11		主殿新田村徳兵衛	同村仁兵衛		
155	3	2	14	中川痛横川村百姓	●同村肝煎		
156		3	14	櫛引通田麦俣村肝煎組頭・山守	大網3か村	留山伐採	
157		9	4	平田郷大石村彦七	●同村肝煎・百姓		
158	貞享　元（1684）	9		添川組国見村			
159	2（1685）	7	4	丸岡御領上中野目村肝煎・百姓	勢州□原村多兵衛		
160	年中			中川通荒川村・仙道村・鎌田村	増川組百姓		

注：出典「留帳」ヲ印全8冊（酒田市立光丘文庫蔵　松平武右衛門叢書）『紀年』…「大泉紀年」（『荘内史料集』）の略称
●…肝煎関係　　◎…大肝煎関係

表２　庄内目安の地域別・年代別分布

和暦	西暦	遊佐郷	荒瀬郷	平田郷	狩川通	中川通	京田通	山浜通	櫛引通	鶴岡	酒田	松山	天領
元和　8	1622												
9	1623												
寛永　元	1624												
2	1625												
3	1626												
4	1627												
5	1628												
6	1629												
7	1630												
8	1631												
9	1632												
10	1633	(1)			(1)								
11	1634	●1											
12	1635												
13	1636												
14	1637												
15	1638												
16	1639												
17	1640									2			
18	1641												
19	1642												
20	1643												
正保　元	1644		1										
2	1645												
3	1646												
4	1647												
慶安　元	1648	1			2					1			
2	1649	2	3			2		2	5	2		1	
3	1650	3								1			
4	1651	2		2	1				2				
承応　元	1652	8	1	1	1			4	2				
2	1653	3			1		1	1	3		2		1
3	1654	2		1	1			2	3	1			
明暦　元	1655	2	3	1	2	2	1	2	2		1		
2	1656				1		1	1			1		
3	1657			1	3	1	2		1				
万治　元	1658									1			
2	1659		1	1	1				1	2			
3	1660		1	1	3								
寛文　元	1661	1	1			1			1				
2	1662		1		1								飛1
3	1663								1				
4	1664	1	1				1						1
5	1665												
6	1666												
7	1667	2							1		1		
8	1668				1			1		1			
9	1669								2				
10	1670												
11	1671												
12	1672					1							
延宝　元	1673		1						1				
2	1674			1						1			
3	1675					1			1		1		
4	1676							1					
5	1677		1					1					
6	1678					1			1				
7	1679								1				
8	1680												
天和　元	1681												
2	1682				1			1					
3	1683			1		1			1				
貞享　元	1684				1								
2	1685												1
計		27	14	10	20	10	6	16	29	10	6	1	4

註：「飛」は飛島。目安の出典は「留帳」（松平武右衛門叢書）。（　　）は「留帳」以外の目安。(1) は『大泉紀年 上巻』、●印は「雞肋篇」（『山形県史』資料篇五）による。

Ⅲ　庄内藩の家臣団と歴史意識

庄内藩家臣の田地所持

本間　勝喜

はじめに

近世前期には地方知行制が広範に存在するとともに、下級家臣である徒士・足軽などの手作地知行も多くの藩でみられた(1)。

一部の藩では、下級家臣の手作地にとどまらず、一時的な場合も含めて知行取の家臣の手作地もみられた。奥羽地方では津軽藩の寛政改革に際して行われた藩士の帰農土着策(2)、また安永五年(一七七六)にはじまる会津藩の地方御家人制度(3)などがあげられよう。

庄内藩(藩主酒井左衛門尉家)の場合、下級家臣にとどまらず、知行取である中・上級家臣においても広く手作が行われていた。もっとも、近世中期以降になると経済的な窮乏も相俟って手作もあまりみられなくなるが、藩では手作を禁じたりしたことはなく、近世後期にはむしろ奨励してさえいた。

右のような家臣の手作と密接な関係にあるが、庄内藩では地方知行制とは別に、草創期から家臣の田地所持が行われており、郷村の水帳には百姓たちと並んで家臣の名請がみられる。田地所持にともなって田地の質入・質取や売買も行われたが、藩は家臣のそれらの行為を禁じたりせず、中でも十九世紀前半にはかえって田地所持を奨励していたのである。

小稿では、そのような庄内藩家臣の手作や田地所持などについて検討したものである。

一　家中作

庄内藩（酒井家）は草創期には地方知行制であったと考える。[4]知行地には自力で開発した新田も含まれていた。知行地とは別に、買取るなどして、名請する百姓と同様に藩士が田地を所持していることも早くからみられた。知行地であれ名請地であれ、藩士がそれらの田地を手作することは近世前期には広くみられたのであり、手作する藩士の身分によって「家中作」、「給人作」、「中間作」などと称された。[5]なお、一応家中作の一種とみなすことができようが、「乙坂作」、「大津藤右衛門作」など苗字等を冠して呼ばれる分もあった。それらは、おそらく庄内藩成立以前の最上家時代から田地を知行したり所持したりして手作を行っていて、それらが庄内藩になっても継続されていたものと判断される。

右のように、庄内藩初期には種々の身分や経歴をもつ家臣たちの手作地が存在していたのであるが、ここではそれらを「家中作」と総称して述べることにする。

ある時期まで成立した家中作は、一般の百姓たちが所持する田地からなる本村分とは別に取扱われたのであり、水帳も別となっていた。例えば、林崎村（鶴岡市西郷地区）の場合、寛文九年（一六六九）の水帳は本村分である「林崎村水帳」（高八八三石六斗六升七合三勺）と「林崎村乙坂作水帳」（高一〇九石六斗八升四合七勺）の二冊から成っていた。[6]

家中作の分は本村分に比べて、第一にしばしば免が低く設定されていたし、第二に郡役などが免除される、[7]というように二つの点で優遇されていた。

なお、ある年代以後に設けられた家臣の手作地については家中作とは称されず、右のような特典も与えられなかったとみられる。その年代のことであるが、例えば下大宝寺村（鶴岡市大宝寺町など）の家中作は、寛永十六年（一六三九）に高二八二石余であったが、慶安元年（一六四八）に高一九二石余に減じ、その後も減少していったことからみて、[8]正保四年（一六四七）に藩主が初代酒井忠勝から二代酒井忠当に交替しており、それが契機になったかと推測される。

新たな家中作の設定はなくなっても、その後も家臣による田地所持や手作は続けられた。もっとも、元禄年間の頃を画期に家臣たちの田地所持は次第に減少していったのであり、後述するように所持地に代家（田屋）を営むような形での手作は十八世紀初め頃までには姿を消し、代って所持地を小作地として貸付けて小作料を取立てる形に転換していったのである。[9]

二　家臣の田地所持

（一）田地所持の事例

ここでは家臣たちの田地所持の事例をいくつかあげてみよう。

参考に、まず最上家時代の慶長十六年（一六一一）「下大宝寺村検地帳」[10]の「御蔵（入）分」に、一般の百姓と並んで、

西舟橋、慶（長）十五ノ興入
　下五拾刈　五斗　同分 大津藤右衛門

というように、藩士たちの名前も載っていた。この場合は慶長十五年（一六一〇）に開墾された五〇刈の下田[11]を大津藤右衛門という藩士が名請していたのである。大津は最上家改易後に庄内藩に召抱えられたが（知行二五〇石）[12]、引続き城下周辺村々に「大津藤右衛門作」などの形で田地を所持し手作していたのである。[13]

元和八年（一六二二）に庄内藩が成立してからでは、今のところもっとも早い田地所持の事例としては寛永十九年（一六四二）大山村（鶴岡市）の水帳[14]があげられる。そこには苗字のある者一四名の名前が見出せるが、そのうち高力五郎右衛門（知行二〇〇石）、須山平左衛門（同四〇〇石）、本田（多）忠左衛門が庄内藩の家臣であったことは確認できるし、[15]残りの多くも家臣であったとみられる。彼らはそれらの田地をどのようにして手に入れたのであろうか。買取ったものかと思われるが明らかでない。

慶安元年（一六四八）の時点で、家中の乙坂六左衛門（酒田町奉行、知行三〇〇石）は西京田村（鶴岡市京田地区）・林崎村など五ヵ村に合せて高一五〇石余の田地を所持していた。[16]乙坂家は六左衛門の父親讃岐が最上家から知行三七五石を与えられたし、庄内藩になっても同三七〇石を与えられたが、同時に新田開発を行って手作をし、六左衛門に引継がれたものであった。なお、前出の寛文九年（一六六九）「林崎村乙坂作」（高一〇四石余）は全筆が「乙坂六郎右衛門内名兵衛」となっていたが、[17]真の所持者は乙坂家であったことは言うまでもない。

同年の林崎村では乙坂作とは別に、本村分には大津藤右衛門、白井与三兵衛、髙橋忠右衛門という三人の家臣の名請地があった。[18]

下大宝寺村の北方に万治二年（一六五九）から開発された道形新田（道形村）の寛文十年の検地帳[19]には家臣とみら

れる者三十名の田畑・屋敷の名請がみられた。なお、ほとんどが「芳賀安右衛門内仁兵衛」のような記載になっていた。これは芳賀家が同村に代家を営み、その代家守が仁兵衛であったことを示すと判断される。

同じ寛文十年には、長男が町人の悴と喧嘩して後れをとったことを根に持って、配下の足軽たちを動員して町人たちを殺傷した物頭末松彦太夫（知行三〇〇石）はその責めを負って切腹となったが、彦太夫の兄末松吉左衛門が家老だったので、その威をかりて彦太夫には日頃から横暴な振舞が多く、他人の金品や田地を奪ったりもしていた[20]。そのため、

一彦大夫田地方々ニ有之由、僉議仕、押領之地之分者本主方へ返シ可申事[21]

というように、方々にかなりの田地を所持していたので、調査のうえ本来の持主に返す必要があったのである。

右の彦太夫事件の解決や処理の中心になったのが大目付高力忠兵衛であり、その功によって翌十一年に、郡代に昇進した。郡代は庄内藩の財政の責任者であり、かつ農政を統轄するという重要な役職であった。その忠兵衛も早くから田地所持に熱心だったようであり、郡代に就任してからは一層拍車がかかったのである。高力忠兵衛の農政の基調は強引な増収策の追求であり、そのため庄内農村の疲弊が著しくなった。天和元年（一六八一）に幕府巡見使が来庄した際に、中川通四ッ興屋村（旧藤島町三和）相馬半兵衛が提出した訴状の一条に[22]、

一領内百姓田地を郡代忠兵衛手始仕買取、其所ニ田屋を立、過分之手作仕候を町人・商人聞見、剰諸士迄田地を買取申候ニ付、百姓毎年滅亡之事

と述べており、郡代の忠兵衛が率先して田地を買取って手広く手作しており、それを見てほかの家臣たちなども田地を買取っているため、田地を失った百姓たちが衰微しているとする。

間もなく高力忠兵衛は郡代を罷免されたうえ、郷入の処罰を受けたが、その際の調査[23]では、

田畑高三百九拾弐石弐斗弐升弐勺
　内百四拾四石八斗壱升八合九勺ハ　成田新田村
　　此内拾九石余　　猪子村　忠兵衛分
　　　此稲六千四百束
　同弐百四拾七石四斗壱合三勺　横山村　召使権九郎分
　　此稲九千弐百廿五束

というように、忠兵衛の所持地は横山村に高二四七石余、猪子村に高一九石余、成田新田村（以上、三川町）に高一二五石余、合せて三九二石余に及んでいた。なお、過半が召使権九郎分とあるが、水帳の記載は「高力忠兵衛内権九郎」というものであり[24]、真の所持者はやはり主人の高力忠兵衛であった。

家中の榊原筑右衛門（知行一〇〇石）は天和二年（一六八二）三月に西野村（庄内町）の田地二町一反歩（高二三石二斗二升）に居屋敷三分一を添えて、酒田の鋳物師国松吉右衛門に代金四十二両で永代に売渡した[25]。筑右衛門は代家を営んで、それまで所持する田地を手作していたものとみられる。

以上、家臣たちの田地所持の事例をいくつか示してきたが、庄内藩にあっては田地所持自体は決して違法なものではなかった。藩では基本的に家臣たちの田地所持を積極的に勧めたりはしないまでも、特に禁じたりもしていなかった。例えば、寛延元年（一七四八）のものと推定される辰十一月の文書[26]に、

一御領入作、御家中并御給人、御町・他組入作之分、御掛高差除、霜月中無滞急度取立可申付

とあり、百姓や町人はもちろん、家中や給人の分でも、田地を所持する者に対し、年貢を霜月中にきっと取立てることを命じたのであるが、これらにおいても家臣たちの田地所持を特別なこととしていないのは明らかである。

庄内藩の寛政改革中の寛政九年（一七九七）三月の領内の七組への申渡[27]にも次のようにある。

御田地御家中并御給人・寺院・御預地・御町人ニ而致所持候分、地元之村方へ相譲候節ハ、永譲受候証文ニいたし年季返証文郷方より差出不申様御聞済被成候

それでも、近世中期以降に家臣たちの困窮が著しくなり、田地を維持できずに譲渡する場合が多かったため、質取ったりした際の証文はほとんどみられない。あえて一例を示せば次のようである。[28]

京田組道形村御田地金子入用ニ付三拾年季質入証文之事

茅原道西

百四　下田壱畝弐歩　　分米壱斗壱升七合三勺

（二十五筆　省略）

反畝合三反六畝弐拾四歩

分米合三石九斗八升四合四勺

此渡口（米）弐拾壱表（俵）

此地引金九拾七両

右者金子入用ニ付三拾年季質入申候

茅原村

治郎兵衛

弘化三年（一八四六）午四月

同
親類弥　惣　治

長人

御持筒町

三浦信右衛門殿

肝煎吉郎右衛門

道形村分の下田のみ合せて反別三反六畝二十四歩・分米三石九斗八升四合四勺、渡口米（小作米）二十一俵の田地を地引金九十七両で御持筒町（鶴岡市宝町）三浦信右衛門が三十年季に質に取ったものである。[29]

このような家臣たちの田地所持について、農民たちは歓迎していたわけではなかった。

前出の天和元年（一六八一）の四ツ興屋村相馬半兵衛の訴状からもうかがえようが、農民たちは家臣の田地所持が自分たちの農業を圧迫するものとして非難していた。

右のような農民たちの反発などを受けてであろうが、家臣たちも自分たちの田地所持のことをなるべく表立てないようにしたようであり、村方の水帳にも自分の名前ではなく、懇意にする農民などの名前にする場合もみられた。

ある家臣の著した「灯火吟」[30]という史料にも、

一田地を買ふ事、昔しは百姓の名にせしが、今は士にても実を以て断り置く也、文化の頃よりの事也

とあり、家臣が田地を収得しても以前は農民の名義にしたりしていたが、文化年間の頃から収得した家臣が自分の名義にするようになったとする。

庄内藩は寛政改革で村上地の解消をめざし、その一環として入作者に新たに困窮与内米を賦課したが、[31]そのため田地の所持者を正確に把握する必要があったので、家臣たちの田地所持も水帳に正確に記載されることになった。その際の水帳改めは大体享和・文化年間にかけて行われたことから「灯火吟」でも文化頃としているとみられる。また後述のように、藩ではその頃から家臣の田地取得を表立って奨励するようになったことも与っていよう。

享和元年（一八〇一）の藩からの申渡[32]にも、他人の名前にすることに関して、

御家中持・諸御給人持・寺院并両御町（人脱カ）持共、反別帳持主之名前ニ而不苦候

という指示がなされていた。なお、同じ指示は文化十二年（一八一五）九月にも改めて出されているので[33]、直ぐに自分の名前に改めない家臣が結構いたのであろう。

それでも、元禄頃から家臣たちの困窮も著しくなって、所持田地を持ち続けることができず、手離す者が多くなったことは否定できない。道形村の場合、寛文十年（一六七〇）には三十名を数えたのに、享和三年には十二名、慶応三年（一八六七）には六名に減じた[34]。享和・文化頃からの水帳に実名で載った家臣の人数はどの程度に及んだものであろうか。今の時点では残念ながら不明である。

（二）田地所持への願望

庄内藩の家臣たちは時代を問わず、田地所持に対し強い願望を抱いていたのであり、場合によっては不公平なやり方をしたり不正を行って田地を取得する場合もみられた。

十七世紀中頃に物頭の都丸外右衛門（知行二〇〇石）という家臣が記した年欠で宛先不明の書状[35]に、

新田取沙汰御座候者、内々願置候通拙者五、六町御取可被下候、必々奉願候、忠兵衛へ御相談被成、拙者組小頭共ニ被仰付可被下候、先書如申上候、何とそ御内証ニて御取可被下候、けに〳〵不罷成候者御公儀成共少（小）計被仰達可被下候、奉願候

とあり、新田を開発するといった話があったなら、前から内々で願っているように自分にも、内緒で五、六町歩の土地を必ず確保してほしい。もし確保できないのであれば、藩の方から少しの土地を得られるようにしてほしいとする。都丸も自分の手で新田を開墾するつもりがあったのであろう。田地に対する強い欲求が認められる。文中に忠兵

衛とあるのは当時物頭を務めていた高力忠兵衛のことと推定される。後に郡代となる忠兵衛はその頃から新田開発に何か特別な権限を有していたようでもある。

物頭末松彦太夫が家老である兄の威をかりて不法な田地の取得・所持を行っていたことは前に述べた。

職権利用しての不公平な田地取得については宝永三年（一七〇六）の茨野新田（広岡新田村、酒田市）の開発をあげることができる。翌四年五月に国元の中村治郎兵衛という家臣が在府中の四代藩主酒井忠真への報告[36]に、風説であると断りつつ、

一去年京田組茨野新田御高三百石程之所開発仕候節、水野内蔵助儀家来にとらせ候由にて、右之新田地之内弐町程之所取申候、並御郡代両人・同所御郡奉行・御代官両人何も壱人に付壱町積之場所取申候やうに承申候、勿論御年貢出形之儀は相替儀無御座候得共、少分之儀なから御百姓共御手あてには成かね可申哉と奉存候

と記していた。高三〇〇石ほどの新田であったが、家老の水野内蔵助が自分の家来に取らせるとして二町歩ほどの土地を確保したし、郡代二人及び同地を管轄する郡奉行一人と代官二人がそれぞれ一町歩ほどの土地を取ったので、せっかくの新田開発なのに農民たちの助成には成りかねる状態であると藩主に報告したのであった。

以上の若干の例からも、家臣たちが田地の取得や所持に強い思いを持っていたことが知られる。

(三)　田地所持に関わる不正や事件

家臣の田地所持が極く当り前のように行われていたことから、家臣といえども田地所持などに関わってトラブルに巻き込まれたり、自ら不正などを行う場合もあった。

前出のように、寛文十年（一六七〇）に切腹となった物頭末松彦太夫は農民などから田地を力尽くで奪い取り自分

のものにしていた分がかなりあったとみられる。

田地自体の所持ではないが、宝永三年（一七〇六）六月のこと、以前京田代官を務め道形新田の開発に関わった土門彦右衛門という家臣かその子孫のことであるが、

一同月高打新田切残谷地之儀ニ付土門彦右衛門ト申もの公事いたし候、是ハ先年彦右衛門木村谷地買申候所、此谷地脇ニ田村谷地・おくび谷地と申百姓之谷地組入申候を彦右衛門谷地之由申出候得共、証拠無之負ニ付彦右衛門所御追放(37)……

というように、以前買取った谷地（草野）が農民の所持する谷地と入交っていたことから、すべて自分のものと主張して訴訟になったのであるが、証拠がないと敗訴になり所追放になったのであった。新田に開発するつもりであったのであろうか(38)。

家中の神田作兵衛（高七十石）の場合、天明六年（一七八六）に次のような「不正」を働いたとしてやはり他所追放になった。

覚(39)

神田作兵衛

其方儀、平田郷桜林村惣兵衛・同郷郡山村弥五兵衛与申者当時所持之田地、其方高祖父神田作兵衛弟神田五兵衛田地ニ而子孫五代目ニ至リ候ハヽ、返申候約諾ニ而有之趣申伝之由、差而証拠も無之儀を申懸、右両人より金掠取、剰重き御精進日之所、殺生なから郷方へ罷越、其上無届致止宿等候次第、無申訳不調法之段申之候、委細達御聴候所、侍ニ不似合致方不届之至思召候、依之他所追放被仰付者也

未四月

平田郷桜林村惣兵衛・郡山村（いずれも旧平田町）弥五兵衛の両人が所持している田地について、神田作兵衛は高

祖父神田作兵衛の弟神田五兵衛がもともと所持する田地であり、五代目に至ったら返してもらう約束であったとして、たいした証拠もないのにそのように主張し、右の両人より金を掠取ったたし、また大事な精進日に殺生のため郷方に出向いたうえ、無届けで外泊したことが不届きの至りであると他所追放に処されたのである。(40) 右の通りとすれば、家臣が田地所得に関わって詐欺を働いたことになる。

また寛政元年（一七八九）にも次のような処分が申渡されていた。すなわち、

被仰出之覚(41)

金野五郎治

父金野多十郎儀謀書之水帳とハ不心付、田地質物取之、郷方所々江金子貸出候段、侍不似合致方不届至極思召候、依之厳重之可被及御沙汰所、病死いたし、其方儀者一向不存趣ニ付、別段之以御宥免、御知行百六十石之内六十石被召上、急度差扣被仰付者也

同年（寛政元）九月

とあり、家中金野五郎治の父多十郎は偽の水帳とは知らず、その水帳により田地を質に取って、郷方の所々へ金子を貸出したようである。それが侍に不似合の致し方であり、不届き至極であるので厳重に処分すべきところ、多十郎が病死したので、事情を全く知らないにもかかわらず、嫡子五郎治に対し、知行一六〇石のうち六〇石を召上げ急度差控えを命じたのであった。多十郎は田地を担保に取って何人かに金を貸したものとみられる。田地の所持そのものが問題ではなく、偽の水帳によって金を貸すという行為が不届きとされたのであろう。

嘉永七年（一八五四）、下級家臣で納方手代の万年庄吉の場合、

一中野新田村分所持之落合川原下々田壱畝廿歩之場所、先年川欠ニ相成、数年来当毛引ニ相成居候之所、近年追々興揚手入致し候へ者、畑ニも相成候場所も少々相見江候間、早々手入致し、先ッ以畑ニ致呉候様度々長右衛門江申

談候得共、何分遠方殊ニ者広太之川原ニ而迚も行届兼候為ニて、兎角手入も不致指置候所、越中山村之者共罷越、右所持之川原江畑興し、其外桑抔も植付候趣も相聞候ニ付難捨置、度々長右衛門申談候所、此間越中山（村）役人・中野新田村役人立会地所相改、境杭相立候(42)

というように、万年家が所持する中野新田村（旧朝日村）分で赤川沿い落合川原の下々田一畝二十歩の田地が、先年川欠となり、それ以来年々当毛引の取扱いとなっていたが、そのままではもったいないので、追々起返し畑にでもするようにと田地支配人であろうか長右衛門に伝えていたが、何分遠方であり広い川原のところなので行届かず、結局手入れもしないまま差置いたところ、隣村の越中山村の者たちがそのところを畑に起こし桑などを植付けたというので捨てて置くことができず、長右衛門に度々申入れさせた。其の結果、先日越中山・中野新田両村の村役人が立会って地所改めを行い、境杭を立てたというのである。田地などを所有していれば、このような地境争いに巻込まれることもあったが、万年家の場合あまり揉めることなく片付いたのであった。

三　田地の経営

（一）手　作

家臣たちは所持する田地について、十七世紀には主として手作地として利用した。手作といっても、下級家臣の場合はともかく、家中と称された知行取は直接当主が鍬鎌などの農具を使って耕作を行うのではなく、田地を所持している村や周辺に代家（田屋）を営んで、雇った農夫等を住まわせて、田地の耕作や管理を行わせたとみられる(43)。

慶安三年（一六五〇）頃に、酒田町奉行乙坂六左衛門は京田地区に高一五〇石余の田地を所持していたが、林崎村で乙坂家のかどや（門屋）として小作を行っていた彦右衛門という者との間で小作料などをめぐって争論が起こった。その際に彦右衛門の提出した訴状に、

一林崎村分、高百四石七斗四升八六左衛門（乙坂）取分、此出米百弐拾九俵一斗四升二合御公義より之御免ニ出申候処、我等共方より八百八拾三俵一斗御取被成候、其外ニいね八百束ほとかり申所、六左衛門殿御手作に被成候[44]

とあり、乙坂家の所持地高一五〇石余のうち約七割に当たる高一〇四石七斗四升の分が林崎村にあったことが知られる。そのうち八〇〇束刈（約八反歩とみなせる）を乙坂家が手作し、残りを小作に出していた。その分の小作料として一八三俵一斗を取立てるとともに、そのうちから一二九俵一斗四升二合を年貢米として藩に納入したとする。この点からも乙坂家の知行地ではなく所持地であったことが明らかである[45]。当主の乙坂六左衛門は町奉行として酒田に在住していたので、おそらくその分手作を最小限にし、多くを小作地に出していたはずである。乙坂家は六左衛門の父讃岐の代から近隣の西京田村に屋敷を構えていたが[46]、代家を兼ねていて、農夫等も住んでいて、手作地の耕作・管理に当たっていたことであろう。あるいは林崎村にも代家が置かれていた可能性もある。

万治年間（一六五八―六一）には越後・村上領から庄内に多数の農民が欠落してきて、一時庄内の村々に住居した。例えば、万治二年に開発が始まった道形新田（道形村）には、孫十郎一家（四人）が住んだが、

右者狩川村ニ罷在候ヲ肝煎衆才覚を以、亥之春中より道形新田権右衛門殿代家ニ罷在候、卯之為切米ト金壱両壱歩、此外かし金三歩御座候由、留守居衆被申候　已上[47]

というように、孫十郎一家は初め狩川村（庄内町）に居たが、その後万治二亥年より道形新田の権右衛門殿代家に移った。寛文三年（一六六三）には切米として金一両一歩を受取ったが、外に前借金三歩があった。なお、「権右衛門殿」とは重臣の松平権右衛門のことかと思われる[48]。同村に代家を営んで孫十郎などの農夫やその家族を住まわせた

のであるが、「留守居衆」とあるので、複数の代家守がいたものかとも推測される。代家守を中心に手作や田地の管理を行ったのであろう。

天和元年（一六八一）に失脚した郡代高力忠兵衛の「遺書」には、嫡子伝三郎に関連して、

一跡式伝三郎ニ不被仰付候ハ、成田新田たやニ家を作事仕、伝三郎ニ権九郎・平三郎并兵蔵・久次郎付添置、手作
　又ハ彼是致才覚、伝三郎を守立候様ニ申置候(49)

と記しており、忠兵衛は以前から成田新田村（三川町）にたや（代屋）を営んでいたが、もし伝三郎に家督相続が許されない場合には、其の場所に改めて家を建てて伝三郎を住まわせて、家来の者たちを付添わせ手作するなどして守立てていくようにというのである。

家中石原弥五左衛門は、庄内藩が地方知行制を廃止した後も、三ヵ村に引続き地方知行地を維持した家であった。石原家は貞享三年（一六八六）の時点で、少なくとも下土口村（三川町）に代家を営んでいたことから、同村では手作を行っていたということができる(50)。

以上から、十七世紀には家臣たちが田地を所持している場合、多くが代家などを営んで手作を行っていたことが知られる。しかし、十八世紀に入ると家臣たちの代家に関する史料はほとんどみることができなくなるようである(51)。一つには手作を縮小したためであろう。

（二）小作地の貸付

十八世紀中頃までには庄内でも地主・小作関係が広くみられるようになった。宝暦九年（一七五九）に、川北・荒瀬郷では村々で広く「反別并小作渡改帳」が作成され、村ごとにすべての田畑に渡口米が付された(52)。渡口米（俵田渡

万年家の立揚米（嘉永７年）

月　日	内　　訳
正月 11 日	中島村兵左衛門より１表来る
正月 15 日	中島村兵左衛門より２斗来る
正月 22 日	中野新田村長右衛門より２表来る
正月 27 日	中野新田村長右衛門より４表来る
〃	中野新田村嘉右衛門より１表２斗来る
正月 28 日	中野新田村嘉右衛門より１表来る
正月 29 日	中野新田村長右衛門より４表２斗来る
〃	中野新田村嘉右衛門より１表来る
〃	越中山村惣十郎より１表来る
２月 28 日	中野新田村長右衛門より 12 表来る
４月 19 日	平形村七之助より大豆１表来る

註：万年家「雑日記」（鶴岡市郷土資料館蔵）より

口米）とは小作米のことである(53)。

それより先、延享二年（一七四五）十二月に庄内藩は「郷中風俗取締につき覚」(54)という内容の申渡を行い、その中で、

一表（俵）田作人之者共、別而表田渡リ方ヲも立下、其上我侭成仕かた之者も有之由相聞候、此末表田負引大庄屋・村役人随分致吟味相究可申候

と述べ、当時すでに小作米の引下げや不作引などをめぐって地主と小作人の間にトラブルが多く発生しているので、藩では不作引の割合を決めるのに当事者だけでなく、大庄屋や村役人が関与することを命じたのであった。

わずか二例ながら、農業生産力の上昇、農村労働者の給米等の引上げなどがあって、十八世紀中頃までに庄内でも地主・小作関係が一般化していたことが確認できる。当然家臣の所持する田地においても手作から小作地としての貸付へと転換し、小作米を徴収することを主とすることになった。

家中の中根治郎右衛門家（知行一〇〇石）の田地についてであるが、

天明八申年芝野村入作常方村百姓庄右衛門より当時鶴ヶ岡御家中中根治郎右衛門親中根清語内阿部半蔵・佐藤珉蔵与申宛名証文ニ而三拾ヶ年季質地譲渡置候芝野村百姓藤助株畑也、其後治郎右衛門弟中根司馬譲請候趣ニ而、芝野村藤左衛門江小作支配為致、文化十酉年堀場村甚太郎・小平与申者江小作替支配為致(55)……

とあり、中根清語は天明八年（一七八八）に右の畑地を三十年季で質地に譲受けていたが、同人の死去により、嫡子治郎右衛門の弟中根司馬が所持した。その畑を初め芝野村藤左衛門に小作支配をさせ、次いで文化十年（一八一三）より堀場村甚太郎・小平という両人の小作支配に変更したというように、所持地を小作させていたことが確認できる。

下級家臣の納方手代万年庄吉家は十九世紀中頃の嘉永・安政年間には少なくとも数ヵ村に田地を所持し小作米・大豆を取立てていた。一例として「雑日記」帳から嘉永七年（一八五四）分で立揚米（小作米）に関する記事を順次拾って示したのが前頁の表である。

少なくとも四、五ヵ村に田地を所持して小作地を貸付け、小作料として米や大豆を受取っていたが、何度も中野新田村長右衛門の名前が出てくるので、支配人として小作米・大豆を取立てさせていたものとみられる。

四　田地所持の展開

（一）代官所の田地所持

家臣の田地所持の延長上のことといえるが、代官所が次のように田地を取得する場合も結構みられた。

京田通京田組道形村分御田地金子入用ニ付年季質入証文之事[56]

百三十八　中島

一中田六畝歩　分米（七斗脱）八升　権助

（二筆　省略）

反畝合壱町八畝歩　分米合拾四石四升
刈元千百刈　　　此渡口三拾三表(俵)
　内弐拾三表弐斗壱升壱合　御年貢米
　同九表壱斗壱升八合　　　作徳米
　　此地引金三拾六両　亥十一月廿一日ニ受取
右之金子要用之儀ニ付御田地貸代金只今不残申請、弐拾年季差上申所実正ニ御座候、年季明之節元金ヲ以御下ケ可被成下候、於此御田地脇借等ハ勿論、他より何之違乱無御座候、若シ六ヶ敷儀出来候ハヽ、加判并口入之者何方迄茂罷出急度埒明、少も御役所江御苦労相懸申間敷候、為後日之加判・口入連判証文差上申候　以上
　　　　　　　　　　　　　　道形村
文政十年亥六月　　　　　　　　　野　助
　　　　　　　　　同村親類
　　　　　　　　　口入　五右衛門
　　　　　　　　加判
　　　　　　　　肝煎　八右衛門
　京田御役所

二〇ヵ年季の約束で京田代官所に地引金三〇両で質入れしたものである。反別合一町八畝歩、分米合一四石四升、この刈元一一〇〇刈であり、そのため俵田渡口米（小作米）三十三俵である。[57]そのうち二十三俵二斗余が年貢米となり、残る九俵一斗余が作徳米として代官所の取分となる。質入主の野助が直小作したのであろう。質入の理由を単に

「金子要用」とするが、代官所が質地などを取入れる場合は農民「保護」の意味があった。

文政年間頃から「主付添田地」、「村備田地」の名目で、一旦他村の者に質入れされたり質流れとなった田地のうち、高に比べて刈元が広く作徳米の多い有利な田地を村方に取戻すために、代官所が金子を融通して受返させたうえ、改めて取戻した田地を役所に質入れさせて、その作徳米の一部を年々金子の返済に向けさせる方法で村方に田地を取戻すものであった。郷村の立て直しの一環であった（地盤立と称した）。平田代官所には嘉永五年（一八五二）五月よりの「田畠受返地盤立金貸付作徳を以元利済崩指引年々帳」[58]という帳簿が作成されていて、村方立て直しのため平田代官所が管轄下の村々に対し多数の融通をしたことが知られる。

そのような資金を代官所が確保するために、例えば中川代官所の場合、文政二年（一八一九）に、庄内藩が寛政改革より入作者に新たに課した困窮与内米を金十両につき与内米二俵半を免ずることにして、「中川通村上地主付御手擬添田地買上金江寸志指上金」の名目で金二一〇〇両を設定した。[59]多くの田地を所持する豪商・豪農より多額の金子提供と引換えに一部与内米賦課を免除したのであった。中川代官所以外の代官所も同様な方法で資金を得たはずである。

各代官所の「田地所持」はそれ自体が目的ではなく、あくまで農村の立て直しの手段として行われたものである。もちろん、家臣たちの田地所持という長い経験があったうえにとられた方策であったことは言うまでもない。

（二）家臣の子弟等の郷村住居

近世中期以降、庄内藩の財政難が進行するなかで、家臣の二三男や弟などに新知を与えて新たに家臣に取立てることがほとんど行われなくなったことから、家臣たちは二三男や弟を「分家」するために個々に種々の手段をとらざるをえなかった。

十九世紀前半のことと推測されるが、堀治太夫（知行二〇〇石）という家中は、二十三歳になった弟万蔵を「自分物入を以御奉公差出」すので、東門か西門の門番などでもいいから役目を与えてほしいと出願した[60]。いずれ正式の家臣に取立てられ知行を与えられることを期待してのことで、それまでは兄の自分が一切面倒をみるというのであったろう。

右はいずれ何とか家臣として仕えさせようというのであるが、その道を断念して、郷村に住まわせたいという場合もあった。家中の荒賀安太（知行一五〇石）は明和七年（一七七〇）に叔父荒賀小七を自家に出入りの堅海苔沢村（鶴岡市豊浦地区）八十郎という者の所に住居させたいと願出た[61]。同村は漁村で周辺に耕地も少なかったので、荒賀家の田地があったとは考えられない。漁業の手伝いで生活させようというのであろうか。

ところが、藩は文政二年（一八一九）四月に家臣の田地所持に関わって次のような指示した[62]。

一、古くは高禄者は田地を所持し多くの浪人や譜代の者を扶持し、非常の場合に備えた。昔に帰り田畑の出物がある時は買入れるように心掛けよ。表向家中の田畑買入れは遠慮すべきことになっているが、今後は遠慮なく買入れ、一人でも多く二三男の厄介者や譜代の者を召抱え、不時に備えよ。

二、家計の苦しい親族や知人の二三男の厄介者を貰い自分の二三男と同様下屋敷か郷中に住まわせ、馬脇や駕籠脇に召連れよ。

第一に、二三男や譜代の家来を扶養するために田地を買入れることを奨励している。第二に、二三男や家来を下屋敷か郷村に住まわせて、召し使うようにとしている。

右の文章のもとになった史料を今のところ直接見ることができではない。同じ史料に拠ると思われるが、別に次のよう

な記述もある。(63)

鶴岡の士分の者に対し、譜代の家来を養いて郷中に家居せしめ、万一の際の用に立たしむるようすべきことを達す。

ここでは家来を扶養のため郷中に住居させるということのみを指摘している。

右の指示と同じ趣旨と思われるが、文政九年（一八二六）十二月の「御触」(64)にも、

御家中家来扶助之備并子弟江分与等之ため、又ハ御家中并御給人手作仕度取入候…

とあり、田地取入の奨励について、手作することばかりではなく、家来を扶助するとともに子弟に田畑を分与して「分家」させるようにとしている。

天保三年（一八三二）には更に、

御家中次三男・弟等之趣ニ郷方住居奉願、引越候者住居屋敷并取入候田畑兼而被仰出候御趣意之訳有之候ニ付、其村方人別之者同様、是迄掛来候与内、外新規ニ作徳与内相掛候義御指止ニ候(65)

と、二三男や弟等を郷村に住居させることが許されて引越させた場合には、住いの屋敷や所持する田畑に関して、入作者に対して賦課される与内米などを免除し、総じて村民と同様の取扱いをするように命じている。藩は二三男などの郷村住居を積極的に勧めたのである。

右などの指示を受けてであろうが、家中で小姓頭などを務める秋保政右衛門（知行四五〇石）は叔父の秋保幸太夫を所持田地が存在すると思われる白山林村（鶴岡市白山）に住居させた。幸太夫は百姓伊兵衛の娘を娶り、一年目は秋保姓を名乗ったが、農地耕作関係のため形式的に伊兵衛の分家となって阿部姓に変わり郷士阿部伊右衛門家の祖となったが、村人は同家を旦那の家と呼んだという。(66)

明治十年（一八七七）頃に鶴ヶ岡郊外の新斎部村に住居していた白井重高（旧名吉郎）は家中白井惣六郎（知行四五〇石、番頭）の弟で、四十歳近くなった明治元年九月二十一日に五人扶持で召出されたが[67]、重高も所持田地のある村に「分家」となった一人ではなかったかと推測される。

幕末の頃に家臣たちの田地所持がどの程度であったか明らかではないが、藩財政の窮乏の中で新知を与えられての分家が期待できないことや藩の奨励もあって、所持田地の存在する村方に二三男などを分家して住居させる事例は結構みられたのではないかと考えられる。

戊辰戦争時には扶持米取の家中身分が一〇〇名以上存在していたが[68]、これらの中にも郷村に分家していて急遽召出された者がかなり含まれていたのではなかったかと推測される。

むすびにかえて

小稿では庄内藩の家臣たちの田地所持とその経営及び関連した二、三の問題について述べたものである。ここでは、それらの要点を列挙してむすびに代えることにしたい。

第一に、庄内藩の家臣たちは地方知行地とは別に、初期から田地を所持したが、時代が下るとともに所持する田地は減少していったものの、田地所持は明治初年まで継続した。

第二に、藩は十九世紀に入ると家臣の田地所持を奨励したが、それ以前にあっても家臣の田地所持を容認した。ただ、家臣の田地所持に対して農民は批判的であったことから、水帳上などにでは家臣の所持であることを伏せて百姓名義にすることもしばしば見られた。

第三に、所持する田地の経営は、十八世紀前半までは主として代家などを営んでの手作が行われた。その後は主として小作地として貸付け、小作料を取立てるようになった。

第四に、農村建直し（地盤立）のために、代官所が一時的に田地を所持することもみられた。

第五に、藩の財政難が進行するに従い、十八世紀後半になると家臣の二三男や弟などについて新知給与によっての分家取立てが容易には行われなくなったことから、個々の家臣が所持田地を分け与える形で分家を出す場合もあったし、しかも藩ではそれを奨励するようになった。

第六に、戊辰戦争時に多数の扶持米取の家中が存在したが、その中核に右のような個々に分家された者がいたものと推測できるが今後の課題でもある。

大体以上である。

註

（1）J・F・モリス「近世領主制試論―下位領主を中心に―」（同氏等『近世社会と知行制』思文閣出版、一九九九年）では、「徒士・足軽の手作地知行」も地方知行の基本的な類型の一つとみている。

（2）長谷川成一『弘前藩』一五〇頁（吉川弘文館、二〇〇四年）、本田伸『弘前藩』五五頁（現代書館、二〇〇八年）。

（3）野口信一『会津藩』九三頁（現代書館、二〇〇五年）。

（4）横山昭男『近世河川水運史の研究』三五頁（吉川弘文館、一九八〇年）。なお『鶴岡市史』上巻（二五八頁）などでは、地方知行制は部分的で、初期から蔵前知行制であったとするが疑問である。因に、庄内藩の地方知行制は寛永末年頃に廃止されたと推定されるが、その後も一部の家臣が地方知行を継続したのであり、「地方渡」と称された（拙稿「庄内藩『地方渡』の諸家」、酒田古文書同好会編『方寸』第十二号、二〇〇八年）。

（5）庄内藩では、初期の一時期を除くと、知行取を「家中」、切米取・扶持米取の下級家臣を「給人」と称した（『鶴岡市史』上巻、二五七頁）。
（6）鶴岡市郷土資料館林崎地区文書。
（7）新田開発の場合、高掛物が免除された（「二口新田開発御尋の返答書」鶴岡市郷土資料館二口文書）。
（8）拙稿「近世前期庄内藩『御家中』の田地保有と手作」（『東北公益文科大学総合研究論集』第十二号、二〇〇七年）。
（9）拙稿「近世庄内の代家と手作」（『方寸』第十三号、二〇一二年）。
（10）鶴岡市郷土資料館冨樫家文書。
（11）近世・近代の庄内では田地の広さを稲の刈数で表示する慣行があり、一応苅元一〇〇（束）刈を一反歩とみなした。
（12）『新編庄内人名辞典』一九七頁（一九八六年）。
（13）やはり最上家々臣から庄内藩に召抱えられた金右馬丞は元和二年に本河村（酒田市本川）に七筆の田を所持していた（深沢秋男『齋藤親盛（如儡子）伝記資料』三〇頁、近世初期文芸研究会、二〇一〇年）。
（14）鶴岡市郷土資料館羽根田家文書。
（15）知行は寛永十五年頃の「達三公御代諸士分限帳」（山形県史資料篇五『雞肋編』上巻）による。
（16）慶安二年三月「子之御成ヶ納方土目録」（羽根田家文書）。
（17）「林崎村乙坂作水帳」（林崎地区文書）。
（18）「林崎村水帳」。なお外に桑名助左衛門という浪人の名請地もあった。
（19）「道方新田村検地帳」（鶴岡市郷土資料館道形地区文書）。
（20）拙著『江戸時代の庄内を彩った人たち』一四四頁（東北出版企画、二〇〇八年）。
（21）鶴岡市史編纂会『大泉紀年』下巻、三三三頁。
（22）『大泉紀年』下巻、三〇三頁。
（23）『大泉紀年』下巻、三一〇・三一一頁。
（24）享和三年「成田新田村水帳」（鶴岡市郷土資料館）。

(25)松尾武夫編『本間家土地文書』第一巻、一二九・一三〇頁。
(26)年貢取立督励の達書「覚」（鶴岡市郷土資料館）。
(27)鶴岡市史編纂会『庄内藩農政史料』上巻、一二三七頁。
(28)文化十五年二月より「御田地売渡証文扣」。なお質入証文を肝煎が控えたものであり、記載が簡略化されている。なお、庄内では質入は三十年季が多かった。
(29)幕末・維新頃の「御給人拝領屋鋪附」（鶴岡市郷土資料館木村家文書）では、御待筒町に三浦菊三郎という御給人がいたので、三浦信右衛門も給人（下級家臣）と推測される。
(30)鶴岡市史編纂会『生活文化史料』一六九頁。
(31)村上地の解消については『鶴岡市史』上巻、三六一頁に詳しい。
(32)『庄内藩農政史料』上巻、一二六一頁、但書の分である。
(33)『庄内藩農政史料』上巻、三二一八頁。
(34)各年の水帳による（道形地区文書）。
(35)鶴岡市郷土資料館文書。なお都丸は正保三年から万治三年まで物頭を勤めた（『雞肋編』上巻、六二九頁）。
(36)『雞肋編』下巻（『山形県史資料篇』六）八八三頁。
(37)「龍門斎松平家臣之筆記」（『雞肋編』下巻）。
(38)木村谷地は享保年間に新田に開発された（『山形県の地名』平凡社、七〇一頁）。
(39)「大泉叢誌」巻之九十四（写本、鶴岡市郷土資料館）。
(40)神田作兵衛は後に有免され召返しになった（「金禄短冊」鶴岡市郷土資料館）。
(41)「大泉叢誌」巻之九十四。
(42)「雑日記」（鶴岡市郷土資料館万年家文書）。
(43)拙稿「近世庄内の代家と手作」（前掲註9）。
(44)『大泉紀年』上巻、一二六九・一二七〇頁。

(45)『山形県史』第二巻（一六三頁）などでは地方知行地とみている。
(46)『新編庄内人名辞典』二一五頁。なお本邸は鶴ヶ岡に与えられていた。
(47)『大泉紀年』中巻、一三六頁。
(48)拙稿「近世前期庄内藩『御家中』の田地保有と手作」（前掲註8）。
(49)『大泉紀年』下巻、三一三頁。
(50)「口上之覚」（安倍親任「筆余付録」七、鶴岡市郷土資料館）。
(51)拙稿「近世庄内の代家と手作」（前掲註9）。
(52)大場正巳『本間家の俵田渡口米制の実証分析―地代形態の推転』七八頁（御茶の水書房、一九八五年）。なお「反別并小作渡改帳」は荒瀬郷にとどまらず、川北三郷で作成されたようである（拙著『近世幕領年貢制度の研究』六一一頁、文献出版、一九九三年）。
(53)拙稿「近世庄内における小作人取分について」（東北史学会『歴史』第六十六輯、一九八六年）。
(54)『山形県史近世史料』（2）一一七〜一二〇頁。
(55)文化十三年三月より「諸一件控」（鶴岡市郷土資料館金子家文書）。なお柴野村は支藩松山藩領、常方・堀場両村は幕領であった。
(56)「御田地売渡証文扣」（道形地区文書）。
(57)川南（田川郡）平場農村では刈元一〇〇刈につき俵田渡口米三俵（五斗入）が基準となっていた。
(58)鶴岡市郷土資料館万年家文書。
(59)拙著『庄内近世史の研究』第一巻、一六〇頁（私家版、一九八八年）。
(60)(61)「啓蒙志附録」巻一（鶴岡市郷土資料館閑散文庫）。
(62)『羽黒町史』上巻、七一九頁（一九九一年）。
(63)鶴岡市史編纂会『庄内史年表』一八二頁（一九五五年）。
(64)鶴岡市史編纂会『庄内藩農政史料』上巻、三五九頁。

（65）天保三年「御用留」（清川大庄屋斎藤家文書、鶴岡市郷土資料館）。
（66）北村純太郎『大泉村史続』一八頁（一九五九年）。近年まで鶴岡の秋保家と交際があったといわれる。
（67）「金禄短冊」（鶴岡市郷土資料館）、慶応四年七月「分限帳」（鶴岡市史編纂会『庄内史要覧』所収）。召出しは戊辰戦争に際しての軍事力増強のためであることは言うまでもない。
（68）慶応四年七月「分限帳」による。

出羽庄内藩における武家奉公人徴集制度―寛政期の家中奉公人徴集をめぐる家中と村方―

佐藤　正三郎

はじめに

本稿は出羽庄内藩の寛政改革期における家中奉公人徴集「振人」制度をめぐる、藩と家中、村方の関係を明らかにする。さらに城下から離れた村方がいかに家中奉公人を確保したのか、その実態を究明するものである。[1]

近年の武家奉公人研究は高木昭作の一季居奉公人への注目や、吉田伸之の「日用」層論を契機に始まり、その後は江戸と藩領での実証的研究が重ねられてきた。[2][3][4] 各藩における武家奉公人は、大名に直接奉公する直属奉公人と、大名家臣（家中）に仕える家中奉公人に大別される。最近では大名家臣団研究の深化もあり、後者に特化した研究が増えている。[5] 家中奉公人の確保は単に家中個々の問題ではなく、公儀や支配身分としての「武威」をいかに保証するか、という藩にとっても重要な問題であった。[6] それゆえ家中奉公人は「藩の政策的バックアップがあってはじめて確保」された。[7] 但しその政策のあり方は藩による直接の徴集や民間の町人を通じた間接的管理など様々であった。[8] 木越隆三はその確保方法として①知行所百姓の召し抱え、②民間商人（人宿）を介した労働市場からの雇用、③藩による村請徴発、④縁のネットワークによる縁故登用（召し抱え）をあげている。[9] 他に⑤借家人を使役する事例も見られる。[10] 軍役発動時、百姓は「役」（陣夫役）として徴集され、小荷駄人足や供廻の奉公などを務めた。[11] これとは別に平時にもいくつかの藩で家中奉公人の徴集が行われた。本稿で対象とする平時の家中奉公人徴集に関しては、森下徹と東谷智の論争がある。森下は岡山藩や徳山藩の事例から、近世後期においては徴集が行われた場合でも、城下近郊「労働市場」からの雇用に規定された、としている。[12]一方、東谷は長岡藩の事例から家中奉公人の徴集を百姓の「役」と捉え、村方の「行政能力」伸長によって徴集は機能し得た、と主張した。[13]このような先行研究によって武家奉公人の確保に果たした城下近郊「労働市場」の役割と、[14]村役人の果たした役割の大きさが明らかにされた。

しかしこれらの先行研究では次の二点はほとんど論じられてない。一点目は家中の意向である。先行研究では藩、村方、奉公人自身の関係に注目してきた。藩と村方の関係について、森下は徴集を志向する藩と雇用を志向する村方の「対抗関係」と位置づけた。[15]一方、東谷は藩、村方双方とも「役」としての徴集を志向した、と主張した。いずれも家中奉公人を直接的に使役する、個々の家中の意向は考慮していない。家中の意向は家中奉公人徴集制度をいかに規定したのだろうか。藩に忠義を尽くす官僚的側面と、自己の「家」の保全を図る領主的側面という近世武士の二面性に着目する時、藩と家中の意向を同一視することは出来ない。[16]二点目は城下から離れた地域における奉公人徴集の実態である。先行研究では城下近郊「労働市場」の有効性を明示する一方、城下から離れた地域の分析は不十分である。木越隆三の「村の日用」論に留意すれば、[17]単に城下からの遠近だけで一つの地域が家中奉公人の供給源たり得るかを論じることは出来ない。東谷の研究では徴集が継続したことは分かるが、村方でどのように奉公人を確保したのか、その実態には論究していない。

筆者はこれまで庄内藩振人制度について、一七世紀末からの開始と確立過程、[18]享保から天明期の変遷を明らかにした。[19]本稿では前稿に続き寛政の振人制度改革を分析し、単に制度変遷にとどまらず、家中が村方と結託して振人制度を形骸化させる動きに対し藩が制度維持を図る、という関係性を明らかにする。さらに城下から離れた一地域を取り上げ、城下近郊「労働市場」に依拠しない奉公人確保の実態と村役人の役割を究明する。

本論に入る前に、庄内藩と振人の概要を述べる。庄内藩は元和八年（一六二二）酒井忠勝の入部により成立した。本稿対象時期の表高は約一四万石である。本城は鶴岡で、亀ヶ崎（酒田）に支城が置かれた。家臣団は主に上級藩士で蔵米知行の「家中」（約四五〇人）と、徒以下で切米、扶持米取りの「給人」（約二〇〇〇人）に大別される。[20]「家中」ごとに特定の村が「小物成所」として設定され、小物成や軍役発動時の陣夫が供給された。ただし振人の供給は知行所や小物成所とは関係なく行われた。[21]藩領は最上川以北に遊佐、荒瀬、平田の三郷、最上川以南に狩川、中川、櫛引、京田、山浜の五通を置き、三郷五通を総称して八組と呼んだ。郷や通の下に組が、その下に村が置かれた。農村支配機構としては、郡代のもとに郡奉行と代官がいた。組ごとに大庄屋が、最上川以北の地域には組の下に小組が置かれ、その頭を大組頭と呼んだ。村には肝煎以下の村役人がいた。

振人とは一年季の下級家中奉公人で、振人中間とも呼び、村方から高に応じて、およそ一〇〇〇石あたり三、四人ずつ徴集された。出替日は基本的に二月二日であった。振人には家中から一年に二分の給金と、村から公定四俵の給米や、規定外ながら一～二俵の「増給」が支給された。振人は「手廻格」以上（上級藩士の「家中」と、ごく一部の「給人」）に対して、知行高と扶持米を基準に支給された。役職や江戸勤番による「増振人」もあった。振人の総数は一八世紀後半で推定八〇〇から一〇〇〇人であった。一八世紀中盤から藩の指示によって一部は米札で代替されるようになり、後半にかけて徐々に拡大していった。[22]

一　庄内藩の寛政改革と振人

（一）改革の始まり

庄内藩の寛政改革は、寛政四年（一七九二）秋、藩主忠徳が農村疲弊の打開を指示したことで始まり、翌五年に各種の上書が提出された。同年二月、八組大庄屋が村方諸経費の節減策を提案したなかに、振人の問題も含まれている。[23]

【史料1】
一振人其年出人之分不残壱人ニ而四俵つゝ、其組〻役所へ相納候上、振人ニ出候者弥居付候得者役所ゟ相渡、給米望之御家中之面〻江も役所ゟ相渡、米金銭之儀ニ付御家中之面〻肝煎江直相対仕候事御停止ニ被仰付被下度事

（史料は適宜省略し、傍線、読点を付した。以下同様。）

右の史料には、振人の「米金銭」に関しては役所を間に立て、家中が村役人と接触することを禁止すべきとある。双方の接触がなぜ村方の経費拡大につながるのか。その理由は、改革の過程で判明する。

寛政七年四月、家老酒井吉之丞、中老竹内八郎右衛門らにより改革が開始された。[24]『鶴岡市史　上巻』によれば、困窮農民救済として藩蔵諸役所の貸付米金の「徳政」、諸懸の軽減、「困窮与内米」と「村上地」の主付政策が行われた。さらに農業振興政策として農業統制の強化や副業の奨励などがとられた。この改革は「地主や高利貸資本を押さ

え、封建的自営小農民を保護育成する」ことに主眼を置き、藩財政の安定などには一定の成果があった、と評価されている。このうち困窮農民救済、諸懸軽減方針に基づいて振人制度の改革も行われた。

(二)「内給」発覚と藩の対応

改革のなかで、振人制度の現状調査が行われ、隠れた不正行為が明らかになっていった。寛政七年一一月晦日、家中に対して次の触れが出された。(25)

【史料2】

一各当時召抱候振人中間へ御郡奉行ゟ申達候儀有之候間、振人指紙指出候御郡奉行役所へ来月五日迄之内可被指越候

一振人振渡候節髪月代其外色〻望有之候者其節迄振残候者多ハ初奉公ニ而注文通之者無之指遣兼候間、不得止事村役人共迷惑之雇をも指出候事ニ相聞候、以来右躰望之儀有之族、自分致相対此者振付遣候村御郡奉行へ正月十五日迄申越候通可被致候、給米之儀者定之通四俵相渡、今度御改革ニ付過米一切相渡不申筈（後略）

一筆目は、奉公中の振人を一二月五日まで郡奉行役所に出すよう、家中に対し振人の出頭を指示している。二筆目には、振人を決める際に家中が「髪月代其外色〻」の希望を言い、村方は迷惑だがこれに応えて雇用せざるを得なくなるので、今後は相対で雇えとある。家中が振人を選ぶ際に髪や月代など外見が一つの基準になったことが分かる。家中が奉公人の外見に注文をつけることで、村方では家中が望む者を雇用して確保せざるを得なくなった。史料1に

あった家中と村方の接触禁止は、振人を選り好みするような家中の意向を抑制することを目的としたのであろう。

さて、振人の点検は家中に加え村方に対しても行われた。同年一二月四日、藩から山浜京田通の大庄屋に対し、次の指示があった。(26)

【史料3】

覚

一明辰年振人奉公之者相糺、当月十五日迄ニ役所江可被相届候、若届漏候者ハ明年振人雇共ニ不申付候、尤当時奉公仕居候者ハ於此方相糺候間不及承候

但、前段之通相糺、割方出人不足之分ハ直出可申付候間、兼而可被相心得候

一先頃取立申達候振人代米、組〻大庄屋預置、明年振渡候節、組〻之内壱人申合可被致持参候、其節指紙を以為相渡可申候（但し書き部分省略）

一振人割当之義、四表給米、四組ニ而拾六人余慶備置可申候

一筆目には明年振人に出る者を一五日まで届け出るようにとある。尤以下は史料2で述べた家中向けの振人の出頭指示に該当する。三筆目では、振人をあらかじめ賦課人数より余計に選んでおき、交代に備える「備人」制を定めた。家中の希望によって頻発する振人の交代に備えてあらかじめ要員を準備し、村方の負担を軽減することが目的であった。村方からの新規振人の点検結果は同月一〇日には明らかになった。(27)

【史料4】

当卯振人出人候義今度相糺候所、内〻給米指出候而指出切ニいたし、表向ハ振人指出候趣役所江申聞、指紙も為指出候者共多相見候、如何相心得右躰之義取計候哉、前〻御停止ハ勿論之事ニ候間急度可申付候得共、一統仕来候様ニ相心得候義与被仰候間致用捨候、来辰之振人ゟハ急度申付、壱人ニ而も左様之取計仕候者ハ急度可申付候間、此段相心得可申候、若心得違来辰振人も右之趣ニ取計候村役人有之候ハヽ、相糺、御家中名前も委敷言出候様可申付候、今度御沙汰之上申達候事ニ候間、軽義与不致厳重致吟味可申出候

右の史料の通り、点検によって表向きは村方から人が出たように装い、実際は給米を出すだけという事態（「内給」と呼ばれる、内々の代米化）が発覚し、翌年からは禁止とされた。翌年も違反した場合は村役人だけでなく家中の名前も詳しく改める、という後半傍線部に注目したい。内給は家中と村方双方の同意が前提となる。このため双方に対し振人の出頭指示と点検を行い、内給禁止にも双方を取り締まったのである。この内給発覚という事態に対し一二月二九日、藩は次のような対策を最上川以北の大庄屋に通知した。(28)

【史料5】

一振人面付帳是迄ハ振人当り候者名前一通ニ書出候組方も有之候、来振人面付帳より何村誰雇何村何ノ誰殿え相住候、又ハ何村誰振人雇入候積ニ御座候え共、今雇人相極兼候、近日中可申上、且直出ハ直出と聢と相分り候様相堅、右面付帳来正月十日迄ニ無間違可被指出候

一振人雇入候ハヾ成丈其組之内之者又ハ其郷之者ニ可限候、実ニ出人不足組方有之候ハヾ川北三組之者雇入候様

可被申付候
一川南之者又ハ両御城下之者振人雇入候儀ハ容易ニ難申付候、其節役所指図を受可申付、実ニ居成江戸居成ハ格別ニ候
一先頃相触候通内〻ニ而給米出限ニいたし、表向振人差出候趣不宜候間、右躰之心得違無之様、村〻役人ハ勿論、振人出人之ものえも猶又可被申渡、右可申達候如斯候（後略）

一筆目は、従来のように振人のあたった者（「足元」）の名前だけでなく、どこの誰が振人に出るのか詳しく書き出すようにとある。帳面を通じた藩による振人管理の厳格化と言えよう。二筆目では振人を雇用する場合、出来るだけ同じ組や郷内で確保し、非常に不足した場合でも最上川以北の地域で確保するよう定めた。続く三筆目によれば最上川以南での雇用はその都度役所の許可が必要とされた。二、三筆目は家中奉公人の雇用先として城下近郊「労働市場」や他地域に依拠しない、という雇用範囲制限令と位置づけられる[29]。四筆目では内給の禁止を再度、確認した。さて、寛政八年二月晦日、家中と村方の結びつきを絶つため、最上川以北の大庄屋に対して追加の指示が出された。

【史料6】

廻状を以申達候、酒田御家中振人差替之節、是迄村役等参り、内〻ニ而右代人指出為相済候村〻も有之様相聞不宜候、以来右躰之取計いたし候村役人於有之ハ急度可及沙汰候、右主人より村役人参候様申遣候共、振人指替一（同）道之儀ニ候ハヾ、御郡方より指図無之内は参不申様当年より改而被仰付候事故、難参之旨及挨拶ニ、参不申様厳敷村〻役人共え可被申付置候（後略）

この史料によれば、酒田在勤の家中が年度途中で振人の交代を希望する場合、村役人を呼びつけ内々に代人を出させることがあった。この場合は断り、郡奉行の指図を受けることとされた。この史料からは家中が藩に隠れて村方にもちかけ、不正を行っていたことが分かる。内給も同様に家中が村方にもちかけていたと考える。たとえ村方が代米で振人を処理したいと願っても、家中が受け入れなければ成立しない。内給は家中が志向し、村方も同意して初めて成り立つものであった。これに対し藩は双方の接触自体を禁止していったのである。さらに同年一〇月、藩は翌年度の振人徴集に備えて追加の対策を打ち出した。

【史料7】

覚

一去年中申達候通振人之義、一分相対は勿論、村〻肝煎共取計給米ヲ以来年之振人為相済候儀ハ堅仕間敷候、右内給上之儀ハ去年中も一統申渡候え共、心得違之者共有之、振渡之節相顕、既ニ急度可及沙汰旨致評議致候得共、仕来ニ付心得違之趣相聞加用捨候、当年よりは少しも不相免咎メ可申付候間、堅相守給米上ゲ仕間敷候

一主人〳〵え致相対召抱候分ニ仕、御郡奉行差紙取請、右主人え罷越奉公仕候事ニ表向取拵、内〻ハ村方え引取居候者共も粗相聞申候、全内給上ゲ同様之事ニ候間、是又当年よりは深く相糺、急度可申付候間、兼而相心得居可申候、尤当人斗ニ不限右躰之儀仕候者共之村方肝煎初近所隔壁者委敷可存事ニ候間、早速可申出候、若乍存不申出ハヾ当人同様之咎可申付候

一筆目では、内給の禁止を再確認した。二筆目では、家中と奉公人が結託し表向き奉公に出ているように装い、実

際は村方にいる状態も内給同様として禁止した。この状態の場合、肝煎や隣近所は知っているはずなので違反者同様に処罰対象となった。内給や同様の事態は村方の人々の大半が認識しつつ、慣例化するほど横行していたのである。

（三）代米化をめぐる藩・家中・村方、三者の意向

前節までをまとめれば、寛政改革の諸懸軽減のなかで、藩は家中と村方双方に対して振人の出頭を命じ、点検を実施した。この結果、双方が結びつき内給を拡大させるという振人制度の一部形骸化が明らかになった。藩は制度の原則維持のため、内給の禁止、家中と村役人の接触禁止、雇用範囲の制限、交代要員制の整備や帳面記載の厳格化など改革を実施していったのである。ここで藩、家中、村方三者の意向についてまとめておく。

まず家中と村方の双方とも、振人の代米化を望む者がいた。特に内給は家中の意向を前提としており、彼らの意向が内々に振人制度を一部形骸化させつつあった。家中が代米化を望む理由として、代米（米札）により、気に入った者を雇用出来ることが考えられる。史料２で確認した通り、家中が振人の外見などに希望があった場合、米札によって相対で雇用出来る。また米札だけを受け取り、振人を召し抱えない可能性もある。(30)現時点でこの振人代米の「不正受給」を十分に論証することは出来ないが、いわゆる「武士の家計簿」が一つの手がかりとなると考えている。(31)村方が内給を望んだ理由は、労働力の流出を防ぐこと、振人の選定や交代時などの村役人の負担軽減などが考えられる。村人が振人に出ることを肝煎が忌避する場合もあった。(32)次章で述べるように、振人選定や交代の度に村役人は奉公人の手配を求められ、手間がかかり、かつ村方の経費増になっていた。単純化すれば、給米だけを手にしたい家中と、給米を払って面倒で経費のかかる奉公人探しを免れたい村方、双方の意向が一致することで、内給が慣行化するほど行われたのである。

一方、藩は寛政改革において藩領全体から実際に人を徴集する、という振人制度の原則維持を第一とした。藩にとって内給の拡大は振人制度の形骸化であるだけなく、自己の収入減少にもつながっていた。年貢未納者が振人に出た場合、その給米は未納分に充当され藩の収入となった。しかし内給により村方から家中に直接給米が渡ってしまえば藩の得分はない。藩は振人制度の原則維持を図り、先述の通り厳しい改革方針を打ち出したのである。但し、藩は内給を禁止する一方で正式な形での代米化は拡大の方針をとった。一八世紀中頃から、藩はごく一部の家中向けに振人の代米化を始め、天明年間には振人全体の二〇％ほどが正式に代米化されていた。[33]この値は改革を機に寛政八年の二五％から、同九年三三％、同一〇年四四％、同一一年四七％と上昇していった。[34]この変化は代米化を望む家中の意向を考慮したものと言えよう。藩が忌避したのは代米化そのものというよりも、家中と村方が結託し藩の管理外で代米化が進行する事態であった。

二　遊佐郷北目組の振人への対応

（一）北目組の概要と振人確保の方法

藩の打ち出した制度改革に対し、実際村方はどのように振人を確保したのか。寛政改革前後の村方における振人徴集の実態について、北目組という城下から離れた一地域を対象に究明していく。北目組は藩領北部、遊佐郷江地組に属する小組である（江地組という組の下に北目組という小組が含まれる）。大組頭は北目村菅原家が世襲した。北目組は高瀬川、月光川流域の平野部米単作地帯と鳥海山西側山麓の村からなり、南北に内郷街道が通っている。鶴岡まで直線距離で約三五キロメートル、酒田まで約一五キロメートルと、城下からは離れた地域と言えよう。下当、北目、丸子、山崎、南目、升川、鷺町の各村に加え、主に近世に入って開発された新田村からなり、村高は計二七八九石余である。

北目村菅原家「御用留」には、ほぼ毎年の冒頭にその年の振人について、詳細な記載がある。改革後の寛政八年の例は次の通りである。

【史料8】

一振人拾弐人　　北目組

　内壱人　　北目村足元　五郎左衛門

　　此出人雇箕輪新田村弥助、去年林九右衛門様へ相住罷有候

　同壱人　　同　治助

　　此出人雇下当村善兵衛悴善八去年阿部伝大夫様へ相住罷有候　（後略）

右の例では、この年に北目組に賦課された振人は一二人であった。そのうち北目村五郎左衛門にあたった分は、昨年度林九右衛門という家中に奉公していた、箕輪新田村弥助を雇って確保したことが分かる。このように毎年の御用留から、振人の足元（名目上の負担者）と出人（奉公に実際に出た者）の村名と名前、足元と出人の関係、奉公先家中の名前などが判明する。足元と出人の関係は、戸主本人（史料上は「其身」）、家族（史料上は「悴」や「弟」）、他家からの雇用（史料上は「雇」）などに分けられる(35)。

この振人の記載をもとに、寛政改革前後の足元と出人の関係を集計した。[36] 寛政五年から七年までの三年を改革前、寛政八、一二年と享和二年（一八〇二）の三年を改革後に区分した。改革前は全三三件のうち本人一一件、家族九件、雇用一件、請負八件、記載無し四件である。請負については後述する。改革後は全二八件のうち本人九件、家族七件、雇用七件、出人無しと届け出たのが五件となっている。

改革前後で振人の確保方法を比較すると次の四点を指摘出来る。一点目として、いずれの時期も約六割は戸主か家族が振人に出ていた。北目組では振人の過半は賦課された村や家から確保したのである。二点目として、いずれの時期も振人の雇用先はほとんどが北目組内であった。組外からの雇用は、寛政一二年に升川村治郎左衛門が平田郷鵜渡川原袋町佐助悴伊助を雇った例と、享和二年に下当村孫七が上野沢村文吉を雇った二例に過ぎない。上野沢村は江地組内の近村で、城下近郊での雇用は酒田の鵜渡川原袋町一例のみである。北目組では、城下近郊「労働市場」に依拠する割合は低く、大部分は組内で振人を確保していた。なお、同様に原則組内で振人を確保した事例は他地域でも見られた。[37]

次に改革前後の違いとして三点目、改革前にあった請負が改革後は無くなり、雇用が増えた。請負は割役某「請込」と史料上表記され、村が割役と言う村役人に米金を渡し振人確保を一任することを指す。村が振人の確保に最後まで責任を持たず割役に一任することは、内給などの温床になっていたようだ。北目組では寛政の振人改革を受けて請負をやめ、主に組内で出人を雇用したのである。四点目として、改革前の出人が全く記載されていない状態から、改革後はまず出人無しと届け出た上で、出人を探すようになった。史料5で検討した帳面記載厳格化の一環と言えよう。以上の通り、北目組では組内での振人確保、帳面記載の厳格化など、おおむね藩の改革方針に沿って対応を行ったのである。

（二）振人確保に向けた村方の努力と「割役」

前節で述べたように、北目組では振人負担の過半を組内で確保した。しかし一人でも振人を確保出来ない時、村方では様々に努力した。特に割役という村役人が大きな役割を担った。割役は郡奉行役所に詰め普請の見分や差配などを行った。割役は郷・通ごとに置かれ、同時期の遊佐郷では平三郎と平助の二名が確認される。寛政八年の振人徴集に際して割役は次のような役目を果たした。

【史料9】

一当振人出人当廿一日迄鶴岡へ無間違罷登候様ニ可被申付候、且才料ニ割役平三郎為指登候え共、肝煎之壱人指立候もの登不申候得ハ、平三郎も登兼可申旨申聞候間、各申合十五日迄誰罷登候哉可被申聞候

一上野沢村和助、同村五平（中略）右之者共平三郎見知無之候而ハ、鶴岡へ罷登差問之筋有之候ニ付、登前及面談度趣申聞候間、明十四日平三郎方へ罷越候様可被申付候（後略）

前半傍線部の通り、振人が鶴岡に出る際に割役は宰領と肝煎の補助を務めた。後半傍線部には上野沢村和助など新たな出人を割役平三郎が見知っていないので、事前に面談をしたい、とある。振人と面識を持つことも割役の役割であった。割役は日常的に郷内の労働力や村内の事情を把握し、普請や奉公人などの労働力需要に応える存在であった。寛政一二年には割役の「振人宰料」手擬銭計六貫六〇〇文を遊佐郷の各組が分担した[38]。割役は振人を探すことで利益を得る、口入業に類似した性格も有した。

次に村方における振人確保の具体例を検討する。寛政一二年正月一一日、次の廻状が大庄屋から大組頭らに回った。

【史料10】

廻状ヲ以申達候、当振人出人横折七日為登候所、出人当時無之近日可申上旨、足元名前斗書上候所、兼而被仰達候通之御趣意ニ相不叶申候間、足元名前之分早ゝ相極メ、十三日十四日迄書付、名前年付共ニ為登候様昨夜厳敷被仰達候、依之申達候、是迄と違ひ厳重ニ候間、明日明後日迄出人相極メ、名前年付ともニ書出可被申候、もし此方ニ雇無之候ハヾ足元同道ニ而平三郎明後日為指登、何の方ニ而雇出書上候事ニ為致可然候、此方よりも明後日罷登候様可申付候、各よりも相雇可被申候、十七日登候積ニ申付置候え共、夫ニ而は後レ可申と存候、此上役所より催促有之事ニ而ハ以之外ニ候間、早ゝ評儀相極メ相決出人可被申聞候（後略）

二月二日の出替日が近づくなか、江地組では六人分の出人を確保出来ずにいた。しかし一四日までに出人を決めて書付を出すよう藩から指示があった。組内で希望者が見つからない場合は足元と割役が城下に登り振人を雇い出すように、とある。後半の傍線部からは、藩から厳しい催促をうける村方の様子がうかがえる。同月晦日、次の指示が大庄屋の息子から大組頭にもたらされた。

【史料11】

以村継申達候、我等事酒田相済今日致帰宅し申候、升川村治郎左衛門雇、平三郎ニ鶴ヶ岡酒田ニ而色ゝ雇相尋させ候え共、雇出し兼候、右治郎左衛門雇、此度備人え相成申候、二月二日過ギ候えバ其侭入用之雇ニ候之間、

早々相雇村名年付書出可被申候、升川ハ人之大勢成ル村方ニ候間、出人も可有之候、慈悲〳〵三日迄書出可被申候、遅り候而ハ相済不申候間、無間違書出可被申候、右可申達如此ニ候、以上

右の史料によれば、今度は升川村（北目組）治郎左衛門分の振人を、割役の平三郎が鶴岡、酒田の両城下町で探したが見つからなかった。このため升川村は人の多い所なので、なんとか村内で出人を探すよう求めた(39)。後半傍線部から、藩の催促が村方の負担になっていた様子が分かる。村方では出人が見つからないと、割役が足元とともに城下に出て振人を探したが、必ずしも出人希望者が見つかるわけではなかった(40)。

以上の通り、村方では賦課された振人を一人でも確保出来ない場合、大庄屋以下の村役人が緊密に連絡を取り合い出人の確保に努めた。特に地域の労働力や事情に通じた割役は、組内だけでなく城下町にも赴き出人を探した。このような村役人の努力によって家中奉公人の確保、ひいては平和な時代の幕藩領主を支える最低限の「武威」が保たれたのである。

おわりに

本稿で明らかにした点を要約すれば次の通りである。一節では内給をめぐる藩と家中、村方の意向を検討した。寛政七年末からの改革によって家中が村方と内々に結託して行う代米化、内給という事態が問題視された。藩は改革において村方から実際に人を徴集するという制度の原則維持を企図し、家中と村方の接触禁止、内給禁止、雇用範囲の制限、帳面記載の厳格化、交代要員制の整備を行った。二節では、城下から離れた遊佐郷の北目組を例に改革前後の

徴集の実態を分析した。同組では藩の方針に沿って振人の大部分を組内で確保したが、一人でも不足すれば振人の確保に村役人が奔走した。[41]なかでも割役は村方や城下町で出人を確保するなど大きな役割を果たした。寛政改革期における振人制度は、代米化が拡大しつつも、政策レベルでは藩による改革によって、実態レベルでは割役をはじめとした村役人の努力によって、実際に機能したのである。

先行研究と関連付けつつ本稿の主張を整理しておく。一節の通り、家中は村方と結託し、藩の意向に沿わないことがあった。これは藤方博之の説くような、「家」と上位権力の関係のなかで、家中の「家」存続に向けた自律的な動きと評価することが出来る。[42]藩は内給を禁止しつつ、一方で正式な代米化を拡大するなど、家中の意向を政策に組み入れていった。このように家中奉公人徴集制度は村方など奉公人の供給側だけでなく、需要側である家中の意向にも規定されたのである。二節では城下近郊「労働市場」からの雇用を重視する先行研究に対し、城下から離れた村方が主に組内で家中奉公人を確保していたことを明らかにした。庄内においては城下近郊「労働市場」が武家奉公人需要を満たし得るほど発展せず、領内全域からの徴集が不可欠であったと考える。城下から離れた地域では藩の意向を受け、「労働市場」に依拠しない、組内での奉公人確保を図った。但し奉公人確保は障害なく可能だったわけではない。藩から催促されつつ、割役など村役人が奉公人確保に尽力した。庄内においては毎年数百人規模の家中奉公人という労働力需要に対し、供給には村請を通じた村役人の取り組みが不可欠であった。

今後の課題として、家中と村方、双方の視点から家中奉公人徴集の制度と実態について明らかにしたい。家中は藩の意向に反しても経済や社会の状況に応じて奉公人の数や奉公形態を選択していた、という見通しをもっている。村の視点からは、生業など在地社会と関連づけて、家中奉公人負担の実現方法、ひいては庄内農村における労働力のあり方を究明したい。その他、庄内における城下近郊「労働市場」の規模、家中奉公人に求められる質の問題なども今後の課題とする。

註

（1）本稿では「藩」という語を政治意思の決定機関として用いる。
（2）高木昭作『日本近世国家史の研究』（岩波書店、一九九〇年）。
（3）吉田伸之「日本近世都市下層社会の存立構造」（『歴史学研究』五三四号、一九八四年）。
（4）江戸における研究では松本良太「人宿」（『岩波講座日本通史』近世編五、岩波書店、一九九五年）、同「長州藩江戸屋敷と「御国者」奉公人」（『歴史評論』五三七号、一九九五年）、根岸茂夫『大名行列を解剖する　江戸の人材派遣』（吉川弘文館、二〇〇九年）など。
（5）武家奉公人に注目した研究として、磯田道史『近世大名家臣団の社会構造』（東京大学出版会、二〇〇三年）、J・F・モリス『近世武士の「公」と「私」』（清文堂、二〇〇九年）など。
（6）森下徹①『武家奉公人と労働社会』（山川出版、二〇〇七年）二〇頁、木越隆三『日本近世の村夫役と領主のつとめ』（校倉書房、二〇〇八年）三九五頁。
（7）高木前掲書、二二頁。
（8）吉田正志「江戸時代の奉公人調達・斡旋に係わる事業・業者の諸類型試論」（『立命館法学』三三三・三三四号、二〇一〇年）。
（9）木越前掲書、三〇八頁。
（10）新堀道生「一七世紀における米沢藩の家中奉公人確保策」（『秋大史学』五七号、二〇一一年）五四～五七頁。
（11）久留島浩「近世の軍隊と百姓」（『日本の社会史』第四巻、岩波書店、一九八六年）。
（12）森下徹②『日本近世雇用労働史の研究』（東京大学出版会、一九九五年）、森下③「武家奉公人の徴発と雇用労働」（『日本史研究』四七九号、二〇〇二年）。

(13)東谷智①「近世中後期における武家奉公人の賦課・負担システムの転換」(『日本史研究』四六七号、二〇〇一年)、東谷②「近世後期における武家奉公人の賦課・負担システムの展開」(『京都造形芸術大学歴史遺産研究センター紀要』五号、二〇〇六年)。
(14)同様の見解として森下前掲書①、磯田前掲書「第九章　足軽・中間の供給構造」、齊藤紘子「和泉国伯太藩の陣屋奉公人と在地社会」(『史学雑誌』一一九号、二〇一〇年)など。
(15)森下前掲書③。
(16)モリス前掲書。
(17)木越前掲書、一七七頁。
(18)拙稿①「家中奉公人徴集制度の成立と目的」(『千葉史学』五二号、二〇〇八年)。
(19)拙稿②「一八世紀出羽庄内藩における家中奉公人徴集制度の展開」(『千葉史学』六〇号、二〇一二年)。
(20)『鶴岡市史』上巻(鶴岡市役所、一九六二年)五一〇・五一九頁。なお、本稿では上級藩士(他藩の「給人」に相当)は「家中」、藩士全般は単に家中と表記する。
(21)天保から幕末期にかけて本多家(約三五〇石)に奉公に出た振人の出身村は藩領全域に広がっており、小物成所からの振人は一件に過ぎない(本多家文書一「御用扣帳」、同四「御用小扣帳」、鶴岡市郷土資料館蔵)。
(22)拙稿②。村方から振人一人分四俵の米札を徴集し藩士に支給する仕組みで、本稿では代米化と仮称する。
(23)「固本建議」(山形県編『山形県史資料編』一七、一九八〇年)二〇八頁。
(24)庄内藩寛政改革の主な研究は『鶴岡市史』上巻、三五三頁〜、吉村仁作「庄内藩の寛政改革と農村構造」(『史学雑誌』八六編一一号、一九七七年)、本間勝喜「羽州庄内における近世後期の農村の荒廃と復興」(『村落社会研究』一四号、一九七八年)など。
(25)松平武右衛門叢書六一「一町触」(酒田市立光丘文庫蔵)。
(26)鶴岡市史編纂会編『庄内藩農政史料』上巻、一九九九年、二〇三頁。以下、同書からの引用は書名と頁数のみを記す。
(27)『庄内藩農政史料』上巻、二〇四頁。史料3で届け出は一五日までと指示しながら、一〇日には既に次の文書が出ている。藩はこの結果を予想していたのであろう。

(28) 遊佐町史編さん委員会編『北目村菅原家文書御用留帳二』(遊佐町史資料第一五号、一九九一年)、七～八頁。以下、史料6から11は全て同書が出典であり註を省略する。また以下、同書からの引用は書名と頁数のみを記す。

(29) 拙稿③で述べた享保期における城下町での藩による振人雇用を組み込んだ制度から、一八世紀後半以降、雇用範囲を制限する方針へと転換していったと言えよう。

(30) 振人の給米札を抵当にした文久元年(一八六一)の借用証文もある(佐六文書三〇〈振人証文引当の金子借用証文〉鶴岡市郷土資料館蔵)。

(31) 石原重俊家文書二七九～二八三「物成請払帳」(鶴岡市郷土資料館蔵)では、規定上は振人が四人いるはずだが、二人分の給金しか確認出来ない。

(32) 拙稿②。

(33) 拙稿②。

(34) 値は温海組大庄屋文書「御用留」(鶴岡市郷土資料館蔵)、および南吉田村伊藤家文書「御用留」(酒田市立光丘文庫蔵)より推定。

(35) 北目組の御用留には代米分の記載がほとんどない。代米分は大庄屋レベルで処理されたと考えられる。ここで示した振人の人数は代米分を除いたものである。

(36) 天明年間(二、三、五年分)の御用留も残されているが、足元と出人の関係は三一例のうち不明二一例と記載が少ない。このような杜撰な管理を改めることこそ、寛政振人制度改革の一つの目標であった。

(37) 荒瀬郷吉田組の事例については歴史学研究会日本近世史部会例会において報告した(要旨は拙稿「村方からの武家奉公人徴集」『歴史学研究月報』五九四号、二〇〇九年、四～六頁)。

(38)『北目村菅原家文書御用留帳二』七七頁。

(39) 年頭の書上では治郎左衛門分は箕輪新田村弥助を雇っていたが欠落したのか、結局は先述の通り平田郷鵜渡川原袋町で雇用した。このように切羽詰まった状況では、城下近郊「労働市場」が振人供給の補完的な役割を果たした。

(40) 城下近郊「労働市場」は領主の労働力需要を担い切れない小規模なものであった可能性がある。「奉公人口入」が鶴岡に置かれるのは、文政四年（一八二一）と遅かった（宇治家文書「御用帳二」、鶴岡市史編纂会編『鶴ヶ岡宇治家文書下巻』、一九八三年、一二五三頁）。

(41) 村方は家中と結託して内給を行う一方、改革後は藩の意向に沿って尽力するという、「対抗関係」だけには収斂出来ない、したたかな両面を有していた。

(42) 藤方博之「大名家臣の「家」研究の必要性」（『千葉史学』五〇号、二〇〇七年）七一頁。

［付記］本稿の一部は二〇〇六年に千葉大学に提出した卒業論文と二〇〇八年に同大学院に提出した修士論文をもとにしている。指導教官の菅原憲二先生、各史料所蔵機関の方々、大会発表に際しご助言を賜った皆様に心より御礼を申し上げる。

庄内と育英事業―荘内同郷会と旧藩・郡などの関係から―

布施　賢治

はじめに

近代日本において資本主義社会の形成がすすみ国家と地域の発展が一体化して認識されると、地域間競争があらゆる分野で意識化され優劣が論じられる。人材養成が各地域の課題となり、将来有力な政治家や実業家や軍人などのいわゆる「人材」となることが期待される学生の輩出に力を入れる。その場合制度的教育とともに重要になるのは人材を養成するための育英事業であった。[1]各地域ともこぞって育英事業の充実に乗り出し、高等教育機関や軍学校にすすむ学生に対する学資の給貸与や寄宿舎の設置など、上京遊学に必要な便宜供与を行う。

庄内は米沢を有する置賜とならび、村山や最上などの山形県の他地域と比べ育英事業が盛んな地域であるとの言説が明治後期から戦前・現代にいたるまでさまざまな場面で語られてきた。[2]確かに庄内は荘内館や荘内育英会といった歴史が古く資金が大きい育英事業団体をもち、団体の数も多く、飽海や東西の田川郡といった郡の育英事業も充実していた。また明治初期から育英事業実施と人材養成の必要性が唱えられるなど、そのイメージは間違ってはいない。

しかし、このような言説が形成されるのはすくなくとも明治後期からであり、それ以前の庄内の育英事業が他地域に先がけて盛んだったのか、また育英事業を盛んにする風土がもともと存在しそれが順調に発現したという予定調和的なものだったのか、など具体的状況は明らかにされていない。むしろ明治二十年代までは、庄内での育英事業の実施は、明治十八年に上杉家と有力士族により設立された米沢教育会をもつ米沢に比べると遅れており、教育や育英をめぐる議論は盛んに行われたものの育英事業が事業として具体化され実施されたわけではなかった。また荘内館設立時には資金集めに苦労するなど、育英事業への高い理解が早い時期から地域内に浸透していたわけでもなかった。

その要因として、庄内とはいっても東西の田川郡と飽海郡、鶴岡と酒田では政治性や歴史性・地域性はさまざまであり、庄内というまとまりの一体性は当時から意識されつつも、それをまとまりとして確立化できる状態には至ってなかった。また、米沢藩や新庄藩や天童藩などと異なり、庄内藩が大きな藩にもかかわらず資金的・人材的な面において庄内において育英事業実施の主体となり得なかった。明治十年代後半から東京や故郷において組織化される同郷会や青年会や旧藩関係団体が育英事業の主体となるのが同時期の一般的状況の中、庄内藩が育英事業に関与しないことは庄内の育英事業実施に影響をあたえた。

また、維新後松ヶ岡開墾に従事した士族を中心に鶴岡にとどまる旧藩士族の集団がいわゆる御家禄派として酒井家を中心に精神的経済的団体として明治二十年代以降立ち現れ、御家禄派士族に生活保障を与えるとともに庄内の政治経済に大きな勢力を築く。御家禄派は旧藩の教育を重視するとともに、士族子弟は士族自ら教育することが重要であり、明治政府が推進する近代制度的な高等教育や、高等教育をうけるための上京遊学に否定的な立場をとる教育観をもつ。このような教育観がもたれた背景には、政府や三島通庸県令の押しつけ的な教育政策に対して、順応する面もあったものの、士族の私塾などにおける中等教育の実質的実施という庄内地域の独自的な教育実績の自負にもとづく反発や、上京遊学を許さない士族の経済的理由なども影響した。そして、この教育観が昭和初期の農村塾風教育の隆盛のなか「荘内学」として理論的に価値化されるが、この御家禄派の教育観が、明治二十年代まではいまだ明確化されていなかったとはいえ、地域の教育や鶴岡士族にどのような影響をあたえたのか検討する必要がある。また御家禄派の範疇には含まれない酒田に居住する庄内藩士族や、松嶺藩士族はどうであったのかも問題となる。庄内の教育や士族の教育を考える場合、どうしても御家禄派的な教育観を検討の出発点に置き、それに地域の教育観が代表される傾向があるため相対化してゆく必要があろう(3)。

本稿では以上の問題意識をふまえた上で、明治初期から荘内館が設立される明治二十年代までの庄内における育英事業の実態と育英事業をめぐる言説について、東京や庄内の各地域に設立された同郷会や青年会における青年・学生の動向や演説・論説を史料として分析し、当該時期における庄内の育英事業の特徴を明らかにする。育英事業をめぐる研究史は主に同郷会や青年会や旧藩団体を分析対象として行われてきた。そこでは、藩閥の人材再生産方法、個別事業団体の分析、国民国家成立期のなかで共同性形成に諸会がはたした役割、旧藩団体から民間、地方公共団体へ育英事業の実施主体が変遷することが明らかにされている。しかし、地域に即して旧藩や同郷会や郡、東京と故郷の相互関係、教育や育英をうける側である学生や青年の立場や動向などから、地域の育英事業の実態とそこに含まれる問題と特徴点を明らかにする研究は十分行われていない。

また教育史においては、近代社会において地域の中学校が学生の社会移動に果たした役割の研究、地域における中学校設立問題を民権運動と連動させて論じ、運動家や地域豪農と国家や県令・郡長との教育観の対抗構造のなかから地域の独自的教育要求の高まりと最終的な国家の教育制度への統合の過程が明らかにされる。しかし、視点が数量的、制度史的、民権運動的な面で捉えられがちであり、同時代の制度的教育や政治の影響をうけつつもそれから自由でもある青年層や学生層の独自の動向や視点が見落とされがちである。

育英事業という視点から地域の教育問題を捉えると、制度的な教育・学校設立史には表れてこない地域の歴史性や政治性にいろどられ潜在的に価値づけられてきた教育や育英に対する要求や価値観が事業の規則において意識的に表明され、それを旧藩や同郷会・郡・資産家といった地域内の各主体が事業を通じて、国家の教育に対する統制が確立された明治中期以降もなかば自由に、もしくは制度的教育と連動させて実施していることがわかる。地域の教育の実態を明らかにするには、制度的教育のほかに地域が複合的に持つ教育動向を視野に入れる必要があり、育英事業の分析は地域がもつ教育の深みを明らかにするうえで重要である。(4)

一　幕末維新期の上京遊学

幕末維新期、庄内藩は藩士を兵学・洋学・語学修業のため積極的に江戸・東京に派遣している。慶応三年（一八六七）には幕臣で開成所で教鞭をとる大鳥圭介の塾へ藩士を藩命で入門させている。明治三年（一八七〇）には多数の藩士を鹿児島藩に兵学修業のため派遣している。明治五年前後には富田善四郎・加藤元弥・服部俊太郎・水野弥太郎を洋学・語学修業に派遣している。このような藩の遊学派遣のピークとして、旧藩主兄弟の酒井忠篤・忠宝のドイツ留学が明治五・六年に行われる。このように庄内藩は維新期までは盛んに士族を遊学に出していた。しかし、明治政府での西郷隆盛の失脚を契機に、庄内藩はドイツ留学から明治十二年（一八七九）に帰国した旧藩主兄弟をはじめ、中央に出ていた軍人や遊学者といった人材を、家族や親類の不安のなか故郷に引き上げさせる。(5)

一方で、廃藩後も鶴岡にとどまった大多数の士族青年は、上京遊学に対してどのような認識をもっていたのだろうか。庄内藩は廃藩置県後も旧藩時代の実力者である菅実秀を中心に旧藩軍制を維持しつつ士族の生活維持のため明治五年（一八七二）から開始した農地開墾にそれを活用し、開拓した松ヶ岡開墾場に士族を入植させ養蚕業に従事する。御家禄派は松ヶ岡開墾に従事した士族を母体として形成されるが、西郷の失脚後は中央に人材を出すことに否定的となり、菅を中心として鶴岡に集団で滞留する。のちに御家禄派の重鎮となる黒崎研堂は友人の大島淵蔵が中央での立身出世の望みを持っていることを知り黒崎もそれをすすめたが、大島の兄が許さず、結局「菅先生の意見をきいたところ、父兄の言付けに背いてはならない、よしんば君の言が正しいとしても、おのれをすてて命令に従うべきである」という菅の「お言葉」で大島は思い止まった。[6] 黒崎も日々開墾作業に従事したが、上京して立身する願望を捨てたわけではなかった。勉強せずただひたすら農作業に従事する自分に対して不安と立身出世への煩悶をかかえていた。

明治八年頃からは菅実秀を中心とする勉強会が本格的に始まり、経書の会や詩文会といった教養だけでなく、野外での釣りや猟も盛んに行われ若者が多数参加した。黒崎は勉強会で養成される有望な若者について期待すると同時に、優秀な若者たちを中央に送り出せないことを嘆いている。また黒崎も中央の政治情勢に対して高い関心を維持している。黒崎は加藤元弥からの手紙に記してある「政治を改めて全国を六区制に改め、農、商兼務の一省を設置する案が都下で論ぜられているという。また民権の運動が日増しに盛んである」との記事を自分の日記に書き写している。[7]

このように、のちに御家禄派を形成する士族青年たちは、日々開墾に従事しながらも、心の中では遊学して中央で活躍することを夢見ていた。しかし、庄内旧藩をとりまく中央の政治情勢の変化や、上京遊学に否定的な菅の指導のもと鶴岡に集団として滞留し生活を維持しているなかでは、そこから抜け出し上京遊学することは、集団からの逸脱を意味し精神的経済的に生活の支えを失うことになり困難であった。

二　荘内同郷会の設立

明治十年代になると全国で東京への遊学が盛んになる。上京した学生は同郷会を設立し、同郷会は上京青年の拠りどころとなる。のちに御家禄派を形成する庄内藩の士族青年が遊学を行わないなか、同郷会の母体を形成するのは法律学を学ぶために上京した庄内藩士族青年であった。明治十年頃から栗原幹・西村（俣野）時中・栗原譲・堀三友・加藤幹雄など、新設された司法省法学校に入学する青年があらわれる。(8)彼らの特徴として例えば栗原や俣野などワッパ騒動の関係者である点があげられる。当時は各地域で青年の立身のための学問として法律が学ばれ、鶴岡士族の青年が法律学を学ぶことはめずらしい事例ではない。栗原幹らは恐らくワッパ騒動を経験として、法律による社会正義の実現をめざす意欲をもって入学したと推測される。つまり彼らはワッパ騒動を鎮圧した側のいわゆる御家禄派的士族集団とは異なる土壌から登場してきたのであり、鶴岡の主流的士族層とは異なる側から、上京遊学とそれを支援する同郷会が形成されたといえる。

明治十五年（一八八二）三月、彼らのほか長尾景三・堀田彦三・井村正義・金井義質らを中心に荘内講談会が組織され上京青年の集団化がはかられる。講談会の活動内容は明らかでないが、その後東京への遊学者が増加すると講談会の規約では「稍々其規模ノ狭キヲ感ズルニ至」るようになり、新たに規約を作成し名称も二十年（一八八七）に堀や田中茂一郎・田中周得・庄司（小松）林蔵・照井清孺らを中心に荘内同郷会と改称して再出発する。(9)講談会や同郷会設立の中心人物をみると、それまでの鶴岡士族の法学校学生だけでなく、警視庁につとめる者や医科大学の学生、飽海郡出身で私立法律学校に学ぶ学生が存在するなど、青年の職業・学問内容・出身地に多様性がでてきた。

この時期、学生の東京への遊学が増加した背景には鶴岡での中学校の整備が影響している。後の私立荘内中学校の前身となる鶴岡変則中学は明治十年（一八七七）に設立され、十二年に西田川郡中学校と改称した。十六年（一八八三）に酒井伯爵邸に移転したが、徐々に教育内容が整備され校風が振るい入学者も一二〇名ほどあった。十九年（一八八六）一時廃校になり私塾英学会として存続するなど断絶もあったが、二十一年（一八八八）七月東西田川郡の有志の努力により私立荘内中学校として復活する。

同郷会の規約をみると、目的は同郷人の親睦と東京に出てきた遊学生の便益をはかり、地域振起と国家の元気を養成するとされた。活動は通常会での智徳淬励と弁論練磨といった学術面が重視されるとともに雑誌の発行も企図された。会員資格は「旧庄内人及ヒ縁故ヲ有スル人」とされるも「庄内人」の定義は明確でない。会長は同郷人で徳望ある人物の就任を予定し、会の規則に背く行動をとった会員は除名するとされた。この規約を同時期に設立された山形県の他地域の同郷会の規約と比較すると、学術が重視され学費貸与や寄宿舎設立などの具体的な育英の視点が弱い、旧藩意識が弱い、庄内の定義がなされていない、共同性の維持に努力がはらわれるなど共通性が高いといえる。

会員であるが、明治二十一年四月時点で七九名が参加している。会員は東京の学生である通常会員、庄内や仙台在住の有力有職者の地方会員、東京在住の有力有職者である特別会員の三種で構成されていた。地域別では、西田川郡四〇名、東田川郡三名、飽海郡二六名で、東田川郡のうち鶴岡が三一名、飽海郡のうち酒田九名・松嶺六名であった。鶴岡と松嶺といった城下町出身者が多数をしめ人口比からみても高い輩出率であった。学生の在籍校は法律学系が一六名と多く次に医学系が七名であった。私立法律学校が多く帝国大学は少数であった。地方と特別会員の職種別であるが、警察関係者が四名と多く、教員が三名、官僚一名となる。その他は故郷で議員や町長をつとめる有力者がみられる。法律関係者は二名と少ない。特徴としては、法律関係の有力者が中心でないこと、全体的に故郷と東京の有力者の会員数が少なく同郷会とのつながりが弱い点があげられる。

例えば、同時期に村山地方の同郷会として設立された村山会が宮城浩蔵など旧天童藩士族の有力な法律関係者を中心に形成され、彼らと在地有力者のあいだに政治党派性はみられるものの表面的にはつながりが存在したのと比べると、荘内同郷会は学生中心で形成された特徴を確認できる。これは有力者の引き上げにより東京在住の有職有力者が少なかったことも影響している。また旧藩の影響力が弱く旧藩主や有力士族の指導と金銭補助が期待できなかった。荘内同郷会は俣野時中などが人材養成のための学資貸与と寄宿舎設立の計画をいちはやく検討していたが、この時点では同郷会に具体的な育英事業を実施するためのビジョンと経済的余裕はなかった。

明治二十年（一八八七）十一月には鶴岡に荘内青年会が設立される。青年会は目的を「地方有為ノ青年」の団結と「地方衰頽」の挽回と隆盛におくなど、同郷会と異なり鶴岡に滞留した青年と地域を強く意識して設立された[10]。会員資格は「庄内人若クハ庄内ニ縁故アル者」とされるもその定義はされていない。事業は学術演説と運動におかれた。青年会は同郷会と対立したかというとそうではなく、規則において「本会ハ庄内同郷会（在東京）ト親密ノ気脈ヲ連絡スルモノトス」[11]と記すように、積極的な交流を求めていた。青年会設立の中心メンバーで幹部の神戸壮太郎は上京して同郷会の会合に出席し、郷里鶴岡の現状報告、両会の提携による地方振起の必要性を演説している。

設立時の会員数は一三一名で、会員には朝暘小学校や私立荘内中学校の教員や中学校設立に尽力した庄内の有力者が確認できる。その一方で、松ヶ岡開墾に参加した松ヶ岡開墾社員も一二名確認できる。この特徴からみると、青年会は地元鶴岡のいわゆる進歩的青年とそれに理解を示す有力者が中心メンバーだったといえる。そして、中心メンバーたちの教育観には、例えば会の機関雑誌に掲載された神戸壮太郎の論文「荘内ニ高等学校ノ設立ヲ望ム」をみると、高等学校の設立（中学校の設立ではない点が注目されよう）が庄内の抱えるあらゆる停滞を打破し進歩につながる点が素直に力説されており[12]、ある意味素朴急進的な高等教育万能主義であるが、進歩的な教育観が述べられている。そして、神戸壮太郎の父親の善十郎は旧藩主兄弟のドイツ留学に随行した人物で、菅の引き上げ政策により新知識を学んだ旧藩主兄弟も鶴岡に帰ったことに反発して割腹自殺を遂げていることなどをふまえると、中心メンバーらの教育観と開墾士族を統率する菅などの御家禄派的な教育観は対立する面があったといえる。

私立荘内中学校設立時に神戸ら青年会の「進歩派」と目される中心メンバーたちは、近代的・制度的中等教育に否定的な開墾士族の襲撃をうけているが、対立点は中等教育に対する両者の教育観の相違だけでなく、キリスト教者である藤生金六が中学の校長として招聘されるなど、素朴急進的な進歩主義に対する御家禄派士族のいいようのないいらだたしさも存在したと考えられる。青年会それ自体は開墾社員の士族も参加する地域の青年・有力者の団体という側面があり、旧藩の影響力も特には感じられない。そのような点からすると、青年会の青年が遊学しなかった背景にはいろいろな理由があるのだろうが、東京に遊学に出た青年への反感は青年会および御家禄派の青年ともに存在しなかったといえる。

三　飽海好友会の設立

飽海郡と酒田はどうであったか。飽海郡では明治十二年に酒田中学校が酒田に設立されたが十六年三月火災により校舎を失いその後再建の動きがあったが、酒田中学校の設立資金の使途と管理運用方法をめぐる民権運動の高まりもあり実現しなかった。そこで飽海郡では十七年（一八八四）に飽海郡貸費生規則を定めて、郡内の向学の青年に学費を貸与し遊学させることにした[13]。これは山形県では最も早期に実施された育英事業であったが、その早期性の背景には、酒田では中学校が鶴岡の中学校のように遊学のための階梯として十分に機能できなかったという要因があった。

　同年三月に最初の貸費生九名が選ばれ、彼らはすべて東京の帝国大学や私立法律学校に学んでいる。規則は二十年に改正され、貸費生の資格は五年以上郡内居住者で成業の見込みある者、医学と宗教学は対象から除かれ、貸費金額は中学は月三円以内、高等中学帝国大学各種学校は月七円以内で、その後帝国大学のみ月十二円に増額された。貸費生在留地には郡長嘱託の監視委員がおかれ貸費生の現況が郡長と郡連合町村会に報告され、貸費生は厳しい監督のもと生活した。規則は二十三年（一八九〇）に一時中断され三十八年（一九〇五）に再開した。

　貸費生についてみると一時中止される二十三年までに、士族一八名・平民一二名の三〇名が貸費をうけた。注目されるのは、第一回の貸費生に酒田の平民の女性が一名選ばれている点である。地域でみると、酒田八名（士族三、平民五）、松嶺八名（全員士族）、鵜渡川原村五名（士族四、平民一）となり、飽海郡でも松嶺藩城下町の松嶺と、士族の居住が多かった鵜渡川原村の人数が多い点、全体的にみても士族が多い特徴がある。学校では、帝大五名（士族四名）だが、私立法律学校進学者が一四名（士族七名）と多く選考されている。同時期の米沢教育会の貸費生八名の学校が帝大五名と東京高工三名とすべて官立であるのと比べると、飽海郡貸費生規則は女性や私立学校を選考するなど柔軟で多様性にとみ平民的な内容をもっていたといえる。[14]しかし、細部をみると松嶺など城下町士族が人口比に比べ多く選考されているなど、上京学生を検討すると飽海郡と酒田が潜在的にもつ士族性があらわれてくる。

　飽海郡出身学生も荘内同郷会に参加している。同郷会会員七九名のうち二六名が飽海郡出身者で、そのうちの一三名が貸費生で、貸費生が飽海郡学生の半数を占めていた。貸費生は同郷会と飽海郡出身学生集団の両方において中心的メンバーとして活動していた。荘内同郷会の幹事三名のうち二名は熊谷直太と小松林蔵の貸費生であった。二十二年（一八八九）十二月には飽海郡出身学生祝賀会が東京新橋の千歳楼で開かれ四〇名が参加したが、この会で演説などを行った人物八名のうち長濱寅蔵・熊谷直太・佐藤八三郎が貸費生であった。この祝賀会は同郡出身の総崎貞夫と小松林蔵の卒業記念であったが総崎も貸費生であった。飽海郡の学生は、例えば熊谷のように西田川郡中学校を経て上京するというように地域での学歴階梯をふんでいる者もいたが、酒田中学校が廃止されているなか、多くの青年は中学を経ず東京に遊学に出ていたと考えられる。

彼らの東京での生活は苦しく、貸費金額の七円でやりくりすることは厳しかった。熊谷の回想によると、熊谷と小松・加藤幹雄・村山出身の安達峰一郎らは共に生活しお互いに援助しあう精神で勉学に励んだという(15)。そして先に就職した小松や鶴岡出身で海軍軍人の佐藤鉄太郎らは、学業を続けている熊谷らの生活を援助したという。当時における学生の生活苦は飽海郡学生に特有の問題ではないが、中学校の不全と鶴岡よりも北に位置するという地理的な問題もあり、飽海郡学生の上京遊学はより困難が存在したと推測できる。

そのようななか、飽海郡出身学生のあいだで自分たちの同郷会を設立しようとの動きが出てくる。飽海郡出身学生の増加からその統合の必要性がさけばれ、明治二十二年十月飽海好友会が設立される。この分離行動に対して荘内青年会は荘内人の協心同力を妨げるものだとして非難した。会の目的は「在京飽海郡人殊ニ学生諸氏ノ便宜ト利益」におかれ学生主体の会であることが確認され(16)、規約において「懇親励徳智識交換」が活動の中心におかれた。注目されるのは「各自ノ緩急ヲ救済シ」「基本金ヲ以テ会員ヲ補助セントスルトキハ」などと、会員の救済・補助に関する規約が存在する点である。この時期設立される同郷会の活動は演説や懇親中心で、上京学生への具体的援助策はいまだ十分整備されておらず、飽海好友会のようにわざわざ救済規約を明記するのは特徴的である。飽海郡のみの会であるという性質に由来する親近性と生活苦の共有感が、相互扶助意識を高めそれを明記することを可能にしたと考えられる。

会員は七八名で、貸費生は一九名、荘内同郷会への参加者は二一名であった。貸費生の一九名という人数は、東京に出ている可能性のある貸費生二八名からみると約七割にあたる。地域別にみると酒田二八名、松嶺一〇名、鶴渡川原八名となり、松嶺と鶴渡川原の士族居住地が多く、人口比からみても松嶺と鶴渡川原両地域の会員輩出率は高かった。会員は上京学生とその卒業生の有職者からなる通常会員と、飽海郡と少数だが東京に居住する有力者からなる賛成会員から構成されていた。有力者の職業構成は県会議員や郡長や医師であるが、荘内同郷会と異なり注目されるのは、農の肩書きを持つ地元の豪農が多く含まれている点、警察官僚がほとんど確認できない点である。学生が故郷の有力者の協力を積極的に取り付けていたこともあり、同郷会よりは地域とのつながりが強かった。

飽海好友会は相互扶助の規約をもち育英事業の恩恵をうけて上京遊学している貸費生学生が多く在籍していることもあり、具体的な育英事業の実施態勢は整えていなかったが、育英事業に対する好意と注意力は高かった。飽海郡は明治二十三年に貸費生規則の募集を一時中断した。その理由は貸費生の素行問題、飽海郡内の小学校経営に対する資金投入の必要性などいくつかの要因が存在したが、この動向に対して、小松林蔵は同年三月の好友会の会合で「飽海郡貸費生規則中止ニ就テ」という演説を行っている。[17]その内容は不明だが、例えば後述するように二十四年（一八九一）二月には酒田青年会が一時中断を非難する論説を掲載していることをふまえると、小松の演説は自らがうけてきた育英事業の中断を非難する内容であったと推察できる。好友会の貸費生会員は、育英事業を議論としてではなく経験としてその効果と必要性を認識し、育英事業の中断や廃止が教育に大きな影響をあたえる点を憂慮していた。

またこの時期庄内に特徴的な動向は、明治二十年から二十二年頃にかけて酒田周辺を中心に青年会が盛んに設立されている点である。会員数は数十名から六～七〇名余で一〇以上が設立されている。特に大規模なのが酒田青年会で、酒田に本部を置き目的は「同志ノ青年互ニ智識ヲ交換シ徳義ヲ砥礪シ元気ヲ振作シ他日ノ成達ヲ期図スル」とされ「庄内青年カ思想ヲ発表シ及声気ヲ相通ズル機関」として雑誌が発行された[18]。中心人物の本間与吉は地域問題と青年の学習活動に力を注いだ人物で、その後飽海郡諸会の統合と荘内館の設立に役割を果たした。各青年会の活動は演説や懇親会・雑誌の発行で地域振興策や時事問題も討論された。亀ヶ崎青年会のように鵜渡川原小学校高等生の集まりであったり、嶽麓青年会のように智識道徳の増進だけでなく地方実業改良を目的にする会もあるなど多種多様であった。

同郷会や青年会とは異なる性質の会も鶴岡や酒田に設立されている。明治二十一年十二月には鶴岡の実業青年らが商工談話会を設立し実業に関する研究を行った。二十二年四月酒田に設立された江北学術研究会は酒田実業家青年が業務のかたわら学術を研究し地方時事を討論する会として会員数五〇名余で発足した[19]。発行された『江北雑誌』は「智識交換」「思想ヲ吐露」する会場として利用された。山添同感会はもとは上山添夜学会という夜学会であったが、夜学会では時勢に応じられないとの声があがり「教育殖産興業」を盛んにする目的で明治二十二年末頃設立された[20]。会員は四〇名余で会長の五十嵐広治ら地域の有力者の子弟が参加している。実業と教育に力をおき実際的な智識養成が図られた。独自に三年制の五峯義塾を設立し青年壮年有志に読書・作文・算術・経済を教授した。

このような諸会は同郷会や青年会とも異なり、単なる懇親や演説だけでなく独自の教育を行う意欲をもつとともに、地域の実業研究や実際的智識の養成を強く意識して運営されていた点で特徴的であった。東京への上京学生の増加と同郷会設立の影響は故郷の青年層の活動を促し、東京と故郷の活動は相乗的に影響しあい活発化していったといえる。

四　さまざまな育英観（教育観）の展開

東京と庄内に諸会が設立されて各会が特徴ある教育活動を行った意義は、庄内の教育をどうすればよいかという議論が盛んになりその方法が諸会＝青年の立場から論じられた点にある。活動を通じて人材養成＝育英に対するさまざまな考え方＝育英観・教育観が発言され出揃った点にある。ここではその特徴的な育英観を四つほど検討する。

①荘内同郷会の尚活生は明治二十二年六月機関雑誌『維嶽雑誌』のなかで、上京遊学する学生の数を誇るのではなく、各学生の学業の成否と学生が知識を地域の発展にどのように還元するのかが重要であるとの意見を主張している[21]。各分野で地域間競争が盛んになるなか、故郷が学生をどの程度上京遊学に出しているのかが故郷発展の指標となり意識化される。育英事業をめぐり学問の内容と人材の地元還元が重視されはじめるのは、日清戦争後に実業が注目され郡の育英事業が実業重視の貸費をはじめてからであるが、同郷会や旧藩の育英事業では実業的な学問と人材の地元還元は重視されなかった。その意味で、尚活生の学業の成否と人材還元を重視する意見は現実的な育英観であり、同郷会という性格からしてもいち早い内容で重要であった。

②上京遊学の意義は否定しないがその場合まずは地元での中等教育をきちんと施し、その上で優秀な学生は貸費生に選抜するなど育英事業によって上京させ勉強させるべきだとの意見で、荘内同郷会の寺島成信が二十二年八月『維嶽雑誌』において主張している[22]。未熟な学生にいち早く学資を与え遊学させることは弊害が多く、地域教育の振興にもつながらないという考えであった。寺島は具体的には飽海郡貸費生規則を批判しているのだが、この背景には庄内における中学校設置という政治的問題が存在していた。飽海郡では中学校の廃止というハンデを貸費生規則の実施

により克服していた。一方で鶴岡では現在ある中学校をさらに拡充して庄内の中等教育を確固たるものにしたいという有志の考えがあった。そこで、飽海郡に対して育英事業資金の中学校拡充費用への転用など中学校運営への協力を求めたのであった。しかし、中学校問題は庄内三郡と鶴岡・酒田それぞれの政治的背景があり順調には進展しなかった。寺島の意見にはこのような政治的側面も含まれていたのだが、育英事業の熱気から一歩引き、地元での中等教育の重要性を主張し、その後望みある学生は育英事業で遊学させればよいという、育英事業を実施する意味と段階について、地域教育のありかたと連動させて分析している点で重要である。

③育英事業実施に対しては、政治的な背景もあったが批判的な意見がある一方で、育英事業が人材養成に果たす意義を理解して一時中止を非難する意見も出された。酒田青年会の西疇居士は二十四年二月機関雑誌『嶽南之青年』において、飽海郡貸費生規則それ自体が画期的で「善美ナル方法」であり成果をあげているにもかかわらず、多少の弊害を理由に中止することはよくないと指摘する。(23)弊害があるのは制度としての歴史が浅いためで、運営上さまざまな不備が存在するのは止むを得ず、漸次改良してゆけばよいと主張する。この意見で重要なのは、育英事業を実際に運営する難しさを理解しつつも、それ以上に育英事業が人材養成に果たす成果を積極的に評価して美挙であるとプラスシンボル的に位置づけている点である。一時中止の背景には恐らく郡会の政治動向が影響したのだろうが、青年会に属する地域の青年層がこのような積極的なプラス認識を育英事業に対して有していたことが重要である。

④前述したように、この時期にはさまざまな諸会が各地域に分立的に設立され活動した。諸会の設立ラッシュは憲法発布や帝国議会開設前後の情勢のなか地域内で教育熱が高まったこともあるが、懇親や演説だけではない自発的な教育実施とは何かという探求が考えられるようになったことを反映している。そして諸会では上京遊学のみに集約されない地域における教育の方法と可能性が多様に提示され実践されていた。諸会の設立意義はそこにあったといえる。

以上多様な育英と教育に対する動向をみてきたが、これらの意見や実践は混沌としていて、多様な意見をまとめあげることができる庄内全般をカバーした上部的組織も形成されていないこともあり、いまだ確固たる実施や制度までには高まっていない。しかし、主張や活動が地域における諸会の青年層の自主的な活動により提示されている点が重要であり、そこに庄内の育英が次の段階に進むためのエネルギーが蓄積されていたと考えられる。

五　荘内館の設立

諸会の設立はさまざまな育英観・教育観の主張を生み、地域の育英や教育に対する認識は混沌としていたが、明治二十三年頃から徐々に諸会の統合の気運が高まり、その動向の中から観念的ではない具体的な育英事業実施への動きがでてくる。明治二十二年十月に東京で荘内中学校同窓会が開催された。これは中学校を卒業して上京した学生が六〇余名に達し「此際互に会合して旧故を談じ将来を話するは頗る有益の事」との認識から開かれたもので、小倉安敬、平山保雄、熊谷直太、佐藤慶次、寺島成信ら同郷会会員が発起人であった[24]。また中学を経ているか否かは明らかでないが、明治二十三年頃には東西の田川郡から私立の法律学校を中心に数百人の若者が上京遊学していた[25]。

同窓会が開催された背景には、中学校が上京の学歴階梯として有効に機能したことがあったが、注目されるのは地域を基盤とする同郷会とは別に学校を単位とした会が設立され定期的に会合が開かれるようになった点である。鶴岡を中心に庄内出身の学生が私立荘内中学校をルートとして上京することが確立され、飽海郡貸費生もその流れの中により位置づけられるようになり、上京学生のあいだで学歴と育英事業の有効性の認識が高まったことを示している。

一方で、庄内ではそれまで分立傾向にあった諸会の団結が促されるようになる。明治二十二年四月酒田青年会と飽海郡の各青年会の団結が行われ飽海郡青年会が成立する。さらに二十三年九月には飽海郡青年会と在京の飽海好友会の連合が成立した。諸会の連合は酒田青年会が積極的に主張し実施された。

こうして、飽海郡を中心に庄内青年の一体化の萌芽が示され始めたのだが、このような時期に起こったのが前述の飽海郡貸費生規則の一時中止問題であった。庄内青年の一体化と私立荘内中学校を核として上京するルートが確立されはじめた時期だけに、上京のための重要な育英事業であった貸費生規則の一時中止という問題が学生に与えた影響は大きかったと考えられる。そして酒田青年会の会員や、小松のように教育に果たす育英事業の重要性を身をもって体験している貸費生にとっては見過ごせない問題であり、貸費生たちはあらたな育英事業実施の必要性を痛感したといえる。また、二十三年頃から三矢重松・若松久米吉・白井重任ら数名の学生が自炊庵という共同生活を始め、自炊庵と交流した荘内同郷会の会員が共同生活の修養上・経済上における有益性を認識し、寄宿舎設立の必要性を痛感したことも影響した[26]。こうして、荘内同郷会・荘内青年会・飽海好友会・飽海郡青年会の会員や貸費生経験者で学歴の効果と育英事業の重要性を認識する学生を中心に育英事業実施への気運が高まっていった。

明治二十五年頃から彼らを中心として東京に寄宿舎を設立するべく資金集めが開始されたが、当時は「郷里の荘内人に育英の必要を解するもの少く、また在京の先輩といふべき人も極めて少なかった」ため思うように資金は集まらなかった[27]。しかし、会員の努力と庄内の地元有力者の協力もあり、二十九年（一八九六）に荘内同郷会の事業として東京に寄宿舎の荘内館が設立される。さらに三十一年（一八九八）からは育英部が発足し学資貸与事業も開始された。

荘内館設立を促した要因としては、鶴岡の中学校が機能したことによる段階的学歴を踏んだ上京学生の増加と彼らを中心に学歴の効果がいち早く認識されたこと、学生が卒業して有職者になり経済的余裕を得たこと、飽海郡貸費生規則を経験している学生らが自身の経験として育英事業の必要性と有効性を認識し規則の一時中止によりその認識が貸費生を含む青年層全体に広がったこと、東京と庄内において同郷会や青年会の統合がすすみそれまでの混沌とした育英観と諸会の動向が落ち着き、庄内という地域の一体化と庄内に果たす青年の積極的役割の意義が説かれるようになったこと、などが考えられる。庄内の一体性の確立という点では、明治十年代後半から活発化する、中学校設立問題を含む庄内共通の諸問題を議論する庄内三郡の有力者の話し合いが重要な役割を果たしたのだが、それと並行しつつも独自に行われた青年層の諸会における運動・活動も重要な役割を果たしたといえる。この時期に庄内地域に特徴的に現れたこれらの諸要因が相互に影響して、荘内館設立という具体的な育英事業実施につながったと考えられる。

そして、旧藩の存在や在京士族有力者の指導ではなく、東京と庄内の青年層の混沌としつつも熱意ある教育や育英に対する自己運動の結果として荘内館の設立が行われた点に庄内の育英事業の特徴があった。荘内館は大正十一年（一九二二）五月山形県に対して「他地方に於ては旧藩主又は富豪より数万円乃至数十万円の交付を受けたるものなきに非ず、然るに本館に於ける上記金額は四百六十四人の醵出に係り小額の寄付金を二十余年間集積したるものにて他の団体の資金とは其の性質を異にするものなり(28)」と荘内館基本金の性質を説明しているが、これはまさに庄内における荘内館設立の運動過程を示している。

そのような自己運動を生み出す原動力として、東西の田川郡と飽海郡、鶴岡と酒田と松嶺といった各地域の独自の地域性や歴史性の相違といった庄内の地域としての多様性が強く作用したといえる。青年たちの諸会の設立と結合、諸会での演説や雑誌での主張による運動によって、庄内が地域としての一体性を確立する可能性を示し始めた時になって、庄内という地域を基盤とする具体的な育英事業の実施もはじめて可能になったのである。大正八年（一九一九）の文部省の調査において荘内館は「本財団ハ荘内（山形県東、西田川、飽海、三郡ノ）教育ヲ奨励シ人材ヲ養成スルヲ目的トシ」と回答し、以前は漠然としていた庄内の定義が明確化されている(29)。

一般的に同郷会はいち早く組織化されても育英事業の実施は旧藩の団体に対して遅れる傾向があった。これは、同郷会が旧藩の指導と大幅な資金援助を受けて設立された場合は別として、普通は学生主体の組織で懇親・演説活動が中心で、資金的・人材的に育英事業を具体化する要素に欠けていた点に原因が求められるのだが、荘内同郷会が他の同郷会にさきがけて育英事業を実施できた背景には、以上みたような庄内の地域的諸特徴が影響したと考えられる。

おわりに

明治二十年代までの庄内は育英事業に対して先進的な要因と流動的な要因が混在していた点に特徴があったといえる。先進的要因としては、盛んな諸会の設立とそこでの活発な議論の存在、鶴岡における中学校の機能化、飽海郡の育英事業実施とその経験、庄内に内在する一体性と多様性という相反する地理的・政治的要因が生み出す自己運動の強さなどである。流動的要因としては旧藩や有力士族の指導の弱さ、東京と故郷のつながりの弱さ、庄内の多様性に由来するまとまり意識の弱さなどである。米沢と異なり、旧藩が役割を果たせず、意識的には存在した庄内という地域意識を具体化させるのに時間がかかったことが明治十年代後半での育英事業の不実施に影響したと考えられる。しかし、流動的要因の部分は徐々に取り除かれてゆき、また流動的要因は逆に青年層の自己運動を生み出す原動力ともなって、明治二十九年に同郷会が実施する育英事業としては他地域にさきがける荘内館の設立につながった。以降は庄内の持っていた先進的部分が発現され、名実ともに育英事業が盛んな地域となってゆく。明治三十年代以降になると郡を主体とした育英事業が各郡で実施されその多くは実業教育重視であったが、東西の田川郡と飽海郡の事業はともに高等教育を重視していた。そして、明治後期になると荘内館の集会に酒井家が参加し会員が酒井家の万歳を唱えるなど、米沢や最上の同郷会に対して遅れていた旧藩の同郷会への取り込みがようやく行われる。

最後に御家禄派と上京学生の関係についてであるが、庄内では明治十年代から多数の青年が上京遊学に出てさまざまな活動をしていたことがわかる。御家禄派が明確に形成されてくるのは明治二十年代からではあるが、それ以前において御家禄派的な教育観や価値観は、鶴岡の青年の上京遊学を阻止するまでの影響力をもっていなかったといえる。また庄内には鶴岡だけでなく酒田や松嶺の士族や飽海郡青年の上京遊学の多様な事例もあり、庄内の青年や上京遊学の特徴を御家禄派の教育観で象徴させてしまうことはできないと考える。推測の域を出ないが、二十年代以降においても、御家禄派の教育観と上京遊学に対する考えは、あくまでも鶴岡という一地域、庄内旧藩の士族集団内でも御家禄派という士族派内の教育に対する構えであり、御家禄派の集団に属する青年にとっては強い煩悶要因になるが、庄内全般の地域・士族・青年の教育観に強い影響をあたえたり上京遊学を妨げる要素ではないと考えられる。

註

(1) 本稿では育英と教育という用語について、育英は特に人材を養成するための方法という意味を含めて使用し、教育は通常的な人を教え育てる方法という意味を含めて使用する。

(2) 例えば、佐藤源治『山形県教育の発達と地域社会』(佐藤源治先生退職記念出版協議会、一九七〇年) 一八〇頁。

(3) 荘内学および御家禄派については、菅原兵治『教の国荘内—荘内学の輪郭—』(素行会、一九三九年)、『鶴岡市史』中巻(鶴岡市役所、一九七五年)、渋谷隆一「旧荘内藩御家禄派の企業展開と儒教」(『地方金融史研究』38、二〇〇七年)、阿部博行「明治期庄内の青春群像」(『地方史研究』三五二、二〇一一年) など。

(4) 研究史については、荒井武編『近代学校成立過程の研究』(御茶の水書房、一九八六年)、菅原亮芳「明治期民間育英

（5）奨学事業史の一断面」（『地方教育史研究』14、一九九三年）、中川言美「芸備協会による育英事業の成立と展開」（『教育学部紀要』第一部〈教育学〉42、一九九四年）、成田龍一『「故郷」という物語』（吉川弘文館、一九九八年）、広田照幸・鈴木智道・高瀬雅弘「旧制中学校卒業生の進路規定要因に関する研究—山形県鶴岡中学校を事例として—」（『東京大学大学院教育学研究科紀要』39、二〇〇〇年）、永添祥太『長州閥の教育戦略』（九州大学出版会、二〇〇六年）。
（6）山添直・久保威夫編訳『黒崎研堂庄内日誌』第一巻（黒崎研堂庄内日誌刊行会、一九八四年）四二三頁。
（7）『黒崎研堂庄内日誌』第二巻（一九八五年）一八頁。
（8）加藤省一郎『臥牛菅実秀』（致道博物館、一九六六年）二八一頁。
（9）手塚豊著作集第九巻『明治法律教育史の研究』（慶応通信、一九八八年）。
（10）『荘内同郷会報告』第一回（一八八八年、東京大学明治新聞雑誌文庫所蔵）七頁。
（11）『荘内青年会雑誌』第七号（一八九〇年、国立国会図書館所蔵）表紙裏。
（12）『維嶽雑誌』三号（一八八九年、酒田市立光丘文庫所蔵）一五頁。
（13）『荘内青年会雑誌』第一号（一八八九年）二五頁。
（14）『飽海郡会史』後編（山形県飽海郡役所、一九〇九年、酒田市立光丘文庫所蔵）一五〇～一五四頁。
（15）『米沢教育会事業経過概要』（一九三四年、市立米沢図書館所蔵）。
（16）佐藤雄能『小松林蔵君追悼録』（荘内館、一九三一年）三三～三六頁。
（17）『飽海好友会報告』第一回（一八九〇年、東京大学明治新聞雑誌文庫所蔵）一六頁。
（18）同右、二六頁。
（19）『維嶽雑誌』三号（一八八九年）一七・一九頁。
（20）『江北雑誌』第一三号（一八九〇年、東京大学明治新聞雑誌文庫所蔵）一頁。
（21）『山添同感会雑誌』第一号（一八九〇年、東京大学明治新聞雑誌文庫所蔵）二五～二八頁。
（22）尚活生「武井慶弥君ノ阪郷ヲ送ル」（『維嶽雑誌』第二号、一八八九年）七頁。
寺島成信「庄内三郡」（『維嶽雑誌』第四号、一八八九年）五頁。

(23) 西疇居士「本郡貸費生ノ事ニ就テ」(『嶽南之青年』第十六編、飽海郡青年会、一八九一年、東京大学明治新聞雑誌文庫所蔵)一頁。
(24)『維嶽雑誌』第七号(一八八九年)二六頁。
(25)『山添同感会雑誌』第一号、一四頁。
(26) 昭和十年度『荘内館第三十九回報告』(酒田市立光丘文庫所蔵)七六頁。
(27) 大川周明『佐藤雄能先生伝』(明治書房、一九四四年)六四頁。
(28) 大正十一年度『荘内館第二十六回報告』(酒田市立光丘文庫所蔵)三八頁。
(29) 大正八年三月『全国育英事業施設状況』(文部省、一九一九年)三八三頁。

「荘内史」編纂に関する一考察―幕末維新期の記述をめぐる動向を中心に―

長南　伸治

はじめに

近代における地域の「歴史意識」について問う際、同時代に編まれた自治体史に注目することは重要な視点である。従来の研究においても、地域の「歴史意識」と自治体史の関係について、重要な指摘がいくつかなされている。まず、横浜における自治体史編纂について検討した阿部安成氏は、自治体史によって地域の歴史は国家の歴史の中に位置づけられ、その結果、地域における国民統合を促したとしている(1)。由谷裕哉氏は、石川県内の自治体史編纂に関与した「郷土史家」に注目し、彼等の活動により国家に包摂されない地域独自の価値の発見・形成がなされたとしている(2)。廣木尚氏は栃木県足利市の自治体史を検討し、国家・地域・中央アカデミズム、これら各々の立場に立つ編者達の葛藤の末に完成した自治体史は、多様な価値観が混在した、同地域の不安定な「歴史意識」を表象するものだったとしている(3)。

以上の研究史から、地域の自治体史編纂は、国家の歴史との距離感を考慮しつつ展開されながらも、その記述内容と「歴史意識」との関係については、地域毎に様々な特色を帯びていたことがわかる。これは、自治体史に表れる「歴史意識」が、地域性や編纂方法等の違いにより多様であったことを示すといえよう。それゆえ、近代の地域における自治体史編纂と「歴史意識」の関係について、その全体像を把握するためにも、多くの事例を発掘することは必要であるだろう。本稿は、かかる問題意識に基づき、山形県庄内地方で大正八年（一九一九）に開始された、同地方全域（西田川郡・東田川郡・飽海郡）を対象とした自治体史である「荘内史」編纂の過程を明らかにし、同地方の「歴史意識」形成を解明する足掛かりとしたい。

この「荘内史」は、昭和二一年（一九四六）に未完成のまま編纂が終了する。この経緯につては後述する。ただ、ある特定の時代について、その記述内容が検討されていた形跡を確認することができる。それを確認できる史料が、本稿で主に検討していく、石原重俊宛千葉弥一郎書簡群である。[4]

石原は、明治五年（一八七二）に旧庄内藩士石原重威の長男として庄内の鶴岡に生まれ、同二五年に荘内中学卒業後、庄内で教職を勤める傍ら郷土史研究に取り組んだ人物である。[5]後に詳述するが、「荘内史」編纂には、中心人物の一人として関与している。千葉は、嘉永元年（一八四八）に松平大和守家臣の子として武蔵国に生まれる。幕末、新徴組に加入し、庄内藩に属し戊辰戦争に従軍する。同戦争後も庄内に残り、旧藩の開墾事業への参加や山形県の警部を務め、明治三九年（一九〇六）に東京に転居する。その後、昭和一〇年（一九三五）に死亡するまで、歴史の生き証人として各地で史実を発表し、また、庄内の郷土史研究にも取り組んだ人物である。[6]

石原宛千葉書簡群には、「荘内史」編纂の際、庄内の幕末維新期について、石原から意見を求められた千葉の返答が記されている。同書簡群を用いることで、未完に終わった「荘内史」の幕末維新期の項で、いかなる記述が検討されていたか明らかにすることができるだろう。[7]

一 「荘内史」編纂の概要

本節では、書簡群の分析の前に、「荘内史」編纂開始から終了に至るまでの経緯をまとめておきたい。[8]

大正期に入り、市町村制施行から一定の年月が経過したことを契機に、全国的に自治体史編纂の気運が高まってくる。庄内でも、大正五年（一九一六）に西田川郡の鶴岡町が『鶴岡町史』を刊行するなど、同様の気運が高まっていたといえる。

そんな中、庄内三郡の町村長会議において、「荘内史」について議論が交わされている。その動きについて、史料的に最初に確認できるのが、管見の限り、翌年一一月一三日開催の会議においてである。[9] この際の会議では、編纂費捻出方法について話し合われている。編纂費捻出方法という具体的な項目に議論が及んでいることから、おそらく、それ以前から同会議では、「荘内史」編纂について議論が交わされていたものと推測される。しかし、その議論の内容は、筆者の力不足により明らかにすることはできなかった。今後の課題としたい。

さて、同日の会議は最後まで意見がまとまらず、後日、各郡三名の委員を選出し、再度、編纂費捻出方法について話し合われることに決定している。しかし、その後も議論は紛糾したらしく、二年後の同八年に、ようやく「荘内史編纂会」が発足している。同会は、三郡の町村長で構成され、会長は代々鶴岡町長が務め、初代会長には発足当時町長だった林茂政[10]が就任している。運営費は、東田川・西田川の二郡が二五〇円ずつ負担（計五〇〇円）し、事務所は鶴岡町の大宝館に置かれている。そして、同会の活動は史料収集から開始され、その担当者には、鶴岡町図書館職員の野沢謙治、および、石原重俊・原寅一・平野成継[11]の三名の郷土史家が任命されている。

しかし、郡制廃止後、東・西田川郡からの運営費支払いは途絶え、同会は大正一二年度より鶴岡町から三〇〇円の補助を受けている。また、運営費が減額される中、史料収集も困難を極めたらしく、前出野沢は同一四年六月一三日付『鶴岡日報』紙上において、活動開始から六年経過したものの未だ史料を収集仕切れず、「荘内史」完成には程遠い状態であること、さらに、費用不足のため野沢等史料収集担当者は無報酬で業務にあたっていることを語っている(12)。

このように編纂が滞るなか、昭和四年（一九二九）、当時会長を務めていた黒谷了太郎(13)は、周囲に同会への入会を有料で募るなど(14)、資金集めに奔走する。しかし、戦争の激化と景気の低迷により運営費は減額の一途を辿り、同二一年六月七日、「荘内史」の完成を見ぬまま、同会は解散に至るのである。

二　石原重俊と千葉弥一郎の接触

本節では、前述の如く、主に石原宛千葉書簡群を検討していく。この書簡群は、ほとんどが発信年月日を欠いている。ただ、「荘内史」編纂に関する石原の質問に対し、千葉が返答を書き送っていることからすると(15)、同史編纂が開始された大正八年（一九一九）から、千葉が死亡する昭和一〇年（一九三五）の間に作成されたものと推測される。また、千葉宛石原書簡を発見できないことから、石原が千葉に質問した事柄を明確に示すことはできない。しかし、後掲する書簡群の内容から、戊辰戦争時の旧庄内藩の動向、および明治五年（一八七二）から旧藩士三〇〇〇人が参加して開始された松ヶ岡開墾について、同時代を生きた千葉の見解を求めていたものと推測される。以下、それぞれの点についての、千葉の見解を確認していきたい。

（一）千葉の返答①

まず、一点目の戊辰戦争時の旧庄内藩の動向について、千葉は、史談会[16]における旧藩士の発言を批判する形式で、石原に対し自身の見解を語っている。まず、千葉からの批判を受けた、明治三三年（一九〇〇）八月一一日に同会で旧藩士荒賀直哉[17]が語った、旧藩一一代藩主酒井忠発の事蹟に関する談話から確認していきたい。なお、本稿で提示する史料内の句読点・傍線・括弧内の記述は筆者が附したものである。

（前略）只今の伯爵の父の忠発（酒井忠発）でございます。（中略）非常の攘夷家でございます《ママ》。当時の政府（幕府）とは全く反対の論を立て、居つたものと思はれます。（中略）其、攘夷の激しい論者であるかのであるから、先づ自分の国よりして海防の備を為さすはならぬと云ふ考へでございませう。（中略）日本船の大く《ママ》ないならば着くやうな港とも云はれぬが、着船が四五ヶ所ございまして、そう云処にば台場を悉く取立て（中略）又、安政年間の頃より外国の大小砲の鋭利なる事を承知致しまして、密に買込んだと申す事でございます。（中略）奥羽の同盟して後、仙台、上の山、山形、亀田、此四藩の懇望に依りて数百挺やりました。私共も何時の間にそれだけの用意をしたか驚いた位で。豊山（酒井忠発）ハ、当時松田《ママ》権十郎（松平親懐）と云ふ江戸詰の家老に命じて買込んださうでございます。（後略[18]）

荒賀は藩主在任時の忠発について、幕府の方針とは正反対の「攘夷の激しい論者」であったと評価する。その論拠として、忠発が「海防の備」を充実させるために、庄内の「着船」場に悉く「台場」を築いたこと、安政年間以降、江戸詰家老松平親懐に命じ、秘密裏に外国から銃器を購入していたことを挙げている。そして、その際に購入された銃器の数は、戊辰戦争時、他藩に分け与える余裕があるほど大量であったとしている。この荒賀の談話について、千葉は石原に対し次のように述べている。

（前略）戊辰戦争の際、銃器の備はりし原因誤りあれば、当時の事実を左に記す。
荒賀君は、戊辰の役、銃器の充分なりしは、忠発公が攘夷の御志ありて海防の為め外国より大小砲を購入せられ（中略）夫れが為め、戊辰の戦役には銃器に欠くる事なく、反つて他藩へ贈与したる云々と談話せられたり。（中略）老生は信ずる能はず。庄内藩に於ても、決して銃器に余裕ありたるものにあらず。（後略）[19]

まず、戊辰戦争時、旧藩は他藩に贈与できるほど銃器に余裕があったとした荒賀に対し、千葉は「庄内藩に於ても、決して銃器に余裕ありたるものにあらず」と異議を唱えている。その根拠として、千葉は同史料後略部分で、旧藩は同戦争開戦直前の慶応四年（一八六八）春に、武器商人スネルを介し、ようやく新式の銃を手に入れ、また、新式の大砲は開戦前に揃えることができず、結局、矢島藩（秋田藩支藩）との戦闘で分捕り手に入れたと、同戦争に従軍した自身の体験を語っている。

さらに、千葉は荒賀のみならず、同会における旧藩士俣野時中[20]の発言に対しても異議を唱えている。その点について、千葉は石原に対し次のように述べている。

史談会速記第二十六輯、俣野時中君の談話は（中略）老生が見聞事実以外耳新しき項もあるが、多くハ表面的である。藩論が一決せざると云ふ事、敵意がなかつたと云ふ項ハ、老生の推定とハ大差がある。総て横着であつたと云ふ事、　面から云へば或ハ然らんも、藩論、則ち松平（親懐）菅（実秀）両氏の決心は、横着なりし所の深き計画があつた所以ならん。（後略）[21]

千葉は、明治二七年（一八九四）刊行『史談会速記録第二六輯』収録の俣野の談話について、自身の「推定とハ大差がある」と批判を加えている。同書収録の俣野の談話とは、同会から、同戦争の際、官軍への反抗を旧藩が藩論として決定するまでの経緯について問われ、それに返答したものである。[22] その内容をまとめると、当時、前出松平等、藩主側近が「成る可く軍さを避けて、天下の形勢を見ると云ふ横着」、且つ、「曖昧」な態度をとり続けたため、官軍への順逆について、いつまでも藩論が定まらなかったとしている。そして、藩論が定まらぬまま、旧藩領清川口に進軍してきた官軍との戦端が開かれてしまったとしている。

しかし、千葉は官軍への順逆について「藩論が一決」しなかった理由は、松平と菅実秀[23]の「深き計画」があったためとして、彼等の態度が「横着」・「曖昧」であったためとした俣野の見解に異議を唱えている。では、千葉が述べる、松平・菅の「深き計画」とはいかなるものであったのか。その点は次に提示する、千葉が同戦争に対する自身の見解をまとめた「荘内藩と会津藩」から確認することができる。

（前略）（藩主酒井忠篤は）当時幼少にして菅実秀の補導を受け、藩政は松平親懐の司る。（中略）（親懐と実秀は）常に曰く。藩として尊王を唱ふるは順序を誤《ママ》まるものなり。藩士は酒井家に忠勤し、酒井家は徳川家に忠勤するを以て、尊王の順序を得たるものなり。（中略）故に二人の胸中には、庄内藩の社稷を保ち本領安堵の一点あるのミ。（中略）明治戊辰の戦役に於ては、主家（徳川家）と共に朝敵の汚名を下されたるも、領地に官軍をして一歩も痕跡を保めしめず。（中略）形而上には五萬石を減ぜられたるも、無形上に得たる所は、徳川家に対する君臣の大義を守りたるの名声、戦に至つては北方の強と賞揚せられた赫きの名声あり。若し朝敵の汚名を受くる事なく無事に経過したらんには此二つの義名を博する事能はざるべし。（中略）（奥羽列藩同盟成立後）白石の軍務局より出兵の発促を受け、渋々一、二番大隊を出兵せしめた。然る所以のものは、祖先忠勝、庄内に封せらるや、秋田藩佐竹に対する押えとしたる徳川氏の政策を守り、当時秋田藩の反覆常なく破盟の実あるにより、秋田に対する策戦として南方の出兵を躊躇し、かかる野心を僕律したるが為なり。敢て徳川氏の回復を目的とせしにあらず。亦、徳川氏の冤枉を救はんと欲せしにもあらす。仙米が唱ふる如く、薩長の横暴を矯正せんとしたるにもあらざるなり。其目的とする所は、戦了つた後、徳川氏の為め君侯の義を重んじ節を守り、戦には北方の強なりと天下の耳目に聳動せらん事を以て目的となせしと、親懐、実秀が始より画策せし所なり。（後略）(24)

千葉によると、幕末期、幼少の藩主忠篤を補佐し、藩政の中心にいた松平と菅は、常日頃、藩士は藩主家へ、藩主家は徳川家へ「忠勤」することこそ、正しい「尊王の順序」であると唱えていたとする。この「忠勤」とは、徳川家から与えられた庄内の地を「安堵」することのみと、松平と菅は考えていたとする。それゆえ、旧藩が官軍に抗したのは、この「忠勤」を貫いたためであり、徳川家の復権や薩長への反抗を望んだためではないとしている。その結果、戦いに敗れたものの、旧藩は「徳川家に対する君臣の大義を守りたるの名声」「戦に至つては北方の強と賞揚せられた赫きの名声」を得るに至ったと、千葉は松平・菅の手腕を高く評価している。そして、この二つの「名声」を得ることこそ、松平と菅が戦前から「画策」（「深き計画」）していたものであったと論じているのである。

以上が、戊辰戦争時の旧藩の動向について、千葉が石原に返答した内容である。その中で、千葉が強調したかったことは、旧藩が官軍に抗した理由であったといえる。その理由とは、前述した「深き目的」の下、旧藩は松平と菅を中心に、徳川家への「忠勤」を貫くことこそ「尊王」であるとの明確な意思もって同戦争に臨んだためとしていた。そして、これら一連の返答は、旧藩士の談話が収録された『史談会速記録』の記述を批判しつつ行なわれていた。この点から、当時、同戦争に関する事象を評価する際、同書は看過できない書物であったことも、ここでは指摘しておきたい。

（二）千葉の返答②

次に、旧藩士による松ヶ岡開墾に関する、千葉の見解を見ていきたい。この松ヶ岡開墾についても、史談会における荒賀の談話を批判する形式で、石原に対し自身の見解を語っている。次に提示する史料は、千葉からの批判を受けた、明治二七年（一八九四）七月一四日に同会で行われた荒賀の談話である。

（前略）抑も此の開墾を致しました所以と申しますものは、御案内の通り、戊辰には頗る方向を誤りまして、遂に降服に及びましたところが（中略）十七万石の内、僅かに五万石を減らし十二万石を賜りまして、会津及び岩城平に転封を命せられました。ところが、其後、尚ほ恩典の御沙汰に依り、七十万円の献金を命せられまして、矢張り旧と《ママ》の庄内に復帰を命せられまして（中略）返へす〳〵も有難いことでございます。就ては、何か充分なる儀も申上けねばならぬ訳でございます。（前略）段々明治も二年になり三年になつて見ますと、弥御静謐に成り、内乱は不及申、外寇も決して無い様になつて参りまして、到底どうも何を以て報しやうと云ふ事がなくなりましたので、余儀なく此の開墾と云ふ事の議が起りまして（後略）[25]

荒賀は、同三年から旧藩士らが開墾を開始した理由について、戊辰戦争で官軍に抗しながらも、戦後、僅かな領地没収や献金と引き換えの転封免除など、寛大な処置をとってくれた国家へ報いるためであったとしている。この荒賀の談話について、千葉は石原に対し次のように批判を加えている。

（前略）荒賀君は、後田林の開墾は戊辰の役順逆を誤りたる報恩の為、国益を計り以て報せんとの目的にて、藩主始め一藩の者が奮つて従事し、明治三年より四年の七月頃迄に成就せしが如く話されたが、誤りも甚しきもの《ママ》なり。後田林開墾の始めハ、五年の七月、横内に苗木場を設け、続いて後田林に着手。仝年十一月に至り、略は成功せしものにて、四年には開墾の事実は少しもなく、菅（実秀）氏が酒田県権参事として赴任後の事であって、廃藩置県後の事である。開墾の目的等は茲に贅せず。[26]

まず、開墾開始の時期ついて、千葉は菅が酒田県権参事に就任した同五年であるとして、同三年とした荒賀の談話を、「誤りも甚しきもの」と厳しく批判している。さらに、この書簡では、詳述を避けた旧藩の「開墾の目的」について、別の史料で千葉は次のように述べている。

（前略）実秀（菅）は降伏謝罪を以て千載の恥辱と為すも、庄内藩の恥辱は降伏謝罪にあらず。廃藩置県後にありと確信す。（中略）明治六年朝鮮事件の起るや、西郷（隆盛）は故山に帰郷した。（中略）実秀茲に至り思ひらく。西郷他日再び出京し、内閣を改造し政権を握るの機あらんと。西郷の真意を誤解し、其機に乗じ翼を張り、己れの野心を達せんと期した。故に後田林の開墾の如き授産の目的は名のみ。開墾に従事する三千の徒をして士気の振興のみを主眼とし、時機の到来せん事を待った。（後略）[27]

まず、戊辰戦争に敗れ旧藩が「降伏謝罪」したことよりも、同四年の廃藩置県実施の方が、菅にとって「恥辱」であったと、千葉は「確信」している。そして、この「恥辱」を晴らすために、菅は西郷隆盛を利用する方法を思いついたとしている。その方法とは、同六年に「征韓論」に敗れ下野していた西郷が、近く「出京」し「政権」を握ると予想し、その再起に乗じ、「己れの野心」達成を図ろうとするものだったとしている。それゆえ、「野心」達成の好機である西郷再起のときまで、旧藩士三〇〇〇人の結束を維持すべく、菅は開墾の指導に当たっていたとしている。

つまり、開墾の目的とは、菅が己の「野心」を達成するためであったとしている。菅の「野心」とは、廃藩置県により旧藩が受けた「恥辱」を晴らすことであったと、千葉は論じている。この「恥辱」とは、おそらく、旧藩が維持してきた、庄内における指導的立場を、廃藩置県により失ったことを指すものと考えられる。その立場を取り戻し

「恥辱」を晴らすべく、菅は西郷再起に希を懸け、さらに、西郷再起の時まで旧藩の結束維持を図るため開墾を行ったと、千葉は判断したものと考えられる。

そして、かかる「野心」に基づき開墾を指導した菅に対し、千葉は石原宛書簡で以下のように評価している。

（前略）大体の上に於て、菅氏（実秀）の前半は庄内を救ひ、後半は庄内を誤らしめたるものと確信罷在候。（中略）明治二年の春より明治六七年の間にて、庄内の難事十中の八九ハ大久保侯（大久保利通）の御蔭にて解決せしものに有之（中略）然るに、菅氏は南洲翁（西郷隆盛）の組し易きを看破り、大久保侯は易易掌中の人とする事が出来ぬ事も看破し、南洲翁一点張にして、反つて大久保・黒田（黒田清隆）等の諸氏を疎んじ、諸氏も菅氏を疎んじて昔日の如き交を継続せざるに至れり。（中略）菅氏は、三年の後、遅くも五年の後にハ、南洲翁が再出京せられ中央政権を握られものと夫《（マヽ）》のみ期待せしに、十年の秋、南洲翁が城山の露と消られ、菅氏の既望は茲に至つて全く絶ゆるとなりたり。（後略）[28]

菅は「野心」達成のために、「組し易」い西郷に擦り寄る一方、黒田清隆や大久保利通などの「諸氏」を、「易易掌中の人集」にできない人物と見做し疎んじたとしている。その結果、大久保・黒田等も菅を疎み、西郷以外に頼るべき人物を失った菅は、同一〇年に西南戦争で西郷が死亡した後、自己の「既望」達成の方法を完全に失ったとしている。

そして、この菅に対し千葉は「前半は庄内を救ひ、後半は庄内を誤らしめた」人物と評価している。おそらく、「前半」とは戊辰戦争のこと、「後半」とは開墾開始後を指すものと考えられる。前述の如く、千葉は戊辰戦争で見事な采配を揮った菅を高く評価していた[29]。しかし、その後、「野心」達成のため旧藩士を開墾に動員し、西郷に擦り寄り、その結果、「野心」達成どころか、大久保・黒田ら政府中枢の人物に疎まれる結果を招いた菅を、千葉は「庄内を誤らしめた」人物としているのである。さらに、開墾以外の菅の行動についても、千葉は批判を加えている。それは次の様なものとなる。

（前略）老生帰国の御暇乞に出し時抔、（酒井忠寶から）御面謁を給り、結構なる品を賜り、種々御物語りありて、国の方面ハ雪の真最中嘸寒らん、別るして道中も寒からん、身体を大切にせよとの御懇の御言葉ありたり。（中略）公（酒井忠寶）は寛仁大慶の御方にて、萬族中稀に知る賢明の君にてありし。然るに、後世自から御家禄閥と称し団を造り、公を渦中に投じ、主義の異なる旧臣を反逆者視し、君臣の旧誼を隔るの行為あるを耳にす。慨歎の至りに堪えず。[30]

これは、千葉が「萬族中稀に知る賢明の君」と敬愛する旧藩主酒井忠寶と面会した際の様子を、石原に伝えた書簡である。書簡中にある「御家禄閥」とは、明治期、菅を首領として旧藩上層部の人間が集まり結成された集団である。[31]千葉は、この「御家禄閥」について、「主義の異なる旧臣を反逆者視」し「君臣の旧誼を隔る」行為を展開したとして、「慨歎の至りに堪えず」と嫌悪感を示している。先に千葉が「後半は庄内を誤らしめた」[32]と菅を評価した中には、かかる不逞行為を展開した団体に深く関与していたことへの批判も込められていたものと考えられる。そして、「荘内史」編纂のため、庄内の幕末維新期について見解を求めてきた石原に対し、千葉は以下のことを強く希望するのである。

（前略）俣野、荒賀、両氏の談話、十中の七八は無根又ハ誤謬なり。堂々たる史談会速記録に掲載せられ、後世に伝えらるる事ハ寒心に堪えず候。（中略）誤りを正さんより、一日も早く御編纂になりしものを公にする様、企望して居ります。[33]

千葉は、史談会における荒賀・俣野の発言は「十中の七八は無根又ハ誤謬」であるとし、この両者の発言が、同会刊行「史談会速記録」を通じ後世に伝えられていくことは「寒心に堪え」ないと、強い危機感を示している。それゆえ、両者の発言の誤りを正すためにも、早急に「荘内史」を完成させるよう、千葉は石原に対し強く求めているのである。

おわりに

本稿では、主に石原重俊宛千葉弥一郎書簡群を用い、未完に終わった「荘内史」の幕末維新期の項で、いかなる記述が検討されていたのかについて明らかにしてきた。同書簡群には、戊辰戦争時の旧庄内藩の動向・旧藩士の松ヶ岡開墾の二点について、「荘内史」編纂に関与した中心人物の一人である石原から見解を問われた、千葉の返答が記されていた。

まず、前者への返答で千葉が強調したのは、旧藩が官軍に抗した理由であった。その理由とは、前述した「深き目的」の下、旧藩は松平と菅を中心に、徳川家への「忠勤」を貫くことこそ「尊王」であるとの意思もって同戦争に臨んだためとしていた。また、後者で強調したのは、開墾の目的である。その目的とは、旧藩が廃藩置県によって失った、庄内における指導的立場を、西郷隆盛の再起に乗じ取り戻すという、菅の「野心」達成のためであるとしていた。

これら千葉の返答からは、明治期に史談会で旧藩士荒賀直哉・俣野時中が、庄内の幕末維新期についての発言した内容を訂正しようとする意図が強く感じられた。その点は、書簡中で石原に対し、同会での荒賀・俣野の発言を批判しつつ自身の見解を述べ、また、この両者の発言の「誤謬」を正すためにも、早急に「荘内史」を完成させるよう求めていたことからもわかる。その中で、開墾の目的は菅の「野心」達成のためとして、国家への報恩のためとした荒賀の発言を否定した点は興味深い。つまり、従来、国家との関連で評価されてきた地域の歴史を、国家から切り離し再評価した千葉の見解が、「荘内史」編纂の材料の一つになっていたのである。

また、千葉の返答からは、菅を中心に、幕末維新期の旧藩の動向を論じる傾向が見られた。戊辰戦争では、見事な指揮で旧藩に名誉をもたらした人物の一人として、開墾においては、「野心」達成に失敗し庄内を誤らせた張本人として、菅を評価していた。千葉の菅に対する評価が急変した要因の一つには、菅が明治期に御家禄派を形成し、旧藩主・旧藩士に対し不逞行為を展開したことへの嫌悪感があったものと考えられる。

以上、石原の質問に対する千葉の返答が、「荘内史」編纂の一材料となった。未完のまま同史編纂は終了したため、石原が千葉の見解をどれほど汲んだかは不明である。ただ、編纂過程で意見を求めたことから、千葉に一定の信頼を置いていたことは間違いないだろう。また、石原は明治期に旧藩士子弟の教育方法を巡って御家禄派と対立している[34]。このことから、千葉同様、石原も御家禄派に批判的な立場にいたと考えられる。これらの点から、石原が千葉の見解に同調する可能性は高かったといえるだろう。

最後に今後の展望について述べておきたい。まず、「荘内史」編纂当時の庄内では、千葉以外にも、地域の歴史を語る際、既刊の史書、および、御家禄派を批判する言説が確認できる。例えば、徳川慶喜追討参加拒否・大量の銃器所持等を理由に、戊辰戦争以前から旧庄内藩が朝廷に抗する意思を有していたと評価した、末松謙澄著『防長回天史』[35]に対する批判が起こっている[36]。また、御家禄派は、明治以降、人材育成を阻害した等、庄内の発展を妨げた原因として批判されている[37]。おそらく、当時の庄内では、既刊の史書・御家禄派への評価が、地域の歴史を捉え返す際に重視されていたと考えられる。それゆえ、これらの動向は、庄内の「歴史意識」に対し、少なからぬ影響を与えていたことが予想される。この点についての分析は、稿を改め論じることにしたい。

註

（1）阿部安成「横浜開港五〇年祭の政治文化」（『歴史学研究』六九九、一九九七年）、同「開港五〇年と横浜の歴史編纂」（『一橋論叢』一一七―二、一九九七年）、同「横浜の震災復興と歴史意識（一九二三～三二）」（『日本史研究』四二八、一九九八年）、同「横浜歴史という履歴の書法」（阿部安成他編『記憶のかたち』、柏書房、一九九九年）。

（2）由谷裕哉・時枝務編『郷土史と近代日本』、角川学芸出版、二〇一〇年。

（3）廣木尚「近代日本の自治体史編纂におけるアカデミズム史学と地域意識―『足利市史』編纂をめぐって」（『日本史研究』五七九、二〇一〇年）。

（4）「幕末維新史に関する照会状及び原稿綴」〈以下「綴」と記〉、鶴岡市郷土資料館所蔵（請求番号石原75）。

（5）『新編　庄内人名辞典』〈以下、『辞典』と記〉、庄内人名辞典刊行会〈編・発〉、一九八六年、一四九頁）参照。

（6）前掲『辞典』（四五六・四五七頁）参照。

（7）宮澤誠一氏は、「明治維新以後、とくに時代が行き詰まり危機的な状況の打開を目指す歴史的に重要な事件が起こるたびごとに、幕末維新の出来事が国民的な記憶として想起され、人びとの思考や行動を規制する社会的な規範とされたのである」（宮澤誠一『明治維新の再創造―近代日本の〈起源神話〉』青木書店、二〇〇五年、一一・一三頁）と論じている。宮澤氏に則して考えると、「荘内史」中、幕末維新期の記述は、他の時期のものより重要視されていた可能性は高いと考えられる。

（8）本節では特に断らない限り、『鶴岡市史』下巻（伊東多三郎監修、鶴岡市役所、一九七五年）と、今野章「地方文書の収集と保存―鶴岡市郷土資料館の場合」（『平成15年度～平成17年度　科学研究費補助金（基盤研究（B））研究成果報告書　アーカイブズ情報の集約と公開に関する研究』、大友一雄〈編・発〉、二〇〇六年）を参照。

（9）「三郡町村長会議」（『荘内新報』一九一七年一一月一四日〈二面〉、国立国会図書館所蔵マイクロフィルム）。

(10)林茂政（一八六九～一九四〇）旧庄内藩士林茂明の長男。教育者として活躍した後、明治三四年（一九〇一）、御家禄派総帥菅実秀の推挙を受け鶴岡町長に当選。以後、昭和二年（一九二七）まで町（市）長を務める。（前掲『辞典』〈五三六頁〉参照）。

(11)原寅一（一八七八～一九四〇）山形県西田川郡生まれ。明治三二年（一八九九）に同県師範学校を卒業後、教職に就く。昭和四年（一九二九）に教職を辞し、鶴岡市議会議員、郷土史家として活躍する。（前掲『辞典』〈五三六頁〉参照）。

(12)平野成継（一八八六～一九四八）鶴岡生まれ。明治四〇年（一九〇七）に両羽実業新聞記者となる。晩年は、荘内新報の客員となる。記者生活の傍ら、郷土史研究にも取り組んでいる。（前掲『辞典』〈五五一頁〉参照）。

(13)「遅々として進まぬ荘内史の編纂　史料は八分通り集る」（『鶴岡日報』一九二五年六月一三日〈二面〉、国立国会図書館所蔵マイクロフィルム）。

(14)黒谷了太郎（一八七四～一九四五）旧庄内藩士黒谷謙次郎長男。東京専門学校卒業後、台湾総督府、北海道庁に勤務。昭和二年（一九二七）鶴岡市長就任。市役所事務・教育改革を断行するも、排斥運動が起り、同五年に辞任。（前掲『辞典』〈二七六頁〉参照）。

(15)昭和四年九月付、石原重俊宛黒谷了太郎書簡（「南州翁木像迎遷奉賛会規則及び予算・来信」〈鶴岡市郷土資料館所蔵、請求番号石原２２４〉所収）。

(16)年不明四月二一日付の石原重俊宛千葉弥一郎書簡（前掲史料「綴」所収）に、「（前略）貴臺御編纂の庄内史ハ何れの時代よりして何れの時代迄と御限定の御心算か、心得の為め伺重致候。老生への御依頼ハ維新前後の見聞事実丈けに候得共、若し、老生の見聞以外御参考等なるべき事柄ハ、筆記して御送付可致とも考居候（後略）」とある。

(17)史談会は、明治二二年（一八八九）、島津・毛利・山内・徳川（水戸）・三条・岩倉の各家が中心となり設立（後に中山家も参加）された、幕末維新史料調査団体。藩閥史観により過小評価されてきた旧大名家の評価是正を目指し活動を展開。同二五年まで二百以上の旧大名家が加入。同年から昭和一三年（一九三八）まで、『史談会速記録』（以下『速記録』と記）を刊行。（大久保利謙『日本近代史学の成立』〈吉川弘文館、一九八八年〉、田中彰『明治維新観の研究』

〈北海道大学図書刊行会、一九八七年〉参照)。

(17)荒賀直哉(生没年不明)旧庄内藩士。明治三年(一八七〇)から六年間、松ヶ岡開墾に従事。同年、三島通庸に請われ酒田県に出仕。後に福島・栃木と官吏を歴任。(「三島文書」〈『山形県史　資料篇2　明治初期　下』、山形県、巌南堂書店、一九六二年〉参照)。

(18)『速記録』第九四輯、相川得寿(編・発)、一九〇〇年一〇月四日、五〇~六六頁。

(19)年月日不明、石原重俊宛千葉弥一郎書簡(前掲史料「綴」所収)。

(20)俣野時中(一八五七~一九一二)旧庄内藩士俣野景敏次男。明治二三年(一八九〇)、荘内中学校長に就任。国粋主義に徹したため、職員生徒の排斥をうけ、同二五年辞任。(前掲『辞典』〈五八七頁〉参照)。

(21)年不明四月二一日付、石原重俊宛千葉弥一郎書簡(前掲史料「綴」所収)。

(22)『速記録』第二六輯、高澤忠義(編・発)、一八九四年一一月一三日、九一~一二七頁。

(23)菅実秀(一八三〇~一九〇三)文久元年(一八六一)、庄内藩藩主酒井忠寛の近習頭。同三年、家老松平親懐と共に江戸市中取締の任に就く。戊辰戦争では軍事係となり藩を指導。明治三年(一八七〇)に大泉藩権大参事、同四年には酒田県権参事に就任。翌年に旧藩士三千人を集め、松ヶ岡開墾を開始する。しかし、同七年にワッパ騒動の責めにより県政から退く。以後、鹿児島に赴き西郷隆盛に師事。西郷没後は鶴岡に隠棲し、旧藩側近保守派「御家禄」の頭領として諸産業を興し、庄内で強大な影響力を保持する。(前掲『辞典』〈四〇五・四〇六頁〉参照)。

(24)千葉弥一郎「荘内藩と会津藩(庄内維新史)」、鶴岡市郷土資料館所蔵(請求番号石原62)。なお、この史料は、石原重俊が所持していたものの一つとして同資料館に所蔵されている。それゆえ、「荘内史」編纂の際、千葉が石原に送付したものと考えられる。

(25)『速記録』第四三輯(『速記録』合本八〈史談会、原書房、一九七二年、二五九~二七〇頁〉所収)

(26)年月日不明、石原重俊宛千葉弥一郎書簡(前掲史料「綴」所収)

(27)前掲史料「荘内藩と会津藩(庄内維新史)」。

(28)年月日不明、石原重俊宛千葉弥一郎書簡(前掲史料「綴」所収)。

(29) 前掲註(27)と同史料。

(30) 年月日不明、石原重俊宛千葉弥一郎書簡(前掲史料「綴」所収)。

(31) 「御家禄派(閥)」とは、菅実秀を首領として、主に松ヶ岡開墾に従事した旧藩士を中心に結成される。近代を通じ、庄内の政・財・教育界で影響力を保持したとされている。(前掲『鶴岡市史』下巻、森武麿・大門正克編『地域における戦時と戦後─庄内地方の農村・都市・社会運動─』〈日本経済評論社、一九九六年〉参照)。

(32) 前掲註(28)と同史料。

(33) 年月日不明、石原重俊宛千葉弥一郎書簡(前掲史料「綴」所収)。

(34) 石原重俊は、「士族の子供でも、上級学校に進ませて教育を受けさせた方がよい」と主張し、「自分の子弟は自分達で教育する」とした御家禄派と対立。この出来事により、石原は御家禄派から憎まれ、そのために、石原の息子重雄は旧藩士子弟の勉強会「少年会」に招待されなかったとしている。(石原重雄『石原七郎右衛門家の人びと』〈私家版〉、一九九二年二月、鶴岡市立図書館所蔵、一〇二頁)。

(35) 「東北人謬見考」(末松謙澄『防長回天史　十』〈復刻版〉、マツノ書店　一九九一年〈初版は一九一九年刊行、発行は末松春彦〉所収)。なお、同書で末松は、史談会での荒賀の発言(前掲註18史料)を基に、旧庄内藩が戊辰戦争以前に大量の銃器を所持していたと述べ、そこから、同戦争以前に旧庄内藩が朝廷へ抗する意思を有していたと論じている(「東北人謬見考」〈同書、一二五頁〉)。

(36) 「防長回天史にあらはれた　東北人謬見論評答弁を読む【二】　羽柴翁と末松博士の論争　慶應大学図書館にて　国分剛二」(前掲『鶴岡日報』、一九二六年八月三一日〈一面〉。以降、同年九月一二日まで、同紙上で計十回連載)。また、千葉も前掲史料「荘内藩と会津藩(庄内維新史)」中で、『防長回天史』への批判を述べている。

(37) 「今年の注目す可き問題(一)　庄内育英事業の出立ぶり」(前掲『鶴岡日報』一九二二年一月五日〈二面〉)、「鶴岡復興策是非(上)(市制速施に猛進せよ)」(前掲『鶴岡日報』一九二四年一月五日〈二面〉)など。

Ⅳ　山形県の歴史資料保存問題

山形県における歴史的公文書等保存運動の取組み

山内　励

はじめに

平成二十一年（二〇〇九）に「公文書等の管理に関する法律」が制定され、平成二十四年度から施行となった。都道府県における公文書館の設置はすでに全国三〇ヵ所に及び、その設置形態は、単独設置一六、図書館併設型一一、博物館併設型二、図書館・博物館併設型一となっている。さらに、島根県が情報公開機能を合わせた公文書センター設置に取り組み、福岡県が市町村と共同での公文書館設置を進め、三重県でも総合博物館に公文書機能併設を予定するなど、設置への動きが広がっている(1)。一方、公文書館が未設置である山形県では未だ特別な動きは見られず、歴史的公文書等の散逸・減失の危機が懸念されている。

本報告では、山形県における歴史的公文書等保存運動の流れを確認・分析し、今後の保存運動の方向・方法を見出すことを課題としたい。

一　歴史的公文書等保存にかかわる県内動向

（一）公文書館設置の要請

山形県における公文書館設置運動は、全国的にも早い時期に始まっている。昭和四十六年（一九七一）に国立公文書館が設置されたが、当時山形県では、県庁新築・移転の計画が進み、庁舎の跡地利用や公文書の廃棄・保存問題が浮上していた。昭和四十八年（一九七三）三月、長井政太郎氏ほか学識経験者二一名は県議会議長あてに「県庁舎移転後の跡地および建造物の利用について」の請願書を提出した。その理由には、県内自治体史編さんのみならず政策・事業計画に公文書を中心とする原文書が重要となること、庁内各部課に分散している行政上不要となった文書を一箇所に集め保存・整理して公開するセンターが必要であること、他府県でも独立機関を設置したところや現在進行中のところも多く、県がつくる機関は県内各地の模範となるべきことなどがあげられている。

続いて、昭和四十九年（一九七四）十一月、横山昭男氏ほか学者・文化人一二名が県知事と県議会議長あてに「山形県公文書館（仮称）設置について」の要望書（請願書）を提出した。その内容は、公文書館を早急に設置して県政百年の歴史資料の保存を図ること、公文書館設置にあたり専門家や学識経験者の意見を尊重すること、新県庁移転にあたり公文書の選択保存に特段の配慮をすることであった。これに対し、所管課からは、必要性を認め、その収集・整理・保存方法等を検討する旨の回答があり、県議会議長からは、同年十二月定例県議会で採択された旨の通知が届けられた(2)。

一方、旧県庁舎再利用について、昭和四十八年（一九七三）設置の県庁舎跡地利用懇談会では県歴史資料館としての方向が決まり、昭和五十四年（一九七九）に設立委員会が設置されたが、結局は展示・文化的活用を主とする「山形県郷土館」に決まり、昭和五十九年（一九八四）に旧県庁舎は重要文化財に指定された。旧県庁舎に文書館機能を期待できなくなる中、昭和五十二年（一九七七）に答申された県立図書館新築移転構想への期待が高まって行った。そこで、昭和五十六年（一九八一）二月、山形史学研究会は知事あてに「新県立図書館に公文書館（仮称）の併設について」の要望書を提出した。しかし、生涯教育センター構想の中で立案された県立図書館は、平成二年（一九九〇）に山形県生涯学習センター・山形県立図書館・山形県男女共同参画センターの複合施設である「遊学館」として開館され、公文書館機能が組み込まれることはなかった。

（二）公文書館構想の展開

昭和五十一年（一九七六）、全国歴史資料保存利用機関連絡協議会が発足し、一九八〇年代に入ると全国的に文書館法制定への動きも活発化していくことになる。この時期、山形県では行政内で公文書館設置への機運が高まった。昭和五十八年（一九八三）八月、文書学事課において「公文書館（仮称）設置の検討について」が作成された。そこでは「公文書館設置を検討すべき時期が到来している」とした上で、次のような理由をあげている。

○　現在保存されている公文書は、文書管理規程により永年保存文書を除き保存年限を経過後、廃棄するものとされており、廃棄文書中に史資料その他保存すべき重要文書が含まれていたとしてもそれを保存する手立てがない。

○　文書主幹課が保存する公文書は、文書保存に主眼がおかれ、利用の便宜に供されているとは言い難い。

○　公文書は、行政上の必要性のみならず、一般学術資料または近代県勢の発展過程をあとづける史資料として重要な根本資料であり、その散逸防止には万全を期す必要がある。

○　公文書は、行政情報に関する県だけの独占物でない県民との共有財産として位置づけられ、県民に対し公開すべきことの《（マ》《マ）》要請がある。

こうした視点から、「現用を終えた公文書の保存、利用」と共に「現用の公文書及び行政資料の保存、利用」を図る行政情報管理の中枢的機能を併せもつ施設として、延べ四〇〇〇平方メートル、書庫面積一七二〇平方メートルの庁舎が構想された。

さらに、昭和五十九年（一九八四）十二月には、庁内に「公文書管理研究会」が設置された。事務局を文書学事課に置き、メンバーは総務部次長を委員長として、総務部文書学事課・管財課・広報課、企画調整部調整課・統計課、生活福祉部生活文化課、企業局総務課、教育庁総務課・社会教育課の各課長、図書館主幹の一〇名の委員で構成された。研究会は、公文書等の収集・保存、公文書等の管理利用、公文書等の収蔵施設を調査・研究項目として、翌年十一月まで計六回の会議を持ち、昭和六十一年（一九八六）三月には『公文書管理研究会報告書』を完成させた。そこでは「公文書等の収蔵施設というよりも、調査研究機能等を備えた文書館が是非必要である」との結論が出されている。(3)

その後、公文書館法が制定された翌昭和六十三年（一九八八）、山形県では「第七次総合開発計画後期プロジェクト」に向けて、公文書館を生涯学習施設の中に位置づける動きがあったが、九月には公文書館計画は「後期プロジェクト」に盛り込まないとの総務部長決定がなされ、前進を見ることはなかった。

山形県において公文書館構想がもっとも具体的な形で進行したのが、平成四年（一九九二）六月に庁内に設置された「公文書館基本問題研究会」の活動であった。メンバーは総務部文書法制課長を会長として、総務部文書法制課・広報課・生涯学習学事課、企画調整部企画調整課・統計調査課、生活福祉部生活文化課、教育庁社会教育課・文化課、県立図書館の各組織から九名の委員を選び、事務局員に文書法制課から四～六名をあてる構成であった。研究会の目的は、公文書及び関連する資料類の保存、県民文化の高揚、地域アイデンティティの確立と県勢発展への寄与の三点で、平成六年（一九九四）二月まで計七回の会議を持ち、同年三月に『公文書館基本問題研究会報告書』を完成させた。この中で「公文書館の機能」を、「山形県の公文書館は、歴史的、文化的価値のある公文書等の記録類の散逸及び消滅を防止し、それを県民共有の文化遺産として永く後世に伝えて広く県民の利用に供し、本県の学術文化の振興を図っていくための文化施設と位置付ける」として、収集対象も公文書・行政資料・古文書・その他の記録類に広げている。この時立案された公文書館は、館長・副館長（総務課長）・資料課長・職員五名・嘱託七名、計一五名からなる体制で、施設は、鉄筋コンクリート造、地上四階、地下一階、延床面積五〇〇〇平方メートル、敷地面積四〇〇〇平方メートル、書庫二〇〇〇～二二〇〇平方メートル、二〇～二二万冊程度収蔵、駐車場五〇台分、三〇年間は資料の集積に耐え得るものとされた。さらに、別資料によれば、総予算を五〇億円と見て、平成十二年（二〇〇〇）までに設置するとの計画が立てられていた。

こうした案は、あくまでも庁内試案に止まり、庁外有識者を含む組織化には発展しなかったが、平成七年（一九九五）の「山形県新総合発展計画」では、「公文書」記述に大きな変化が見られた。同計画には、「公文書は、県民の生活にかかわる歴史的な情報が記録されている文書記録である。これらを収集・保存し、県民に学習素材として提供する施設の整備を進めるとともに、県の保有するさまざまな情報を公開するため、公文書公開制度を引き続き運用していく」と記され、公文書館施設の推進も窺わせている。しかし、バブル崩壊後の財政問題を背景に、この長期計画の主要プロジェクトに公文書館が入ることはなく、公文書館設置構想は具体的な策定には至らずに立ち消えとなった。

（三）公文書館設置運動の推進

行政内部で公文書館構想が展開されていた平成五年（一九九三）、東北史学会山形大会を前に、横山昭男氏が『山形新聞』で、公文書館法の意義と文書館・地域資料館に対する行政や住民の再認識を訴え[4]、東北史学会シンポジウムで、「文書資料の保存・利用について」を報告した。また、平成六年（一九九四）の山形県地域史研究協議会酒田大会では、「史資料の保存は従来にも増して努力を傾注すべき時期に到来している」として、郷土の知的遺産・歴史的資料の保存を訴える「酒田アピール」が採択された。このアピールは、『山形新聞』でも記事と社説で取り上げられた[5]。さらに、平成十五年（二〇〇三）八月の同協議会酒田大会でも、「二〇〇三年酒田アピール」が訴えられた。

この後、山形県内では、行政のみならず地域・研究団体においても、「公文書館」にかかわる構想・主張は一時影を潜める形となったが、運動が再燃したのは、若手研究者である佐藤正三郎氏の呼びかけからであった[6]。佐藤氏は、山形県における公文書館運動の経緯を調査し、「歴史的文書」管理の現状を分析して、改めて県公文書館設立運動を呼びかけた。その後、「公文書等の管理に関する法律」の趣旨を受け、平成二十三年（二〇一一）七月に山形県地域史研究協議会、同年九月に山形史学研究会がそれぞれ「山形県公文書館設置に関する要望書」を決議し、翌年二月に県副知事に連名で要望書を提出し、現在、その実現に向けて動きを進めている。

二　自治体史編さんと歴史的公文書等保存

戦後山形県においても、県をはじめ各市町村で、地域に眠る古文書や公文書など資（史）料の収集・整理・保存活動がさまざまな形で取り組まれて来た。中でも、昭和三十一年（一九五六）から平成十七年（二〇〇五）までの半世紀に渡る山形県史編さん事業の果たした役割には大きなものがある。山形県史編さん事業は、大きく三期に分かれ、この間、資料篇（資料編）二四巻、本篇六巻、通史編七巻、別編五巻が発刊された。県史編さん事業のみならず、関連業務として進められた史資料の収集・整理・保存・活用、関係機関との連携は、歴史的公文書等保存運動に多大な影響を与えた。

昭和四十八年（一九七三）に始まった第Ⅱ期編さん事業以降、県史編さん室が史資料調査・保存に係わった主な活動を見よう。県庁舎移転で公文書・資料の廃棄に直面した昭和五十年（一九七五）七月、県史編さん室は統計課・県立図書館とともに庁内廃棄文書・資料を選別収集し、ダンボール二七五個分の資料（文書課一四五個、庁内各課一三〇個）を確保した。この時の資料は、その後の選別収集資料と合わせて、平成十三年（二〇〇一）に『旧県庁文書資料目録』（総数二〇八一九点）としてまとめられている。また、昭和五十六年（一九八一）からは、古文書などの資料散逸を懸念して、資料調査協力員を委嘱して緊急調査を行い、平成元年（一九八九）二月まで『山形県史料所在目録』八冊を出している。さらに、平成元年（一九八九）に始まった第Ⅲ期事業では、各市町村に依頼して旧市町村役場史料所在の確認を進めている。

県史編さんの公開研究会から発足した山形県地域史研究協議会と市町村史編さん担当者研究協議会の二つの組織は、県史編さん関連業務の幅を大きく広げるものとなった。昭和五十年（一九七五）七月に設立された山形県地域史研究協議会は、「地域の歴史に関心をもつ人たちや、団体及び歴史編さん関係者相互の研究と交流」をその目的とし、「地域史の調査研究、歴史資料保存運動の推進、歴史編さん研究協議、会誌発行、その他目的達成に必要な事項」を事業内容とし、県史編さん室が事務局となり、個人会員のほか市町村などの団体会員から構成された。この組織の公文書館運動との係わりについては、先述の通りである。昭和五十三年（一九七八）六月に開催された市町村史編さん担当者研究協議会は、県内市町村史編さんに係わる担当者が、研究協議や情報交換を行い、それぞれの編さん事業の円滑な推進を図ることを目的とし、平成十六年（二〇〇四）十一月まで三二回の会議を開いている。各市町村では歴史的公文書等の整理・保管が共通課題であったが、県史編さん室では、昭和五十一年（一九七六）に発足した全国歴史資料保存利用機関連絡協議会とも交流し、平成十五年（二〇〇三）、平成十六年（二〇〇四）の市町村史編さん担当者研究協議会では、それぞれ全国歴史資料保存利用機関連絡協議会への参加報告を行い、先進的な取組みに学ぶことを促している。

三　県内における歴史的公文書等管理の現状

平成十七年（二〇〇五）三月に山形県史編さんが終了すると、組織・人員は解散となり、関係史資料の整理・保管が大きな課題となった。そこで、県では、県史編さん室で保管していた市町村史・都道府県史・県内外史資料・一般刊行物や、編さん事業で使用した写真・ネガフィルムなど約一万三五〇〇点の史資料を、県庁地下書庫に保管していた史資料・一般刊行物など約七〇〇〇点、議会棟四階倉庫に保管していた新聞・戦前戦中史資料など約六二〇〇点、県立図書館地下書庫に保管していた段ボール五三五箱分の県庁移転時廃棄文書・資料約二万一〇〇〇点の史資料とともに再整理して、新築西通り会館の県総務部学事文書課分室に保管することとした。しかし、この分室には嘱託職員の配置のみで、公文書館法第四条に示されるような職員配置はないため、保存・公開・調査研究の機能が果たせる状況には置かれていない。

現在、歴史的公文書等を保管する県関係機関には、総務部学事文書課並びに同分室のほか、行政情報センター、県立図書館、県立博物館、県郷土館（文翔館）などがある。史資料散逸を防ぐ上では当面の分散保管もやむを得ないが、それぞれの機関の目的・機能は異なるものであり、統一的な保存・管理をするためには、「公文書館法」及び「公文書等の管理に関する法律」の趣旨を満たす機関・機構の設置が緊要となっている。

さらに、山形県における公文書の扱いは、昭和四十三年（一九六八）制定の山形県文書管理規程に基づいて管理されているが、「公文書館法」及び「公文書等の管理に関する法律」に応じた条例制定は喫緊の課題である。県内市町村では、市史の資料をも永年保存対象とする山形市(7)や、「歴史的価値のある文書」を別に保存する鶴岡市(8)のような文書管理規定もあるが、全県的な歴史的公文書等管理の課題は大きい。

おわりに

山形県における歴史的公文書等保存運動の取組みは、全国的に見ても比較的早い時期から始まり、行政内部の取組みとしてもある時期まで高い意識と係わりが見られたが、最終的な政策決定には至らなかった。また、運動に果たす自治体史編さんの役割が甚大であったことが、その経過から窺える。現在、山形県では、県史編さんが終了し、県内ほとんどの市町村が市町村史編さん事業に区切りをつけている。各市町村では、昭和の市町村合併以前の役場文書や市町村史編さん資料の保存に心掛けて来たが、今後の維持・管理に苦慮する市町村が少なくない。そうした点でも、県行政のリーダーシップは欠かせないものとなっている。

今後は、研究者・民間団体・各種機関を結集して、自治体の政策決定者への働きかけを強めるとともに、地域の実情に応じた保存・公開システムの構想を共に構築し、その実現をはかることが、求められている。

註

（1）佐賀県「公文書館設置検討ワーキンググループによる調査結果」平成二十三年（二〇一一）三月。

（2）これらの活動をふまえて、昭和五十一年（一九七六）十二月、横山昭男氏は「史料保存運動について」を『山形県地域史研究協議会会報』第一号に発表している。

（3）この間、県広報課県史編さん専門員長岡清之氏は、昭和六十年（一九八五）六月の山形県地域史研究協議会分科会で「山形県史と史資料の保存」を報告している（『山形県地域史研究』第十一号所収、昭和六十年〈一九八五〉十二月）。

（4）平成五年（一九九三）九月三十日付『山形新聞』夕刊「歴史遺産を伝える—東北史学会山形大会を前に」。

（5）平成六年（一九九四）七月二日付『山形新聞』記事「歴史的資料保存・管理しっかり！」。同月七日付『山形新聞』社説「史料の保存へ県民の関心」。

（6）佐藤正三郎氏は、平成十九年（二〇〇七）七月の山形県地域史研究協議会大会分科会で「山形県公文書館の設立に向けて」を発表している（『山形県地域史研究』第三十三号所収、平成二十年〈二〇〇八〉二月）。他に、同氏の「山形県公文書館設置計画の再検討」（『国文学研究資料館紀要アーカイブズ研究篇』四号所収、平成二十年〈二〇〇八〉一月）、「山形県内の市町村における公文書保存」（平成二十年〈二〇〇八〉十月の山形史学研究会大会報告）、「山形県の文書館設立に向けての提言」（平成二十一年〈二〇〇九〉九月の同大会報告）がある。

（7）昭和四十二年（一九六七）制定「山形市文書管理規程」。

（8）平成十七年（二〇〇五）制定「鶴岡市文書管理規程」。鶴岡市では、昭和五十一年（一九七六）に県内最初の文書館的施設である鶴岡市郷土資料館（資料室）を建設したほか、古文書約一七万点を保管している。

第六二回（庄内）大会の記録

大会成果刊行特別委員会

はじめに

地方史研究協議会第六二回（庄内）大会は、二〇一一年一〇月一五日（土）から一七日（月）までの三日間、山形県鶴岡市で開催された。大会の共通論題は「出羽庄内の風土と歴史像―その一体性と多様性―」とした。一日目は、自由論題研究発表二本、歴史資料保存問題に関する特別報告二本、公開講演二本および総会が、二日目は、共通論題研究発表八本と共通論題討論が行われた。そして三日目は、酒田コースと鶴岡コースに分かれ、巡見が行われた。

本書は、この大会の成果について、公開講演・研究発表および討論要旨などをまとめたものである。書名は、共通論題から『出羽庄内の風土と歴史像』と名づけた。構成は、収録論文のテーマにより、「Ⅰ　庄内の地域的特質」「Ⅱ　庄内地域の形成と展開」「Ⅲ　庄内藩の家臣団と歴史意識」「Ⅳ　山形県の歴史資料保存問題」とした。

一　大会準備状況

本大会が開催されるきっかけとなったのは、二〇〇七年一〇月、第五八回（高松）大会の際、横山昭男氏（山形・評議員）から山形県庄内地域での大会開催の可能性を打診されたことである。その後、地元側と数度にわたり打ち合わせを行い、二〇〇九年六月、二〇〇八年度第七回常任委員会において、山形県内で大会を開催することが決定された。そして第八回常任委員会で第六二回（仮称・山形）大会の準備委員会が発足した。当初の委員は、新井浩文・乾賢太郎・大嶌聖子・富澤達三・原淳一郎・星野尚文の六名で、第一回準備委員会において星野が準備委員長に互選された。その後、二〇一〇年九月の二〇〇九年度第九回常任委員会で、大会名称が第六二回（庄内）大会と決定された。二〇一〇年一一月の二〇一〇年度第一回常任委員会で、準備委員会は、第六二回（庄内）大会運営委員会となった。この間、中野達哉・保垣孝幸・伊藤暢直・西海賢二の四名が委員に補充され、運営委員は計一〇名となった。また、常任委員長は二〇一〇年一〇月まで小高昭一、それ以降は平野明夫が務め、運営委員とともに大会準備にあたった。

地元側では、二〇〇九年八月、山形県鶴岡市で第一回実行委員会が開催された。また、大会会場については鶴岡市を軸に検討することとされ、第二回実行委員会で鶴岡市中央公民館を会場とすることに決定した。実行委員は数度の異動があったが、最終的には次のようになった。

【実行委員会】

顧問　横山昭男・前田光彦
実行委員長　阿部博行
副実行委員長　小野寺裕・土岐田正勝・本間勝喜
事務局長　今野章
委員　阿部公彦・阿部等・井上崇・小田純市・小野寺雅昭・加藤徹三・河口昭俊・今野正一・佐久間昇・佐藤靖法・杉原丈夫・日塔哲之・樋口信義・日野淳・星野正紘・堀健悦・堀司朗・前田孝志・萬年利浩・宮本新也

実行委員会は合計一三回開催されたが、各回の協議内容については、『地方史研究』第三四一号以降の「事務局だより」および「第六二回（庄内）大会運営委員会報告」に記載されているので、ここでは省略する。実行委員会・準備委員会・運営委員会の開催状況は以下のとおりである。

【実行委員会】

第1回　二〇〇九年　八月二三日（鶴岡市立図書館）
第2回　一二月二〇日（鶴岡市立図書館）
第3回　二〇一〇年　三月一四日（鶴岡市立図書館）
翌日に会場の鶴岡市中央公民館を見学した。
第4回　五月一六日（鶴岡市立図書館）
第5回　八月　一日（酒田市総合文化センター）
第6回　九月二六日（庄内町文化創造館「響ホール」）
第7回　一一月二八日（鶴岡市立図書館）
第8回　二〇一一年　一月二三日（鶴岡市立図書館）
※三月二七日に実行委員会が予定されていたが、三月一一日に発生した東日本大震災に伴う交通の混乱などにより中止された。
第9回　五月一五日（鶴岡市立図書館）
前日の五月一四日に共通論題研究発表の準備報告会を開催した。
第10回　六月一九日（酒田市総合文化センター）
前日の六月一八日に共通論題研究発表の準備報告会を開催した。

第11回　七月一七日（鶴岡市役所）

同日に共通論題研究発表の準備報告会を開催し、翌一八日に巡見の実地踏査を行った。

第12回　九月一八日（鶴岡市立図書館）

翌一九日にプレ大会を開催した。

第13回　一〇月一四日（鶴岡市中央公民館）

※これ以外に、一〇月一日、鶴岡市立図書館で共通論題討論の打ち合わせを行った。

【準備委員会】

第1回　二〇〇九年　八月一一日
第2回　一一月一四日
第3回　一二月一四日
第4回　二〇一〇年　一月二五日
第5回　三月　八日
第6回　四月一九日
第7回　六月二二日
第8回　八月　五日
第9回　九月一四日
第10回　一〇月　四日
第11回　一一月　九日

【運営委員会】

第1回　二〇一〇年一二月　二日
第2回　二〇一一年　一月一三日
第3回　二月二三日
第4回　四月　六日
第5回　五月二〇日
第6回　七月　七日
第7回　七月二七日
第8回　九月　九日
第9回　一〇月　五日

二　大会テーマ（共通論題）の設定

大会テーマについては、当初から、対象とする地域を開催地の鶴岡市域のみでなく、庄内地域全体とすることが共通認識となっており、実行委員会や準備（運営）委員会では、庄内の特質をどのように示すか、という問題が議論の焦点となった。山形県の他の三地域（最上・村山・置賜）が盆地であるのに対し、庄内は平野部であるとよくいわれるが、議論を重ねていくうち、庄内の中も平野部・山間部・海岸部に分かれ、それぞれ独自の歴史と文化を培ってきたことがわかってきた。また、庄内地域のほぼ中央を流れる最上川によって、庄内は川北・川南に分かれ、地域形成においてもさまざまな相違をもたらしていた。一方で、庄内は古代から現在に至るまで地域としてのまとまりを保ち続けていることも重要な論点であった。こうしたことから、一体性と多様性をキーワードとして庄内の歴史像を再検討する、という方向で大会テーマを設定することとなった。

実行委員会や準備（運営）委員会での議論のほか、常任委員会でも三回にわたり議論を重ね、「出羽庄内の風土と歴史像—その一体性と多様性—」を共通論題として決定した。そして以下の大会趣意書が『地方史研究』第三五〇号・第三五二号・第三五三号に掲載された。

【第六二回大会を迎えるにあたって】

出羽庄内の風土と歴史像—その一体性と多様性—

常任委員会
第六二回（庄内）大会実行委員会

地方史研究協議会は、第六二回大会を本年一〇月一五日（土）から一七日（月）までの三日間、山形県鶴岡市で開催する。本会の常任委員会、および開催地で組織する大会実行委員会は、大会の共通論題を「出羽庄内の風土と歴史像—その一体性と多様性—」と決定した。

山形県で本会の大会が開催されるのは今回で二回目である。第三四回大会（一九八三年）は「流域の地方史—社会と文化—」を共通論題として、山形県のほぼ全域にまたがる最上川流域における地域形成の特質を、主として民衆の生活と文化の側面から明らかにしようとしたものであった。近年の大会では、歴史的環境の中で形成される地域社会の多様性（第五九回〈茨城〉）、二つの地域の境界における地域形成の特質（第六〇回〈都城〉）などについて議論を重ねてきた。これらの大会の成果を踏まえ、今回は庄内という一つの地域を対象として、地域としてのまとまりを一体性、地域を構成するさまざまな特質を多様性という言葉で表現し、両者によって形成される歴史像について検討する。

庄内は山形県の西部に位置し、西が日本海に面し、北東南が山に囲まれている。山形県の他の三地域（最上・村山・置賜）が盆地であるのに対し、庄内は地域の中心を平野が占め、近世前期の河川改修・用水堰開削・新田開発などにより米作が発展し、さらに近代の乾田馬耕導入や農民による品種改良の結果、庄内＝稲作単作地帯という今日まで続く地域像が形成された。一方、山に囲まれた庄内の風土は独特の信仰を育んできた。南部に位置する出羽三山は修験道の聖地として知られ、近世には門前集落の手向《とうげ》に三〇〇もの宿坊が並ぶほどの活況を呈した。北部の鳥海山も古くから信仰の対象となっており、修験道が盛んであった。また、沿岸の小波渡《こばと》・加茂や離島の飛島《とびしま》ではさまざまな漁が営まれ、他地域への出稼ぎ漁業も行われた。酒田は中世以来、港町として発展を続け、日本海海運・最上川舟運の拠点となった。すなわち、平野・山地・海岸からなる庄内は、それぞれの風土の中で、独自の歴史と文化を培ってきたのである。

さらに、庄内は最上川を境に川北と川南に分かれ、人々の気質や方言など、さまざまな違いがあると言われている。それは庄内藩が川北と川南で異なる村落支配機構を作らざるを得なかったことが象徴していよう。しかしながら、そうした差異がありつつも、明治以降の新聞・雑誌、あるいは同郷会や郷友会に「庄内（荘内）」を冠するものは数多く、昭和一〇年代には満州に「庄内郷」を建設する計画も進められるなど、庄内を一つの地域とする認識が消え去ることはなかった。

庄内の歴史をふり返れば、和銅元年（七〇八）、越後国に出羽郡《いではのこおり》が設けられ、庄内も編入されたと言われるが、その四年後には出羽郡を中心として出羽国が新設され、庄内もその一部となった。その後、川北に飽海郡、川南に田川郡も設けられた。中世に入ると、庄内には国衙領（公領）のほか大泉荘・海辺《あまべ》荘・遊佐荘という三つの荘園が置かれた。中世後期、多数の領主の中から大宝寺氏（武藤氏）が台頭したが、一六世紀後半になると、庄内は最上氏や上杉氏の勢力拡大の対象とされた。「庄内」という地名が文書の中に見られるようになるのは、争乱が激化する天正年間（一五七三～九二）である。おそらくこの頃に大宝寺氏（武藤氏）の支配領域が一つの地域として認識され、庄内と呼ばれるようになったのであろう。

江戸幕府成立後、庄内は山形藩の一部となったが、元和八年（一六二二）に最上氏が改易されると、庄内には酒井氏が入部し、庄内藩が成立した。酒井氏は鶴岡に居城を置き、明治四年（一八七一）の廃藩置県まで庄内のほぼ全域を支配し続けた。庄内の一体性は庄内藩の成立によって形成されたように見え、近世後期に三方領知替への反対運動が民衆の中からもわき起こったことは、庄内藩の一体性を示していると考えられてきた。近世には米作と共に海運と舟運も発達し、寛文一二年（一六七二）に西廻航路が整備されると、酒田港はいっそう栄え、本間家や鐙屋などの豪商・大地主を生み出した。

近代に入ると、庄内では旧藩主が鶴岡に居住したこともあって、士族の力が強く残り、旧藩主側近の「御家禄派」は、銀行経営や米穀流通への関与などを通じて経済的にも強い影響力を保ち続けた。そうした状況下での新たな動きとして、鶴岡で繊維産業が活発となり、輸出用絹織物の全国有数の産地となったことは特筆できよう。また、酒田は東北地方を代表する重要港湾の地位を維持していたが、大正期の羽越線開通は日本海海運に大きな影響をもたらした。さらに、昭和恐慌により庄内の農村は深刻な打撃を受け、満州事変後に政府が満州への移民を奨励すると、困窮した農民たちは積極的にこれに応じた。

これまで庄内の歴史について多くの研究が積み重ねられてきたが、近年、ワッパ騒動の再評価を通じ、庄内の歴史像を見直そうという機運が生じている。この騒動は、明治七年（一八七四）に庄内の農民たちが、旧藩士族が実権を握る酒田県に対し、納めすぎた年貢の返還と不当な雑税の廃止を求めた民衆運動で、川南の村々から一万数千名もの農民が参加し、明治一一年には農民側勝訴の判決が出るに至った。しかし、三方領知替反対一揆が「天保義民」の名で語り継がれたのに対して、これまでワッパ騒動が人々の間で語られることは少なかった。ワッパ騒動再評価の動きは、埋もれていた史料を掘り起こし、それらの分析によって新たな歴史像を探ろうとする試みといえよう。

本大会においては、一体性の中に多様性を探りながら、庄内の豊かな歴史像を描き出してみたい。活発な議論を期待する。

三　問題提起

例年同様、本大会でも共通論題に関する問題提起を募集し、『地方史研究』第三五二号（大会特集Ⅰ）に一二本、同第三五三号（大会特集Ⅱ）に八本掲載した。

1　出羽国成立前後の庄内地域　川崎利夫
2　新史料に見る中世庄内と他地域の交流　秋保　良
3　出羽庄内は「上杉領」なり
　　―中世の越後と庄内をめぐる交流と地域感覚―　長谷川伸
4　近世庄内浜の漁村　前田光彦
5　庄内と最上との関係―二つの峠道のこと―　佐久間昇
6　〝象潟地震〟の謎　土岐田正勝

7　三方領地替反対一揆における〝一体性〟と〝多様性〟
　―そのとき、鳥海山は噴火したか―　岩淵令治
8　明治期庄内の青春群像　阿部博行
9　災害は歴史を変えるか
　―明治二七年庄内地震をめぐって―　北原糸子
10　庄内地域史の検証と再構築
　―実証的研究への第一歩―　三原容子
11　ワッパ騒動の研究の進展　星野正紘
12　出羽三山信仰の諸課題　岩鼻通明
13　古代の庄内と越後　相沢　央
14　近世から近代にかけての飛島における「生業知」　中村只吾
15　庄内藩の幕末史の再検討として　今野　章
16　庄内狩川通の民間育種家について　日野　淳
17　協議体としての荘内会について　谷口裕信
18　庄内地方のモリ供養　犬塚幹士
19　庄内地方の漁民と海の信仰　阿部友紀
20　出羽国における善光寺信仰　牛山佳幸

四　自由論題研究発表

大会一日目の一〇月一五日に行われた自由論題研究発表は以下のとおりである。

1　湯殿山山籠木食行者鐵門海の勧化における結縁の形態
　―酒田海向寺住持期を中心に―　山澤　学
2　一八世紀末から一九世紀前半における
　東海道三島宿助郷　厚地淳司

厚地報告は、東海道三島宿を対象に、従来用いられてきた史料の再検討を行い、天保一一年（一八四〇）六月の助郷惣代の歎願書が、文政一一年（一八二八）のものであったことを論証した。同時に、新たに明らかになった文政一一年の紛争の経緯や、天保一一年の助郷についても論じていた。

山澤報告については本書掲載論文を参照していただきたい。

五　特別報告

本大会では、自由論題研究発表に続き、歴史資料保存問題に関する特別報告を行った。

1　山形県における歴史的公文書等保存運動の取組み
　山内　励

2 「ふつうの人たち」の資料救済活動
―山形文化遺産防災ネットワークの活動から―

田中大輔

山内報告は、山形県地域史研究協議会で歴史資料保存問題に携わった経験から、山形県で展開されてきた歴史的公文書等保存運動についてまとめたものであった。くわしくは本書掲載論文を参照していただきたい。

田中報告は、東日本大震災に伴う被災資料の救済活動を行っている山形文化遺産防災ネットワーク（以下、山形ネット）の活動を紹介したものであった。当初、山形ネット代表の小林貴宏氏が報告する予定で、ポスター・チラシにも小林氏の名前を掲載していたが、小林氏が公務の都合で大会への出席が不可能となり、急遽、同ネットの事務局を務める田中氏が報告することとなった。小林氏の報告を期待して来場された方にはご迷惑をおかけし、改めてお詫びしたい。また、田中報告は、残念ながら本書に掲載できなかったので、以下、簡単に内容を紹介する。

報告の構成は以下のとおりである。

Ⅰ部　被害の現状

　県内の被害　『不明』

Ⅱ部　山形文化遺産防災ネットワークの活動について

　大震災以前／大震災以後

Ⅲ部　今後の課題―「もう古くなった」大震災のために、

　それでも続けること

Ⅰ部では、東日本大震災における山形県の被害状況に触れ、被害の全容を把握するのがむずかしいことを指摘した。その理由としては、①情報集約の方法が限定的、②指定文化財以外は集約の方法がない、③個人から市町村教育委員会へのルートも限定的、④民間（山形ネット）への情報提供も限定的、ということをあげていた。

Ⅱ部では、大震災前の山形をとりまいていた情勢として、①文化財行政の弱体化、②地域史の担い手の減少、③交流力の弱体をあげ、これらを解決するため、手探りのまま山形ネットが結成されたことを紹介した。そして大震災後、「一つでも多くの歴史資料を未来へ」をキーワードに活動し、とくに「専門家」の行動原理ではなく、ふつうの人の地平で活動していることが強調された。具体的な取り組みとしては、①現地レスキュー（山形への資料搬出を含む）、②現地レスキュー（人的）支援、③クリーニング作業とその支援、④被災地後方支援、⑤広報活動、⑥会計や事務作業があげられた。このなかで、①②など被災地での活動では、山形ネット単独ではなく、必ず現地の資料ネットなどと共同作業することを原則としているとのことであった。③は山形大学・東北芸術工科大学・県立米沢女子短大など山形県内の大学を作業場所とし、学生・学校教職員・財団職員・会社員・博物館職員・公務員などが、被災資料のクリーニングに従事していることが紹介された。

Ⅲ部では、全体的な課題を三点あげた。一つ目は、山形県内における歴史資料保存の抜本的考え直しである。「要望」ではなく、「具体的提案」が必要であることが強調された。二つ目は、災害時の資料保存活動の仕組みづくりである。三つ目は、行政・学校・博物館等・学会において、災害対応を明文化すること、全国の仲間との連携をどのようにするか検討することである。また、山形ネットの課題としては、作業場所や保管場所の確保をあげた。最後に、これまでの山形ネットへの支援に対する謝意を述べるとともに、山積している課題を解決するため、全国の仲間と協力しながら活動を続けたいとの抱負を述べた。

なお、山形ネットの報告後、平野明夫常任委員長により、特別アピール「東日本大震災にあたって」（地方史研究協議会常任委員会）が読み上げられた。この文面は、『地方史研究』第三五四号に掲載されている。

六　公開講演

一〇月一五日午後には以下の公開講演が行われた。

1　庄内藩家臣の田地所持　本間勝喜
2　近世後期の日本海海運と酒田港　横山昭男
　―酒田市場の発展とその背景―

内容については、本書掲載論文を参照していただきたい。なお、横山氏の講演は本書に掲載するにあたり、題名が変更された。

七　共通論題研究発表

大会二日目の一〇月一六日に行われた共通論題研究発表は以下のとおりである。これらはすべて本書に掲載されている。なお、菅原報告と杉原報告は本書に掲載するにあたり、題名が変更された。

1　出羽庄内における古代官衙とその周辺　佐藤庄一
2　戦国期『庄内』の地域認識と権力　菅原義勝
　―「庄中」から「庄内」へ―
3　百姓目安と庄内藩　小野寺雅昭

4　近世後期大組頭の動向について
　　―出羽国庄内川北の伊藤家を中心に―　　杉原丈夫
5　出羽庄内藩における武家奉公人徴集制度
　　―寛政期の家中奉公人徴集をめぐる家中と村方―　　佐藤正三郎
6　庄内と育英事業
　　―荘内同郷会と旧藩・郡などの関係から―　　布施賢治
7　「荘内史」編纂に関する一考察
　　―幕末維新期の記述をめぐる動向を中心に―　　長南伸治
8　鳥海山信仰の地域的展開
　　―近現代に注目をして―　　筒井　裕

八　共通論題討論

共通論題研究発表に続いて、共通論題討論が行われた。討論の議長は、大会実行委員会事務局長の今野章氏（山形）と、大会運営委員長の星野尚文（神奈川）の二名が務めた。討論に先立ち、星野から共通論題の趣旨が説明されるとともに、「庄内における一体性の形成―「庄内」の形成過程―」「庄内の地域的特質―庄内藩・地域社会・信仰圏―」「近代庄内の一体性と多様性―旧藩と歴史意識―」という三つの論点が示された。

まず、今野氏を議長として、第一の論点「庄内における一体性の形成―「庄内」の形成過程―」に関わり、佐藤（庄）報告と菅原報告について討論が行われた。

佐藤（庄）報告については、川崎利夫氏（山形）から出羽国成立三年前の和銅二年（七〇九）に行われた蝦夷征討をどう考えるか、そして蝦夷征討の拠点となった出羽柵はどこに置かれ、それは出羽国府となったのか、という質問があった。佐藤氏は、政府が和銅元年に越後国に出羽郡を新設し、翌年、蝦夷征討を行ったのは、蝦夷征討に対する政府の強い意志を示すものだと考えられ、それが和銅五年の出羽国設置へとつながっていくと述べた。また、出羽柵は出羽国府と同様の機能を持っていたと思われるが、その位置を特定するのはむずかしいとした。

次に、菅原報告について、小野寺裕氏（山形）は、「庄内」「庄中」という文言の「内」「中」は同じ意味と考えてよいか、また「庄中」という文言から史料の年代を特定できるのか、と問い質した。菅原氏は、前者について「内」は外から見た場合に用いる表現で、「中」はその地域に住む人を指す意味も含みながら使用されたのではないかとし、後者については、「庄中」という文言から年代が特定できるわけではないと答えた。続いて、小笠原春香氏（神奈川）は、大泉庄が田川・飽海・櫛引の三郡にまたがっているとされるが、櫛引郡が大泉庄と重複することを示す史料はあるか、また『鶴岡市史』などでは大泉庄や庄内の範囲が一定していないが、それらを踏まえたうえで、菅原氏の見解を示すことを求めた。菅原氏は、「大泉庄櫛引郡」と記されている史料があり、櫛引郡が大泉庄に含まれていると考えていいのではないかと答えた。最後に、長谷川幸一氏（東京）が、庄内地域諸氏の結合は紛争解決など非常時に表出する自治意識によるものとされるが、平時において自治が行われていた可能性があるか、と質問した。菅原氏は、明確に述べるのはむずかしいとしながら、諸氏の間にも血縁関係があり、平時においても自治的なまとまりはあったのではないかと答えた。

ここで議長が星野に代わり、第二の論点「庄内の地域的特質―庄内藩・地域社会・信仰圏―」の討論に移った。ここでは、近世を対象とした小野寺・杉原・佐藤（正）各報告により、庄内藩政と村落支配について討論し、その後、筒井報告により信仰圏の問題について討論することとした。まず、佐藤（正）報告に対して、木越隆三氏（石川）から以下の三点について質問があった。①一八世紀初頭に振人制度を開始した背景はなにか。本来、知行地を宛行われる家中は軍役を務めるため、必要な人員や費用を知行地から徴集して用意すべきであるが、それができなくなっていたことを意味するのか。②村の側に振人拒否の動きはなかったのか。また、村が応じた理由はなにか。③庄内藩酒井家の知行取家臣の知行地支配が一七世紀から形骸化していたとするなら、藩領は蔵入地・知行地の区別がなく、均質化していたのか。佐藤氏はまず③について、庄内藩では蔵入地・知行地の区別がなく、均質化していたといってよいと答えた。次に②について、平時では村には応じる義務がないが、庄内藩の中で拒否した村は見られない。その理由は今のところ明確にできないが、他藩では拒否する村もあり、庄内藩とそれらの藩との違いについては、全国的な視野のなかで検討してみる必要があると述べた。最後に①について、藩財政および家中財政の悪化のため、家中を援助する必要があったこと、また倹約令により家中奉公人の削減が命じられるなかで振人制度が始まったのは、家中奉公人徴集を家中に任せず、藩が積極的に管理していくようになったからではないかと指摘した。以上の回答につき、木越氏からは、③については、他藩ではそうした例はなく、庄内藩の特質といえるとのコメントがあった。また、②については、村の方でも口減らしのために奉公に出すということはあったのかもしれないが、そうした問題については、庄内藩における都市の日用層の実態を究明する必要があると述べた。それに対して、佐藤氏からは、庄内では都市の研究が進んでいないため、今のところ日用層の実態はわからないとの回答があった。

次に、庄内藩の村落支配機構が川北・川南で異なるのはなぜか、すなわち大組頭が川北にだけ存在するのはなぜかという問題に移った。杉原報告では、川北では水利共同体といった組織が形成されていたため、一村単位で農業経営を行うのではなく、地域の有力者を大組頭として、より広い範囲で農業経営を行うようになったのではないかとされていた。この点について、川南には水利共同体は存在していなかったのか、議長から参加者に意見を求めたが、とくに意見は出なかった。杉原氏からは、組の規模が川南より川北の方が大きかったことも、川北に大組頭が置かれた要因のひとつだろうとの補足があった。

鳥海山の信仰圏をとりあげた筒井報告については、報告後の質疑応答で、川南にも鳥海山しか参拝しない村があり、櫛引通に多いと答えたことに関連して、その原因がわかれば教えてほしいと、議長がより詳細な回答を求めた。筒井氏からは、聞き取り調査からはその原因は判明せず、推測の域を出ないが、出羽三山に近い櫛引通では、出羽三山への参拝は個人でも容易にできるため、村単位で参拝する必要が少なく、そうしたことから村単位でみれば鳥海山を参拝する講が多くなるのではないかという回答があった。

ここで議長が再び今野氏に代わり、長南・布施報告を素材として、第三の論点「近代庄内の一体性と多様性─旧藩と歴史意識─」について討論を行った。まず長南報告について、谷口裕信氏（三重）から「荘内史」という名称が付いているが、西田川郡・東田川郡のみが荘内史編纂会の運営費を負担したのはなぜか、言い換えれば、飽海郡の関与がほとんど見られないにもかかわらず、なぜ「荘内」を冠することになったのか、という質問があった。長南氏は、なぜ西田川郡・東田川郡のみが経費を負担したのかはむずかしい問題だとしながら、庄内三郡全域をとりあげようとしたため、「荘内」を冠したのだろうとした。また、報告でとりあげた幕末維新期以外の時期に、どのような項目を立てていたかがわかれば、「荘内史」がとりあげようとした範囲もわかり、「荘内史」と名付けた意味も明らかになるだろうとの見通しを述べた。それを受け、谷口氏は、編纂が始まった時点で飽海郡がどういうスタンスであったのか、回答を求めた。長南氏は、飽海郡から誰が代表者として編纂会に出席したのか不明で、どういうスタンスだったか、明確に答えられないが、当時『飽海郡誌』編纂中であり、そうしたことも「荘内史」への関わり方に影響があったのかもしれないと答えた。続いて、吉岡拓氏（神奈川）が、布施・長南両報告に対し、近代庄内を論じるうえで重要な「御家禄派」とはなにか、その実態分析はできているのか、と疑問を投げかけた。布施氏は、「御家禄派」の実態はわかりにくく、またどのようにすれば実態を明らかにできるのか、現時点で明確に答えるのはむずかしいとし、長南氏も、史料上に名前が出てくるのは中心になっている数人で、その下に何人いるのかわからないと答えた。そこで、議長は阿部博行氏（山形）に意見を求めた。阿部氏は、「御家禄派」については、実態を明らかにしないまま使われているのが現状であると述べた。また、堀司朗氏（山形）は、「御家禄派」の目的としては、旧主の酒井家を守ることと、士族の生活を維持することがあげられ、その目的を達成するために強固な関係を築いたと補足した。続いて、議長は問題提起で庄内地域史の特質について論じた三原容子氏（山形）に意見を求め、三原氏は、「御家禄派」の活動について説明するとともに、庄内の近代史が「御家禄派」の影響で近年まで十分議論ができなかったことなどについて補足した。

最後に、議長が星野に代わり、長谷川伸氏（新潟）から出された質問に答えるという形で、共通論題に関わる問題全体について討論した。長谷川氏の質問は、古代・中世の問題として、越後国から分かれて成立した出羽国の「郡」でもなく、「荘」でも「郷」でもない、この庄内という地域をどうとらえるのか。そして古代・中世史の研究において、この地域を「庄内」として括る意味はなにか。近世・近代の問題として、最上氏が外から持ち込んだと思われる、「庄内」という文言を前提とした地域観で近世・近代をとらえてよいのか、この地域独自の地域感覚はないのか、というものであった。この質問には、佐藤（庄）・菅原・小野寺・布施各氏が答えた。まず、古代について佐藤氏は、仁和三年（八八七）に国府を内陸部に移したいという願いが出たが、朝廷はそれを許さなかった。蝦夷に対抗するうえで、出羽国のなかの庄内は重要であり、それは朝廷も認識していたと思われると回答した。中世については菅原氏が、庄内の場合、郡より、大泉庄あるいは大宝寺氏の勢力が大きかったため、庄内というまとまりが強く出てくるのではないかと答えた。小野寺氏は、明確に答えるのはむずかしいとしながら、近世初期には最上氏の空間認識の影響が強く残っていたとした。布施氏は、近代になると、山形県というまとまりが形成されるとともに、地域間の競争も現れてくる。庄内のまとまりは、言説としては早くから意識化されているが、それが安定的になるのは日清・日露戦争期ではないかと答えた。こうした回答を受けて、長谷川氏は、隣県（新潟県）からみると、なぜ庄内というまとまりがあるのか不思議な感を持つ。すぐに答えが出る問題ではないだろうが、地域感覚という問題は重要であると述べた。

続いて、実行委員長の阿部博行氏に討論全体に関する意見を求め、阿部氏は、地元の研究者が気づかないような視点の研究発表や意見が多く、たいへん刺激になったと述べた。

最後に、星野から以下のような発言があった。今回の共通論題を設定した理由としては、庄内全域がひとつの行政区画となったのは、歴史上きわめて短い時期であったにもかかわらず、なぜ庄内の一体性が維持されるのかという問題を考えたいためであったが、これについては今日の討論でも答えが出なかった。一方、多様性の問題については、武家奉公人の徴集や近代の育英事業に関わる報告と討論によって、庄内地域の特質がみえてきたように思われる。ただ、準備報告の段階から、議論の焦点になっていた川北・川南の相違が生まれた要因については、大会でも十分議論を深められなかった。これは今後の課題とせざるを得ない。長南報告にあったように、「荘内史」編纂は未完に終わっているが、将来、再び庄内の歴史を編纂する際に、今日の報告と討論が活かされることを望んでいる、と述べて、九〇分以上にわたる共通論題討論を締めくくった。

九　巡　見

大会三日目の一〇月一七日には巡見が行われた。本大会では二コースを設けた。見学先は次のとおりである。

【酒田コース】

ＪＲ鶴岡駅前（集合）―旧青山本邸（ニシン御殿）―城輪柵跡―酒田市立資料館―山居倉庫（昼食）―日和山公園―酒田市立光丘文庫―本間美術館―ＪＲ酒田駅―庄内空港―ＪＲ鶴岡駅（解散）

【鶴岡コース】

ＪＲ鶴岡駅前（集合）―清河八郎記念館―羽黒山（五重塔・山頂周辺史跡・昼食）―松ヶ岡（本陣・開墾記念館）―黒

川（春日神社）―庄内藩校致道館―庄内空港―ＪＲ鶴岡駅（解散）

当日は朝からあいにくの雨模様であったが、両コース合わせて六二名の方が参加された。数か所で、通常では見学できない史料を特別に見せていただくことができ、休館日であるにもかかわらず、本会のために開館していただいた施設もあった。また、難所が多い鶴岡コースのために、共催団体の鶴岡市から随行車を出していただいた。これらのことについて改めてお礼申しあげたい。

一〇　総括例会

大会から四か月経った二〇一二年二月一八日、鶴岡市立図書館で総括例会が開催された。これは、本会の研究小委員会が担当し、大会の成果と課題を確認するために開催される。運営委員会側から大嶌聖子氏、実行委員会側からは井上崇氏が報告に立った。大嶌報告では、趣意書の内容が問題提起や共通論題研究発表にどのように反映されたのかという点について整理したうえ、山形市で開催された第三四回大会（一九八三年）で共通論題とされた最上川について、本大会でも問題提起や研究発表のなかでとりあげるべきではなかったか、と反省点を述べた。また、研究発表の重要な成果として、菅原報告により、「庄内」という文言が、最初、最上氏など地域の外から用いられるようになったことが明らかになったことをあげていた。そして今後、庄内という地域の特質を考えながら、庄内史の可能性をどれだけ広げていけるかが、重要な課題となっていると述べた。

井上報告は、共催団体である鶴岡市の職員という立場で実行委員になり、大会運営に関わった経験を基に、本大会を総括したものであった。本大会が鶴岡市で開催された経緯のひとつとして、鶴岡市の総合計画に、観光政策の一環として学会誘致が記載されていたことをあげていた。また、鶴岡市と鶴岡市教育委員会が共催団体になったことにより、大会の会場や実行委員会の会場について早くから確保することができたという。さらに、本大会で当初から心配されたのは駅から会場までのアクセスの悪さであったが、これも鶴岡市が共催団体になったことにより、鶴岡市が所有するマイクロバスを大会参加者の輸送に用いることができ、この問題を解決できたと述べていた。最後に、大会を開催するにあたり、開催地の総合計画や施策を事前に把握することにより、行政との協力関係がスムーズに築けることを提言した。

本会の大会は、開催地の自治体の協力なくしては円滑な運営を行うことがむずかしいが、大会運営に関わった自治体職員から大会の成果と課題を聞く機会は意外に少なく、私たちにとっても有意義な報告であった。両氏の報告要旨は『地方史研究』第三五八号に掲載されているのでご参照いただきたい。

おわりに

本大会は三一三名の参加者を得て、三日間の日程を無事終了した。大会運営にあたっては、実行委員をはじめとする地元の方々の熱意に支えられた。大会前には会場へのアクセスの悪さが懸念されていたが、実際には朝早くから来場された方が多く、開会までの三〇分ほどの間、会場内で熱心に研究発表のレジュメを読んでいる姿が印象的であった。

本大会について特記したいのは、二〇一一年三月一一日に発生した東日本大震災に関わることである。その頃、私たちは問題提起の編集作業を行っていたが、執筆依頼を快諾していただいた方のなかにも被災により執筆を断念された方もいた。また、被災して執筆環境が悪化しつつもご寄稿いただけた方もいた。いずれの方々にも、たいへんな状況下、本大会のためにさらなるご苦労をおかけしたことをお詫びするとともに、ご寄稿いただいた方々に改めてお礼申しあげたい。庄内地域には大きな被害は出なかったものの、鶴岡市などの自治体も被災者の受け入れや支援物資の輸送に従事していたため、実行委員のなかには日常業務のほかに被災地支援も加わり、公務多忙になった方もいたが、大会準備が滞らないよう尽力していただいた。実行委員の方々にも改めて感謝の意を表したい。

大会の準備過程で、実行委員の数人から伺ったことであるが、庄内では自治体ごとに研究団体が結成され、それらが一同に集まる機会はほとんどなかったそうである。しかし、本大会の準備のため、二年間にわたって定期的に庄内全域の研究者が集まり、庄内の歴史をどのようにとらえるのか、また庄内の地域的特質は何なのかという問題を議論できたのは有意義であったと言っていただいた。これは、私たちにとってもたいへんうれしいことであった。こうした動きが庄内でどのように展開されるのか、今後も見守っていきたいと思う。

最後になったが、本大会の共催・後援・協力団体を紹介する。

【共催】

鶴岡市・鶴岡市教育委員会・山形県地域史研究協議会

【後援】

山形県・山形県教育委員会・酒田市・酒田市教育委員会・庄内町・庄内町教育委員会・遊佐町・遊佐町教育委員会・三川町・三川町教育委員会・山形県高等学校社会科研究会・東北公益文科大学・財団法人致道博物館・財団法人本間美術館・清河八郎記念館・出羽三山神社・黒川能保存会・荘内日報社・山形新聞・山形放送・NHK山形放送局・山形テレビ・さくらんぼテレビ・テレビユー山形・鶴岡タイムス・コミュニティ新聞社・（株）出羽庄内地域デザイン・庄内観光コンベンション協会

【協賛】

庄内歴史懇談会・庄内民俗学会・庄内考古学研究会・酒田古文書同好会・酒田郷土史研究会・酒田民俗学会・遊佐町古文書会・庄内町郷土史研究会・八幡古文書愛好会・東田川文化記念館郷土研究サークル・鶴岡市文化財愛護協会

以上の団体には、大会会場の確保や巡見の見学先との交渉、大会の周知など多方面にわたってお世話になった。改めて感謝申しあげる。

本書の刊行は、地方史研究協議会第六二回（庄内）大会成果刊行特別委員会が担当した。委員は、新井浩文・伊藤暢直・乾賢太郎・大嶌聖子・富澤達三・中野達哉・西海賢二・原淳一郎・保垣孝幸および星野尚文（委員長）の一〇名である。刊行に際しては、株式会社雄山閣の羽佐田真一氏にたいへんお世話になった。記して謝意を表したい。

（文責　星野尚文）

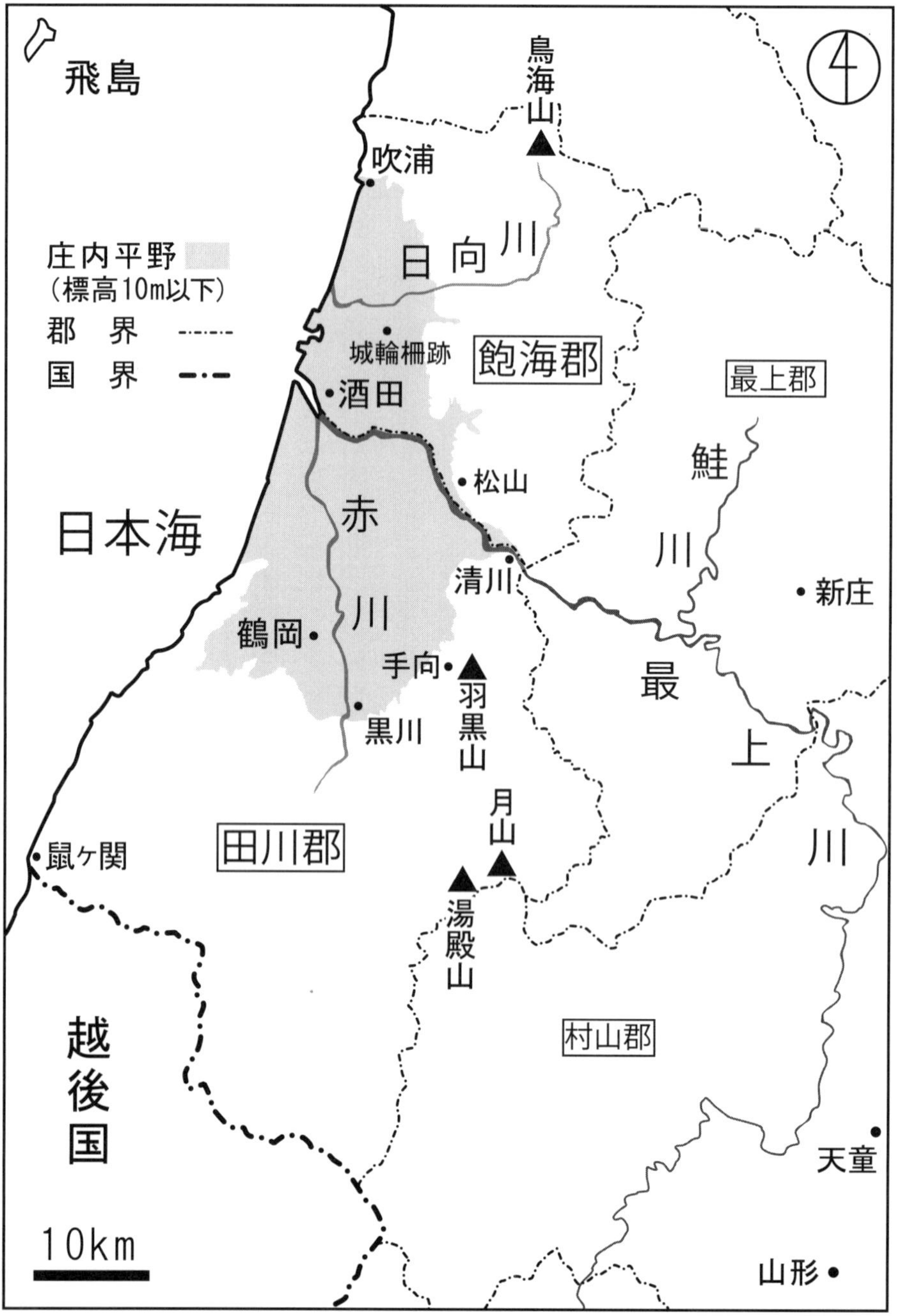

幕末の庄内（飽海郡・田川郡）

『数値地図200000（地図画像）日本 - Ⅱ』（国土地理院、平成18年）を使用

執筆者紹介（五十音順）

小野寺雅昭（おのでら　まさあき）
一九六〇年生まれ。酒田市立第四中学校教諭。
［現住所］〒998-0812　山形県酒田市本川四三—二

佐藤庄一（さとう　しょういち）
一九四七年生まれ。山形考古学会副会長。
［現住所］〒999-2211　山形県南陽市赤湯一二六八—二

佐藤正三郎（さとう　しょうざぶろう）
一九八三年生まれ。野田市郷土博物館学芸員。
［現住所］〒278-0037　千葉県野田市野田五〇六—一—一〇六

菅原義勝（すがわら　よしかつ）
一九八六年生まれ。駒澤大学大学院博士後期課程（在学）。
［現住所］〒213-0004　神奈川県川崎市高津区諏訪二—五—一八　ハイツ２　二〇五

杉原丈夫（すぎはら　たけお）
一九四五年生まれ。酒田市立光丘文庫古典籍調査員。
［現住所］〒998-0853　山形県酒田市みずほ一—九—一〇

長南伸治（ちょうなん　しんじ）
一九八〇年生まれ。国士舘大学大学院博士課程（在学）・学校法人国本学園国本小学校非常勤講師。
［現住所］〒181-0003　東京都三鷹市北野三—五—一〇　奥田ビル二〇一号

筒井　裕（つつい　ゆう）
一九七六年生まれ。國學院大學研究開発推進機構研究開発推進センターポスドク研究員。
［現住所］〒150-8440　東京都渋谷区東四—一〇—二八　國學院大學研究開発推進機構気付

布施賢治（ふせ　けんじ）
一九七一年生まれ。山形県立米沢女子短期大学日本史学科准教授。
［現住所］〒992-0025　山形県米沢市通町六—一五—一　山形県立米沢女子短期大学日本史学科

本間勝喜（ほんま　かつよし）
一九四四年生まれ。鶴岡市史編纂委員。
［現住所］〒997-0023　山形県鶴岡市鳥居町二五—三

山澤　学（やまさわ　まなぶ）
一九七〇年生まれ。筑波大学人文社会系准教授。
［現住所］〒305-0033　茨城県つくば市東新井七—一二—一〇五

山内　励（やまのうち　はげむ）
一九五一年生まれ。東海大学山形高校校長。
［現住所］〒990-2334　山形県山形市蔵王成沢七一七—三

横山昭男（よこやま　あきお）
一九三〇年生まれ。山形大学名誉教授。
［現住所］〒990-0041　山形県山形市緑町四—一七—四

平成24年10月15日 初版発行 《検印省略》

地方史研究協議会 第62回（庄内）大会成果論集

出羽庄内の風土と歴史像

（でわしょうないのふうどとれきしぞう）

編　者　ⓒ地方史研究協議会

発行者　宮田哲男

発行所　株式会社 雄山閣

〒102-0071　東京都千代田区富士見２－６－９
電話 03-3262-3231㈹　FAX 03-3262-6938
http://www.yuzankaku.co.jp
E-mail　info@yuzankaku.co.jp

振替：00130-5-1685

印刷所　亜細亜印刷株式会社

製本所　協栄製本株式会社

Printed in Japan 2012　ISBN978-4-639-02249-7　C3021
N.D.C.213　260p　22cm